クリステル、セレスト、オーギュストに捧ぐ。
彼らもまた走ることが意味するものを知る者たちである。

凡例

一、本書は Raphaël Verchère, *Philosophie du triathlon*, Les Éditions du Volcan, 2020 を訳出したものである。

一、原著のイタリック体部分に対応する箇所は、基本的に傍点を付す。組織名、商品名、フランス語以外の外国語については傍点を付さず、基本的に「 」で示す。英語・フランス語以外の外国語の場合はその外国語も併記するが、フランス語において日常的に使用されていると思われるものなどについては、あえて併記しない場合もある。

一、フランス語であっても、訳語に添えてフランス語の原語を併記する場合がある。

一、ブランド名などでカタカナ表記よりもアルファベット表記の方が広く受け入れられていると思われる語については、そのままアルファベットで示す。ただし、そのようなブランド名を含む語でも、読みやすさを考慮しカタカナ表記にする場合もある。

一、原著中の引用文について、引用元文献の日本語訳が存在する場合はできるだけ参照した。本書の訳文中に文章をそのまま使用する場合は、仮名遣いも含めて表記を維持し、原注等に出典を併記する。参照した訳本については、巻末の参考文献に列挙する。参考にさせていただいた訳本の訳者の方々に深く感謝を申し上げる。

一、原語を明らかにするためにルビを振る場合がある。活用している動詞にルビを振る場合は、当該動詞の原型の読みを示す。

一、原文の《 》は、「 」で示す。《 》中に二重引用符として用いられている〝 〟についても、「 」で示す。

一、本文中に引用符がない場合でも、読みやすさを考慮し、引用符を補った場合がある。また、同様の理由から、引用符に囲まれた部分を、引用符を用いず、段下げで示す場合もある。

一、原文の（ ）、[ ] はそのままとしている。後者は、本書の引用部分において原著者による補足部を示すのに使用されている。

一、訳者による補足は〔 〕で示す。

トライアスロンの哲学
——鉄人たちの考えごと——

＊

目次

5 トライアスロンの政治学
POLITIQUE DU TRIATHLON

トライアスロンの哲学

——鉄人たちの考えごと——

わたしは歩くことをおぼえた。それから気の向くままに歩いている。わたしは飛ぶことをおぼえた。それから飛ぶために、ひとから背を突いてもらいたくはなくなった。

いまわたしは軽い。いまわたしは飛ぶ。いまわたしはわたしをみずからの下に見る。いまわたしを通じて、ひとりの神が舞い踊っている。

——フリードリヒ・ニーチェ『ツァラトゥストラかく語りき』

〔佐々木中訳、河出書房新社、二〇一五年〕

ヴィシー、八月二七日日曜日、午前五時

午前五時だ。電話のアラームが鳴った。正しく言うと、バイブレーター機能が働いた。家族を起こさないよう注意して目覚ましを消す。ヴィシーの中心街に借りた一一平方メートルのこのステュディオ〔ワンルームマンション〕で、パートナーと一歳八か月の娘は、二人でまだ眠っている。ここは、スタート地点まで何百メートルかの場所にあり、ランのコースが近い。バイブレーター機能だけにしておいたので、アラームを聞けず目を覚まさないのではと心配していたが、そのリスクはなかった。実際のところ、ある種の不安でこれからの一日に予想されることを思い描いて、あまりよく眠れていなかったのだ。

アイアンマン・ヴィシー。スイム三・八キロメートル。バイク一八〇キロメートル。ラン四二・一九五キロメートル。こんな冒険に乗り出すのはこれが初めてである。マラソン大会にはすでにいくつか参加したことがあった。かつては、冬の夜に七二キロメートルを走る「サンテリヨン〔フランスのサン＝ティエンヌとリヨンをまたいで、毎年十二月前後に行われる、夜間ランニングレース〕」にさえ参加し、特に問題はなかった。私にはサイクリストとしての素晴らしい過去があった。青春時代以来自転車をやっており、ある時期には、地方での――ほとんど全国の――ささやかな栄誉に浴したほどだった。確かに水泳は得意ではなかったが、競技のこのパートについて特に恐れるということはなかった。これは最初の種目で

あり、自分はまだぴんぴんしているだろうし、割合からすれば、時間的に一番短いものなのだ。

朝食の間、私はフェイスブックにある大会のウェブサイトを調べた。審判は下った。水温が上がり過ぎており、その結果、ウェットスーツは着用禁止になるだろう。残念なことだった。それがあれば防寒になるだけでなく、より浮力を得られるはずだった。だが、もうスタート地点に集合する時間だった。パートナーにキスすると、今度は起こしてしまったが、彼女も今夜はよく眠っていなかったのかもしれない。私は彼女を後にした。彼女とは後にコース上で再会することになる。

スタート地点は、徒歩で二キロメートルのところにあった。私は、その距離をゆっくりと走ることに決め、ウォームアップのパートにした。現地に着いて、私は二〇〇〇人の参加者の行列に加わった。皆、アリエ川〔フランス中部の都市ヴィシーの市中を流れる川。アイアンマン・ヴィシーのスイムはここで行われる〕の保水域に飛び込むために行列を作っている。それもそのはずで、今年はグループスタートではなかったのである。主催者は、三秒ごとに三人ずつがスタートするという「ローリングスタート」の原則を試みた。選手たちは、スイムの予想レベルに従って列のどの場所にいるかを決めるのだが、先頭に並ぶのはもちろん一番パフォーマンスが優れた人々である。私はと言えば、スイム完了の予想時間が一時間三〇分というスキルレベルの選手たちの列に加わったのである。

われわれは、前方にいた最初の泳者たちが飛び込んでから水辺に着くまで三〇分近くのろのろと歩いた。この間、気密性が確保されていることを確かめるため、とりつかれたようにゴーグルの位置を直すことの他に、私は何も考えなかった。浮桟橋に到着して、もはや飛び込むまで数メートルを残すのみとなって、私はこれからやろうとしていることをとっさに自覚した。だが、引き返すにもこれ以上進まないようにするにもう遅かった。それに、その選択肢があったとして、私はそうしただろうか。

　アイアンマン・トライアスロンのことを初めて聞いたのがいつだったか覚えていない――おそらく、若い時分、自転車競技をやっていたころだと思う。私は、絶対それには参加しないと常に自分に言い聞かせ、さらにプールにも寄り付かなかった。それがいつの間にか、多分二〇年ほど経った後、スタート地点にいる。トライアスロンは、私にとって遅れた発見であった。私が参加した最初のトライアスロンの大会は、アイアンマン・ディスタンスからはるかにかけ離れた、XSディスタンス〔フランス・トライアスロン連盟の分類によれば、XSディスタンス（Distance XS）は、スイム四〇〇メートル、バイク一〇キロメートル、ラン二・五キロメートルだが、ここではやや変則的なかたちで実施されている模様〕だった。これは、リヨンの人々にはよく知られたミリベル・ジョナージュ大公園の「オー・ブルー湖」周辺で行われるもので、私は、二〇〇メートルのスイムを、その名ほどには青くないこの水の中では溺れるのではないかと思って、平泳ぎでフィニッシュし、そしてマウンテンバイクで九キロメートル、ランで二キロメートルを走った。翌年は、モーリエンヌ〔サン＝ジャン＝ド＝モーリエンヌ。フランス南東部のサヴォア県のコミューン〕でSディスタンスを完走した。これは、スイムで七五〇メートルを泳ぎ、モンジェラフレ〔モーリエンヌの北側に位置する山沿いの地域〕を通ってマドレーヌ峠〔モンジェラフレの北側に位置する標高約二〇〇〇メートルの峠。たびたびツール・ド・フランスのコースにもなっている〕の登攀で終わる二〇キロメートルのコースをロードバイクで走り（一〇キロメートルで一〇％上昇するコースであり、私はうぬぼれてギア比を三九×二三にしてコースを走破するという名案を思い付いた）、ランで五キロメートルを走るというものだった。ランニングと自転車競技のスキルレベルに自信を持ち、過去の青春期の信念に反して、アイアンマンレースに参加するという考えが私の中にひそかに芽生えた。「自分がやっても良いのではないか」、と。水泳の改善のため、クラブに加入しなくてはならなかった。ヴィシーの大会に、開催のほぼ一年前にエントリーし、総額六〇〇ユーロ近くのエントリー代金を支払った。高性能な用具を装備して、何よりもトレーニングに励んだ。幾週も二〇時間近くのトレーニングを行った――選手たちの中にはもちろんこれ以上にトレーニングをする者もいる。日中のトレーニングは、時には九時間となった。私は多くを費やし、あまりに力を注いだので、この八月二七日日曜日の七時一〇分の今、もはや退くことができなくなっていた。自分の家族や、友人たちさえも私は巻き込んだのだ。彼らとは後にコース上で再会することになる。

一緒に競技に参加している感じの一組のカップルが、水に飛び込むのを前に、浮桟橋上の私の目の前でキスをしていた。主催者の一人が彼らを急かす。ここは遊歩道ではないのだ。その直後に私も飛び込んだ。しばらくの間、私は水面下にとどまっていた。この間、比較的静かになったことで、夜明け以来、司会者の叫び声を流しているスピーカーからの霧雨のような音声が途切れた。こういうのはおそらく常套句なのだろうが、この瞬間は私にはひとつの永遠、澄み渡ったひとつの永遠のように思われた。私にとって、この日唯一の穏やかな瞬間だった。

私の頭は再び水面に接した。私は泳ぎを開始し、右に左にというように三かきごとに息継ぎをした。われわれは一・九キロメートルのループを二周回しなければならなかった。途中、「オーストラリア風」の通過点があり、そこで数メートル走った後に、再び飛び込むのである。私は、一周目はコントロールに努めて体力を温存し、そして、もしどうにかなるならば、二周目はスピードを上げるつもりだった

（有名な「ネガティブ・スプリット」である）。数メートルも泳がないうちに、私はＧＰＳウォッチを起動しなかったことに気づいた。残念ながら、私の大旅行の最初の部分を欠いてしまった。だがそれよりも、自分の航跡が直線とは程遠いものであることが分かった。実際、水は大変不透明で、いったん頭を水中に入れると進む方向が分からなくなる。残念だが、私は三かきごとの息継ぎを放棄した。私にとってまっすぐに進むただ一つの方法は、ひとかきごとに絶えず方向管理をすることだった。たとえ他の男女の泳者に時折抜かれることがあっても、自分にとってはこれで何とかなりそうだった。

さらに困ったことに、水がゴーグルの中に入ってきた。このモデルは気密性が決して十分ではなく、換えておくべきだったのだ。だが、家計を心配して私はずっとこれを持っていたのだった。私は、泳者たちによく知られた裏技に従って、曇り止めのためにレンズの内側に食器用洗剤を付けていた。あいにく、よくすすがなかったに違いない。アリエ川の水がこの液体と混じり、私の目を濡らすことになった。これは大変不快で、私はしばしば、完全に目を閉じてやみくもに泳がなくてはならなかった——レースが終わった後でも、目は数日間充血したままだった。

一周目をようやく終えることができた。私は、事のなり行きにもかかわらず満足していた。なぜなら、十分ぴんぴんしていたからである。私は走ることもできており、二回目のループに入るのに無理をする必要もなく、すでに力尽きそうになっている他のトライアスリートたちを追い抜いた。二回目のループは、同じ距離なのに長くなったように思われた。特に、ボートから競技を監視する主催者たちの助けを借りて、順位を計測するためにくるぶしに取り付けた電子チップをつけ直すのを手伝ってもらわなくてはならなかった。それをなくしたらどうなるだろう。それがなくては参加していないも同然であり、考えたくもないことだった。

私はついに水中から出た。一時間三二分。予想よりも少し時間がかかった。今だから言えるが、タイムロスを防ぐために、自転車に向けて走りつつ私はスーツの中で小便をした――全く無意味な行為である。私は同時にエナジーバーを食べ――トライアスロンは多目的のスポーツなのだ――自転車に飛び乗った。ある種の喜びを感じながら。なぜなら、この一八〇キロメートルは自分にとって、最もたやすいパートだからだ。コースは全くフラットだが私のヒルクライマー風の体格を考慮すると大したアドバンテージはなかった。だが、それもどうでもよかった。私は次々とトライアスリートをごぼう抜きにし、この「逆転劇《レモンタータ》」を祝した。平均時速三六キロメートル以上で最初のループの九〇キロメートルを終えた。この最初のパートでは、エイドステーションを逃して一滴も液体を口にせずに走らなければならなかった何キロメートルかの間を除き、わずかな懸念も生じることはなかった。

正しく補給したとは思う。私は、トレーニング中に成果があったことを実行するよう努めた。エナジードリンクを飲み、エナジーバーを食べるなど、前もってしっかり決めておいたリズムに従いつつ、すべてのことを。だが、激しい空腹に陥ることをあまりに恐れていたので、おそらく自分の身体組織に少し無理をさせてしまった。一一〇キロメートルのあたりで、エナジーバーがのどを通りづらくなった。私は飲み込むことができず、私はそれを長い間、口に含んだままにしていた。「無理だ、飲み込めない」。私はそれを吐き出し、危うく本当に嘔吐するところだった。それが、この日最後の固体の食糧のかけらだった。その後は、何であれ全く食べることができなかった。

自転車の最後の何キロメートルかは、さらにつらいものとなった。だからと言って転倒することはなく、他の選手たちを続けて追い抜いて行ったが、彼らの方も私より具合を悪くしているかもしれなかったのだ。それでも、この最後の何キロメートルかで痙攣を感じ始めていた。多分何かの管理を誤ったのだ。それが補給の管理であったことは間違いなく、またスピードの管理だったのかもしれない。だが、二番目のパートは終わりが近づいていた。私は、五時間一〇分以内という、率直に言ってまずまずと思われるタイムでこのパートを終えた。

今だから言えるが、タイムロスを防ぐために、私はランに使用する荷物に向かって走りつつ、スーツの中で小便をした。気温は三五℃近くになっていた。水分補給を管理するため、私はエナジードリンクの入ったボトルを持って走ることにした。併せて、途中で摂取できるようにと、いくつかジェルを持っていった。二キロメートルごとにエイドステーションが設営されていたものの、それだけでは心もとなかったのである。このマラソンでは、時速一二キロメートルか一三キロメートルという速度で走る心づもりだった。直近のトレーニングによれば、私は、このパートを三時間三〇分以内で——もちろん、アイアンマンレースのマラソンで最も速いトライアスリートであるマット・ハンソンの二時間三四分には遠く及ばないが——で締めくくることができるはずだった。しかし、私はマラソン「単独」では二時間五五分という記録を持ってはいたが、思い違いをしていたのかもしれない。三五分という時間の開きは、私の身体の状態、何よりこの耐えがたい暑さを考えれば、十分小さいものと思えたのだ。

このパートでは、一〇キロメートルをわずかに超える距離を四周走ることになっており、全部で四二・一九五キロメートルとなっていた。コース上のもう少し先で家族が待っていることは知っており、私は早く会いたいと思っていた。最初の二キロメートルを走っている間は多幸感に包まれていた。スピードを維持し、多分少し速めることすらしていたが、少しも疲労を感じることはなかった。この期間、私はただ錯覚していたのだった。これは実際には、ほとんどの選手たちの知る、特別に与えられたかりそめの瞬間なのであり、ある種目から別の種目へと移行する時間なのである。間もなく、私の身体は精神にブレーキをかけた――あるいはその逆だろうか。早々にペースが落ちた。水分を補給しジェルを飲んだが、どうしようもなかった。今や私は時速一一キロメートルか一二キロメートルで航行していた。

ふと、家族の姿に気づいた。パートナーと娘だ。私は彼らにキスしたが、あまり長くはいなかった。なぜなら、やはりこれはレースなのだから。走者の思い上がりだが、私はこの競技を一一時間近く続けても自分には意味がないと考えており、会話することで数秒でも余計に経過してしまうこと――失ってしまうことだろうか――を恐れていた。彼女たちと一緒にいた、ヴィシーからそれほど遠くないところに住む友人カップルにもキスをした。彼らは私の応援に来てくれたのだ。「こいつは、思っていたよりきつい」と考え、これからのペースに注意するようにして、予告していたよりも落とそうと思いつつ、私のサポーターチーム全員を滑り抜けた。だが、彼らこそが、叫び声と大声とで私を元のレールに戻してくれたのであり、彼らにそんな声を出せるとは私は思ってもいなかった。

私は、この精神的補助薬のおかげで再度加速することができた。だが、あまり長続きしなかった。私は暑さに苦しみ、さらに加えて、何であれ飲むことも食べることも徐々にできなくなっていった。私の消化システムはすっかり飽和状態になってしまっていたのだ。今朝から液体を摂り過ぎており、同様にカロリー・糖分も摂り過ぎていたのだ。まだ二五キロメートル以上ある。私のペースはまた落ちた。やっとの思いでのどを通るものはオレンジの切り身の汁と、時折口にした少量のコカ・コーラかサンティヨール〔ヴィシーにゆかりのある、フランスのミネラルウォーターのブランド〕くらいだった。

再度、私のファンクラブとすれ違って、私は前より少し無理に表情を作った。全くもって、私はひどく苦しむようになりつつあったが、彼らは私の背を再び押してくれた。三周目は、膝に痛みが出てきた。これは「ワイパー・シンドローム」で、ランニング愛好者にはよく知られたものだ。私はこの症状にかかりやすかった。腸脛靭帯が、歩みごとに膝の外側の出っ張りと擦れるあまり、炎症を起こして痛むようになって、徐々に悪化してゆくのである。私の場合、この痛みを防ぐには十分な筋トレをしておけばよかった。だが、八月の初め以来、膝は痛み続けた。トレーニング期間の終わりごろの週は、ランニング中のスピードを落とした。私は筋トレにいっそう精を出し、テーピングもしたが、責め苦が始まる時間を遅らせることができるだけだった。私は再度、私のサポーターたちとすれ違い、彼らに自分の苦痛を打ち明けた。まだ、一七キロメートルほど残っているはずだ。過去に、私は同じ状態に陥ってマラソンを棄権したことがある。今日は、そうすることは論外だった。ゆえに、歯を食いしばってレースを続けた。頭を空っぽにして。習わしとして、痛みがあまりに強い時は、私は気晴らしのため（ダーティ・ダズン・ブラス・バンドの「マイ・フィート・キャント・フェイル・ミー・ナウ」などの）歌を歌うか口ずさんでいた。今日はそれができない。私の意識はすっかり弱っているようだった。私は、語の哲学的意味、すなわち意識なき身体という意味において、ゾンビのように走った。

数キロメートル走った後、私は、徐々に腹痛が激しくなるのを感じた。おそらく胃の調子の悪さに続くものなのだろう。トイレはエイドステーションのほど近くに設置されていたが、あと一〇分ほど持ちこたえる必要があった。突如わいた不快感に、私はそうすることができなかった。私は急いで見物客がいない――そうだと信じる――場所に移動した。今だから言えるが、私は二つの茂みの間で、主催者が認めていない場所で用を足した。これは、失格に値するかもしれないことだった。二〇一六年のリオ・オリンピックの例のレースの最中にヨアン・ディニズ〔フランスの競歩の選手（一九七八－）。二〇一六年のリオ・オリンピックのレース中に下痢にみまわれ、何度も中断を余儀なくされたが、完走した〕が経験したことを、私は今やいっそうよく理解した。

私はレースに戻った。徐々にうまく走れなくなった。私は様々な困難から千鳥足となり、びっこを引いていた。だが、結局まだほとんど追い越されていないということを確認した。この道のりは皆にとってもきついのだ。私は今のところそうはなっていなかったが、ライバルたちの中には嘔吐し、ある点で私よりも状態がさらに悪い者がいた。担架に乗せられた者がいることにも気づいた。一風変わった団結心が、われわれの多種多様な不運から生まれていた。われわれは相互に励ましあうが、それをお互い聞くことはないのだ。これから先の私の戦略は単純なものだった。完走すること。たとえ、走るのと歩くのを交互に行わなくてはならないとしても。

最後の五キロメートルの途上で、比較的気力がわいてきた。苦痛を乗り越え、時速一二キロメートルまで速度を上げることができた。友人たちが、フィニッシュアーチの直前で私を待ってくれており、私は通りすがりに、どうにか彼らとハイタッチすることができた。そうだったと思う――私の記憶は正しいだろうか。私は一〇時間五〇分でゴールラインを通過した。私のマラソンは三時間五九分続いたのだった。この時の自分の状態をうまく叙述できない。たぶん極度の疲労、だが全面的なものではない。なぜなら、まだ何とか歩けたのだから。喜び。これは間違いない。だが、本当にそれを実感したのはもっと後になってからである。しばらくの間、私は涙を抑えることができなかった。私は脇に退いて、泣いた。地べたに座り、壁を背にして体を丸め、長い間泣いた。なぜだろう。私には分からない。だが、私の思いは、七年前ほとんど今日と同じ日に亡くなった父に向けられていた。ガン、手術、化学療法、衰える体力、対症療法、モルヒネ、窒息、モルヒネ、そして死。私が自身に課したこれらすべての苦しみは、おそらく自分にとって神秘的でスピリチュアルな側面を持つものなのだろうということが分かったのは、まさにこの時である。苦痛に打ち勝ち、死に打ち勝つのか。自分の肉体において、愛おしい生を営むのか。キリストと同様に、苦しみという受難を自分の体においてこうむる殉教者のように。私は、近づいてきた男女の選手たちに、この無力感から連れ出してもらうつもりはなかった。彼らの方は不幸せな様子ではなかったが、私には一人でいる必要が、この一一時間の後にまだもう少し一人でいる必要があったのだ。

午後六時となり、私は家族や友人たちと再会して、彼らにキスした。借りていたステュディオに戻った。皆喜んでいた。明日、そしてその後の日々も、私は「フィニッシャー」Tシャツを誇らしげに見せびらかすだろう。友人たちと食事をともにした。娘はステュディオで眠り、パートナーとともにわれわれは、フィニッシュに向かう参加者の何人かとすれ違いつつ、歩道上でもう一杯やった。主催者によって花火が打ち上げられ、競技の終了を祝した。時間は午後一一時三〇分。選手たちはまだ走っている。その後は何があっただろう。

「でも、なぜそんなことをするのですか」。

哲学教師として、私は時折、生徒たちに自分の人生を語ることがある。哲学教師とはこればかりやっており、哲学教師自身がしばしば経験をもって知ることになった、ある知的道すじを借り受けるように信徒たちに勧めているのだろうか。尊敬を集める哲学講義とは皆、知的自伝であり、また哲学書も皆そうである——もちろんのこと、そうは言っても批判的に退いて眺めることは必要だが。ゆえに、私は生徒たちに、自分が余暇にやっていることについて、すなわち、何よりもトライアスロンについて話すことがある——そしてまた、時折彼らの答案の添削が終わっていないことがなぜあるのかをこうやって正当化するのである。

「でも、なぜそんなことをするのですか」。毎年新学期に、教師は生徒たちにちょっとしたカードを記入させることがある。生徒たちは、そこに自分の人生を数行で要約するのだ。ブルデューは、教師たちがこの情報をもとに生徒たちをリスト化し、学年が始まってもいないのに、「尊敬すべきレジャーを持つブルジョワのご子息である君には、将来の栄誉がある。軽蔑すべき職業の平民の子である君には、確実に恥辱が待っている」という具合に、抜け出すのに非常に骨を折ることになる諸々のカテゴリーに彼らを留め置くことになると疑って、この伝統に異議を唱えていた。彼には申しわけないが、時折私は、自分は偏見に対する抵抗力を持っていると早急に判断してしまっているのかもしれないが、あれこれ詮索するという誘惑に負けてしまう。しばしば、全くの好奇心によってそうしてしまうのであり、特に私が興味を覚えるのは、生徒たちが自分の自由時間をどのように過ごしているかを説明してくれることなのである。ところで、多くの場合、彼らの趣味が空疎であることに私は衝撃を受ける。生徒たちが、二重どころか三重にもなっている生活を打ち明けて私を驚かせてくれることをこちらは期待しているのだが。彼らが、ピアニストであり、画家であり、詩人であり、アスリートであり、科学者であり、慈善家であり、企業家であることを私は思い描く。そのどれでもないのだ。時間がかかり、苦難と専心と献身とが求められる活動に熱狂的に打ち込むという生徒はほとんどいない――あるいは、少なくとも、その活動に努めようという者はほとんどいない。また、半端な道楽であることに満足しない、その名に値するスポーツ少年・少女にもあまりお目にかからない。なので、私の行う諸活動を前にしての彼らの驚きは、さほど意外なものではない。彼らは理解できないのである。彼らはまだ、そこを通過したことが全くないのだ。彼らを多く悩ませるのは、それが生み出すに違いない苦痛なのである。

「でも、なぜそんなことをするのですか」。実を言うと、この質問は返答に困る。時折、同じ質問を自分にもしてみるが、完全に答えきることができない。ある日、森の中でマウンテンバイクに乗ってトレーニングしていた時、シングルトラックの小道で、同じ方向に進んでいた別のサイクリストに危うくぶつかりかけたことがある。視界の悪い場所でのんびりしていたという点だけが彼の過ちだった。ぎりぎりでブレーキをかけることができたので、何とか難を逃れたが、その某氏は、おびえて、このような誠に正当な問いを投げかけてきたのだった。「しかしまた、何でそんなにスピードを出すんですか」。私は何と答えるべきか分からなかった。私は何を鍛えているのか。だが、なぜ行うのか、何のためにやるのか。気を紛らわすためなのか。記録を伸ばすためなのか。スポーツにおける成功のヒエラルキーを登ってゆくためなのか。他の人々を感動させるためなのか。生きていることを実感するためなのか。健康維持のためなのか。自然に挑戦するためなのか。

「でも、なぜそんなことをするのですか」。この問いが私に付きまとい、満足できるかたちでこれに答えることがずっとできないまま、大学での私の作業の多くの部分をこれに費やすほどになってしまった。

私は、ある答えを見つけ出すことはできたと思っている。だが、真理はとらえどころのないものである。相変わらず、私はなぜ自分がそれをするのか分かっていない。この自己中心的な悩みは皆、幼稚でつまらないものと見えるかもしれない。だが、「汝自身を知れ」という、ソクラテスの格言を思い起こそう。自分自身を研究するのは、哲学の仕事の一つなのである。われわれの主観性がどのように構成されているものであるのか理解すること。われわれのそれぞれが、主体としての限りにおいて、様々なプロセスの収束点なのであり、そこから生み出されたのである。自分自身を分析するということ（それも、フロイトの精神分析や、ブルデューの社会分析の角度からのみというのではなく）は、このプロセスをつまびらかにすること、それを理解すること、その意味を把握することに向けた入り口となるものである。

　そのようなわけで、ここではトライアスロンが問題となるであろう。これは、水泳、自転車競技、ランニングという三つのものを組み合わせる奇妙なスポーツである。だが、それに尽くされることのないスポーツである。全体とは、その諸部分以上のものなのだ。奇妙なスポーツである。このスポーツは、それを行う者を、自然とそれを構成する水・空気・地・火という諸元素と差し向かいにして、しばしば――必ずしもいつもというわけではないが――長い、それも大変長い距離に立ち向かわせるのである。以下に述べられることになる省察は、哲学的であることを自負するものである。この省察は、人文科学と社会科学が交差する場所に位置するものであり、そこから突出するのではなく、それらにより育まれるものであって、これら諸科学がその構成上取り逃してしまうものを、総体的な視点から把握しようとするものである。こうして、歴史、形而上学、認識論、心理学、政治学、社会学が問題となるであろう。この実践の意味はどんなものか。その特性とはどのようなものだろうか。他のスポーツからどのような点で区別されるのか。世界に対して、自然に対して、他者に対して、そして自分自身に対してわれわれが持つ関係について、それは何を語ってくれるのだろうか。

1

トライアスロンの歴史

HISTOIRE DU TRIATHLON

フランス、一八九八年
——「三種のスポーツ」、「一人でやり遂げられる者《デブルイヤール》」、そして「何にでも手を出す者《トウシュアトゥ》」

スポーツの実践において、古代の人々によって払われた労力と今日注がれている労力との間には大きな差がある。動作上の相似は、多くの歴史家たちがそれを示しているように、見かけ上のものでしかない。[*1] 一八世紀以来イギリスで徐々に姿を現した近代のスポーツは、古代ギリシアであれ古代ローマであれ、古代の「スポーツ」からはきっぱりはっきり切り離されており、もっともなことであるが、その古代の「スポーツ」の方は、自分たちの場合において「スポーツ」を語ることを奪われるまでになっている。「スポーツの実践は、時間・空間の中に、また共同体の社会的組成の中に、集団的な身体の運動を新たなかたちで設置する点で、独特なものとなっている」[*2]と、ロジェ・シャルティエとジョルジュ・ヴィガレロは解説している。近代のスポーツは、それを実践するための専用の空間を作り出し、それに従う時間を定め、それに固有かつ普遍的に適用されるルールを生み出し、暴力を規制し管理して、社会的対立を保留にさせる——少なくとも、理論上は。古代、中世、アンシャン・レジームにおける実践は、しばしば、その実践のものではない場所を改めて囲んで、宗教的年譜のような、その実践にはなじみのない時間に従って、際限なき攻撃性を許容し、反目する社会集団を対立させていたのである。

では、トライアスロンと最も遠い古代との間の血脈は、どの方向に探し求めれば良いのだろうか。トライアスロンとは混成スポーツなのであり、ギリシア人たちは、混成スポーツを実践していたということが知られている。名高いオリンピアの祭典競技だけを取り上げるならば（というのも、イスミア祭、ネメア祭、ピューティアー祭、あるいはコリントス祭のように、ギリシア全域にそれぞれ祭典競技が存在していたのだから）、一番の花形競技は五種競技であり、それは、円盤投げ、幅跳び、やり投げ、スタディオン走、レスリングより構成されていた。もっとも、この種目の最初の三者はこのように組み合わされた状態で行われる以外には、存在しないものだった。五種競技で勝利するには、最初の三つの試合で勝利するだけでよかった。そうでない場合は、十分な記録が残存していないため歴史家の間で議論となっている方式によれば、後の二つの試合が勝者を決定する役割を果たしていた。

一九世紀の終わりごろに、ピエール・ド・クーベルタン〔フランスの教育者（一八六三－一九三七）。フランスの学校教育へのスポーツの導入を図るとともに、近代オリンピックの立ち上げに尽力し、一八九四年、国際オリンピック委員会を設立する〕がオリンピック復興に思いをはせていた時、この同じ機会を利用して、ほとんど即座に五種競技を復興することを彼は思い描いていた。[*3] ギリシアの五種競技の選手が習得した技法は、戦士のそれであった。時代が変わり、軍隊は武器を別のものに変えたので、クーベルタンは近代的な競技を採用することを望んでいた。一九一二年の最初の「近代五種」は、射撃、水泳、フェンシング、馬術そしてランニングよりなるものだった。[*4] だが、このスポーツが生み出さねばならなかったのは、戦士というよりも、「完全なアスリート」であった。時宜にかなった考えだったのだろうか、ピエール・ド・クーベルタンの数多くの論駁者のうちの一人であるジョルジュ・エベールは、自身が軍人であったのだが、彼もまたそうした目的を追い求めており、次のように述べていた。「あらゆる種類の有用な運動が行える素質を持つ完全なアスリートにこそ価値を置き、専門選手やチーム中の単なるプレイヤーは、格下げしなければならない。そのためには、身体の力を構成する最も重要な要素に働きかけるような試合形式を競技に取り入れなければならない[*5]」。

トライアスロンに似た先行競技は一九世紀の終わりごろには存在していた。一八九八年に、『ラ・プレス』[*6]の寄稿者であったG・ド・ラフルテは、「三種のスポーツ」[*7]と銘打ったレースを創設した。このレースで選手たちは、五〇〇メートルのランニング、自転車競技場での一〇キロメートルの自転車走行、一二〇〇メートルのボート競技を続けて行うことになっていた。レースは、現在のルールのようにトータルタイムで行われていたのではなく、「最終順位は、三つの競技で獲得した順位の和によって決められた」。ベル・エポックのこの時期には、何でもありだった。時には、一九一〇年九月四日に開催された大会のように、「四種のスポーツ」が登場することもあった。この日の大会では、「水泳、ボート競技、ランニング、自転車走行を実施し、最初の種目は二〇〇メートル、二番目は一五〇〇メートル、三番目は二〇〇〇メートル、最後は四五〇〇メートルとする[*8]」となっており、ここでは、われわれにはおなじみの、時間による順位決定がなされた――シャスリオーという者が、三四分一二秒で優勝した[*9]。

これらの大会は、いくつかの新聞が声高に伝えていた通り、この「十分に完全なアスリート[*10]」を褒賞するものだったが、実際に注目を集めるような成功をおさめたかについて疑う向きもある。当時の報道は、時には数百人の観客を集めていたことを詳しく伝えており、それを証明する写真もあるが、ピエール・ド・クーベルタンやジョルジュ・エベールがそうであったところの大理論家たちの耳にまでは届かなかったようである。それでも、彼らは二人とも、身体の実践に関するあらゆるイノベーションには大変熱心であった。ジョルジュ・エベールは、一般にそうであると思われているよりも、また彼自身が自分について述べているほどにはスポーツの反対者ではないのだが、[11]この組み合わせについて、彼は声高には熱狂を示さなかったのだろうか。彼は一九一三年に、「現在、自然体育法《メトード・ナチュレル》（本文で言及されているフランスの海軍士官ジョルジュ・エベール（一八七五―一九五七）の提唱する、当時のスウェーデン式の機械論的な身体訓練法に対置された、より自然主義的な訓練法）の特徴に最も近づいていると思われるトレーニングの体系は、「陸上スポーツ協会」のそれである」[12]と告白していた。この協会の教育計画は「走ること」を基礎としており、エベール自身が指摘している通り、当時それは一般的には「水泳」によって補完されていた。最初の混成スポーツ計画となるには、彼が気に入らないわけではなかった[13]「移動用の機械仕掛けの器具」としての「自転車」の実践のみが、これには欠けている。

第一次世界大戦によって、これらの大会の組織に少しブレーキがかかったように見える。これらの大会は一九二〇年代には復活した様子で、それにあわせて、ボート競技が置き換わって水泳になった。有名な「三種のスポーツのレース」は、一九二一年から毎年「折衷主義のスポーツ選手」[14]を集め、「ランニングの行程、自転車の行程、水泳の行程[15]」をつなぎ合わせて開催された。しかしながら、この実験は手探りで進められた。種目の順序は様々であり、たびたび水泳は元のボートに戻された。[16]これらのレースは成功をおさめ、例えば、自称「社会主義の宣伝紙[17]」の『ル・ポピュレール』が一九三二年に確認した通り、社会主義者のスポーツにて、とりわけ「労働者スポーツ・体育協会連合」によって、「赤い」レースが組織されるほどにまでなった。

「トライアスロン」という名それ自体は、水泳‐ボート／自転車競技／ランニングをつなぐこの連なりを示すためには使われていないことに注意しよう。この語は一九二〇年代の終わりごろから広まっていた。だがそれはまだ、陸上競技場に限られて行われる混成競技を指すために使われる語であり、おそらくスイスで考え出されたものだった。[*18] この競技は、十種競技や五種競技の下地作りの役を果たすもので、一般的には若者（年少者やジュニア級の者）[*19] もしくは、――なお悪い場合は――女性[*20]に限定されたものであった。「三種のスポーツ」の連なりを「トライアスロン」と命名することをまだ誰も思いついていなかった。これは、「三種のスポーツ」の信奉者たちが、まだアスリートとされていなかったからなのだろうか。おそらく彼らを「三種スポーツの選手《トリスポルティフ》」と呼ぶことはできるのだが、まだ「トライアスリート」と呼ぶことはできないのだ。

「三種スポーツの選手」、あるいはより多くのスポーツをこなす者、すなわち「一人でやり遂げられる者《デブルイヤール》」は、まさにこの点において、当時純粋なアスリートとは区別されていたのである。実際に、単なる陸上競技とは別のものを組み合わせたレースという考えは、一九四〇年代の間に「デブルイヤール選手権」と呼ばれるレースで現実のものとなった。このレースは、ピエール・ド・クーベルタンのお好みの表現[*21]を再度採用したものであった。彼は、二〇世紀初頭に「デブルイヤール証書」[*22]を提案していたのであり、一九〇六年の時点で、そこでは次のようなかたちで表現される一二種もの競技がまとめられていた。すなわち、「ビジネス用のスーツと靴を着用しての」一〇〇〇メートル走、同じ服装での障害物競走、テニスボールを投げ、サッカーボールを蹴って長さを競うこと、ロープを使用したクライミングとロープを使用しないクライミング、背泳ぎと飛び込みを統合した水泳、フェンシング、フランス風もしくはイギリス風のボクシング、動く的と固定された的を狙う射撃、約二〇キロメートルの競歩、馬場馬術、ブルゴーニュの森の池をめぐるボート競技、そして自転車である。これは、クーベルタンの基調テーマの一つであった。「水泳、馬の操り方や船・自転車・自動車の操作、パンチを繰り出しまたかわすこと、剣を握りそれを使うこと、これらのことができないような人生にあなたの息子たちを送り出すことを賢明とお思いだろうか。私はそうは思わない[*23]」。

　見ての通り、クーベルタンの理念は、現代のトライアスロンからはまだ大分かけ離れているが、同じ時期の「三種のスポーツ」の競技からもかけ離れており、おそらくだからこそ、それらについてクーベルタンは沈黙していたのである。クーベルタンは、ここでは単なる陸上競技のパフォーマンス以上のものを狙っていたのであって、それは自転車の競技から判断することができる。「志願者には、自転車はハンドルと車輪なしで引き渡される。ハンドルを戻し、車輪を再度取り付け、タイヤを膨らませ、ペダルを踏んで器具にまたがり、素早く左右に方向を変え、足でブレーキをかけ、自分の自転車の隣で二つ目の自転車を手で操ることができなければならない[*24]」。「手先が器用で、労力を惜しまず、筋肉はしなやかで、疲労への耐性があり、素早い判断力を持ち、決意は固い上に、現代社会の実り多き不安定さによって必然的なものとなっている環境、役割、状況、習慣、考えなどの変化に対してあらかじめ鍛えられている青年」を前面に出す必要があったのである。「現代社会の実り多き不安定さ」という語に、時代が、その時の雰囲気にふさわしいスポーツの実践をどれだけ作り出し、そして取り入れるものであるかが表れている。デブルイヤールの才能《デブルイヤールディーズ》は、この世紀の始まりにあって社会学的に時宜にかなったものだったのであり、一方の現代のトライアスロンもまた、われらの時代の徴候なのである。

　一九三〇年代、四〇年代の「デブルイヤール」は、クーベルタンの述べたエッセンスをまだ共有していたが、雑多な作業をするという側面は衰退した。選手は、もはやビジネススーツではなく、スポーツ用の服装で競争をしたが、単なる「三種のスポーツ」に戻ることもなかった。この時代、創意工夫は活発であり続けたのである。こうして、一九四一年に、この選手権は、「ランニング三キロメートル、自転車一二キロメートル、さらに三キロメートルのランニングを行い、それから警察犬風に（原文ママ）壁を乗り越えて、五〇メートルを這って進み、最後にセーヌ川に飛び込んで三〇メートルを泳いでこのサイクルを締めくくる」[*25]こと――這って進むというのは「金網を張った柵」の下を匍匐《ほふく》するものだった――を提案した。戦闘員用の走破訓練と、エベールの自然体育法、さらには「耐久レース《レド》」と今日呼ばれているものとの間にあるこのレースには、プロのボクサー、サイクリスト、クロスカントリーのスペシャリストたちが加わった。だが、本当に泳げる者は、明らかにまだ多くはなかった。「ほとんどの選手が泳げていない。彼らは、スポーツ的な泳ぎをするというよりも、水の中で動き回っているだけだ。彼らのある者にとって幸いなことに、コースの両端にロープが張られており、それは何人もの「デブルイヤール」にとって大いに助けになったのだった」と報道は伝えている。これは複数のスポーツを継続して行うものであるが、当時の大会組織は依然正しく判別していなかったものの、ここにはまるで死滅した「三種のスポーツ」の残存物があるかのようであり、また、今日のトライアスロンに似た競技の核が、ちらりとうかがえることに気づかされる。「競技方式は、サイクリストや泳者のためにというより、ランニング走者のために作られているように見える」という言に見られるように。一九四〇年代終わりの偉大なデブルイヤールは、アンドレ・オリボンという者であった。彼は、一九四五年から一九四七年までの大会を制覇した。[*26]その後、競技は名を変えて「何にでも手を出す者のレース《トウシュアトウ》」[*27]となった。これは、ポワッシーで開催されたが、報道においてその軌跡を見つけることは難しい。この最終形態は、それでも一九八〇年代初めまで生き延び、実際ほとんど内々に行われていたが、フランスのトライアスリートであるジョルジュ・ブローブルにとってはリハーサルの役を果たしていたのだった。[28]

「内々に」というのは、第二次世界大戦が、「三種のスポーツ」や「デブルイヤール」の大会、「トゥシュアトゥ」のレースの発展をくじいてしまったからであるが、同様に陸上競技の「トライアスロン」の発展もくじいてしまったのである。戦争終結後の栄光の三〇年《トラント・グロリューズ》（第二次世界大戦後、フランスが大きな経済成長を遂げた、一九四五年から一九七五年の期間を指す）の間、野心的な混成スポーツは確かに提案されており、特にジャン＝フランソワ・ブリッソンにより提案されたものがある。彼は、かつてのハイレベルのアスリート（障害物競走の専門）であり、一九四五年から一九七五年までの間『フィガロ』紙のジャーナリストを務め、フランス・ピエール・ド・クーベルタン委員会の創設者であり、一九六〇年代のスポーツ上級委員会のメンバーでもあった。だが、この競技は、かつての「三種のスポーツ」にほとんど似るところのないものであり、もっと後に登場する現代のトライアスロンとはいっそうかけ離れたものだった。ブリッソンが「トライアスロン」という名で三種のスポーツを連合することを思い描くとしても、それは、オリンピックの改革案としての限りにおいてのことであり、「ランニング、水泳、鉄アレイを使用した運動、または綱のぼり」[29]——ページ下の注には、「男性には鉄アレイを使用した運動を、女性には綱のぼりを」と記されている——を結び付けた種目のためのものであった。当然の帰結として、ブリッソンの努力は現代のトライアスロンを生むことはなく、現代デカスロン（原語は、décathlon moderne であり、「現代（近代）十種競技（デカスロン）」の意となる。本文で言及されているジャン＝フランソワ・ブリッソンが考案した同マルチスポーツについては、一九五八年が創始の年とされている。このスポーツそのものは、現在オリンピックで行われている十種競技とは、形態や性格をかなり異にしている模様であり、本書では、区別のため「現代デカスロン」と訳出する）を生むことになったのだが、彼の言うトライアスロンも陸上競技場に封じられたままだった。結局、われわれが今日知る通りの現代のトライアスロンは、かくも豊かな伝統を持つ、フランスにおける混成スポーツを継承するものではないのである。

ハワイ、一九七七年
——「最初に完走した者を鉄人（アイアンマン）と呼ぶことにしよう」

現代のトライアスロンが生まれたのは、クーベルタンの近代五種からでも、ブリッソンによる現代デカスロンからでもない。前者の五種競技は、軍隊という出自に強く縛られており、またデカスロン（十種競技）は陸上競技に限定されるものであって、陸上競技の精髄たるかたちを体現するものとされた。さらに、トライアスロンは「三種のスポーツ」や「デブルイヤール選手権」の競技から生まれたのでもなかった。とはいえ、競技のまとめ方については、いつも整合性がとれていなかったが、それらは少なくとも部分的にはエッセンスを共有しているように思われるものだった。最終的に、現代のトライアスロンは独立した起源から生まれたのであり、それは北アメリカからやってきた。アメリカ合衆国で受粉することで、それは実を結んだのである。

一九六〇年代、七〇年代に、アメリカではスポーツ革命が起こった。新たなスポーツが登場し、間もなく、誕生した場所に基づいて社会学はそれらを「カリフォルニア・スポーツ」と名付けた。BMX、マウンテンバイク、ウインドサーフィン、ハンググライダー、パラグライダーがこれに含まれ、他にも、滑走という形態に向き合うスポーツが含まれていた。[*30] アメリカにおける全く最初のトライアスロンは、一九七〇年代の最初期に、この余勢を受けて生まれた。後に見られる通りのハワイのアイアンマン・トライアスロンの起源にいるカップルであるジュディ・コリンズとジョン・コリンズ[*31]によるウェブサイトは必見であるが、それを信じるならば、アメリカで行われた全く最初のトライアスロンのうちの一つに、一九七四年九月二五日にサンディエゴで開催された大会があり、ひょっとすると、これが一番目のものかもしれない。[*32] 混成スポーツのレースという点では、例えばランニングと水泳を合わせた「バイアスロン」がすでに行われていたので、アメリカの地における最初のものとは言えなかったが、これは「トライアスロン」という名を持つ最初のレースである。競技内容は、このレースを作り出した一人であるジャック・ジョンストンによれば[*33]、ランニング（六マイル、すなわち九・六キロメートル）の一部の三・二キロメートルについては裸足で草と砂の上を走る）、自転車競技（二周回して五マイル。その八キロメートルに相当）、水泳（五〇〇ヤード。四五〇メートルに相当）――今日のものとは反対の順序である――というものであった。四六人が完走し、見事に成功をおさめた。とはいえ甚だアマチュアリズム色が強く、ここで取り組まれているのは新しくなじみのないものであるということがよく表れていた。それを示すものとして、自転車競技への姿勢がある。多くの参加者たちは自転車を持っておらず、「主催者は乗り物を提供してくれるのか」と尋ねていたのである（参加費はたった一ドルであったのに）。

さらに、参加者たちの自転車の多くは、「ビーチクルーザー」であり、砂浜でサーフボードを持ち運ぶには十分有用であったが、スポーツの実践には不向きなものだった。この大会はすでに女性にも開かれており、参加者の四分の一が女性であったことに注意しておこう。

この最初のトライアスロンは成功をおさめた。他の大会も合衆国のあちこちで行われ、とりわけカリフォルニアで行われた。だが、現代のトライアスロンの誕生にとって最も決定的な出来事は、おそらく一九七七年のハワイで起こった。ル・プリモというバーで、アメリカ海軍の軍人のジョン・コリンズは、男らしさをめぐる一風変わったレースを開催することを他の兵士に提案した。彼は、持久競技の一番の選手は誰なのかを決める問題についてその兵士たちと話し合っていたのだった。水泳選手か。自転車競技の選手か。ランニングの選手か。コリンズが論拠として取り上げた報道記事では、エディ・メルクス〔ベルギーの自転車ロードレースの選手（一九四五－）。ツール・ド・フランスなど、過去の数々の自転車ロードレースにおいて優勝している〕が、記録上例がないほど最も多く酸素を消費するアスリートであるとされていた。一九七四年のサンディエゴの全く最初のトライアスロンの大会にすでに参加し、三五位で完走していたコリンズは、皆を同意させるため、この三つの競技について、水泳では「ワイキキ・ラフウォーター・スイム」、自転車では「オアフ一周」レース、ランニングではホノルルマラソンという、この群島で開催されている最もハードな三つのレースを連ねて行うことを兵士たちに素朴に提案したのだった。距離は、水泳で三・八キロメートル、続いて自転車で一八〇キロメートル、さらに続いてランニングで四二・一九五キロメートルであった。これは、アイアンマン・ディスタンスのトライアスロンのオリジナルかつ本来の方式であり、今日もいまだに測定用のゲージとなっている。「最初に完走した者をアイアンマンと呼ぶことにしよう」。一九七八年、一五人の男たち（この最初のバージョンには女性はいなかった）が突撃に繰り出し、このことはほとんど直ちに神話となったのだった。

最初の優勝者はゴードン・ハラーであり、彼は、一一時間四六分五八秒という、すでに奇跡的なタイムでゴールした――この文章を書いている筆者の私よりも一時間多くかかっているが、多分私は、別のかたちで良い装備と準備を整えており、このおかげで自分のパフォーマンスの及ぶ範囲を伸ばしたのである。ゴードン・ハラーは、最初のアイアンマンとなったが、奇妙なことにその呼称は、一九六三年にスタン・リーが著したコミックのスーパーヒーローの名を使いなおしたものだった。より正確には、一二人の最初のアイアンマンが誕生し、一七時間で完走したジョン・コリンズ自身もそのうちの一人だった。なぜなら、ゴールラインを越えたのは一二人いたからであり、アイアンマンの資格はより広く、この競技を完走した者には誰にでも与えられ、順位は重要ではなかったからである。続く年には、すでに五〇人ほどの男性と一人の女性が参加し、ある種の熱狂の兆候が感じられた。リン・ルメイアが、最初のアイアンウーマンとなった。女性はまだ「単独の」マラソンレースでは全然歓迎されていなかったことを考えると、これはずいぶん奇妙なことである。一九六七年のボストンマラソンでキャサリン・スウィッツァーは妨害を受けており――それは成功しなかったが――、ようやくマラソンが女性にも開かれたのは一九八四年以降のことなのである。生まれかけのトライアスロン界では、持久スポーツにおいて女性は存在論的に劣っているという前提についての古い陸上競技界の偏見は明らかに共有されていなかったのである。現代のトライアスロンがグローバル化するための準備はすべて整っていた。

ニース、一九八二年
——「イギリス人の散歩道《プロムナード・デ・ザングレ》」上での「アメリカ風なひと時《カル・ドゥール・アメリカン》」

一九八〇年代にトライアスロンが、フランスを皮切りとしてヨーロッパで広がりを見せた時、その名に値するトライアスロンはアイアンマン・ディスタンス以外で行うことはできないということは、当然のことのように見えた。フランスにおける現代トライアスロンの最初の競技は、筆者の私が生まれたのと同じ年である一九八二年の一一月二〇日にニースで行われた。スポーツイベントグループＩＭＧ〔アメリカ合衆国のスポーツイベント・マネジメント会社〕の競技プロモーターであるマーク・マコーマックは、ハワイでの競技を原型としつつも、それを脚色して、一・五キロメートルのスイム、一〇〇キロメートルのバイク、ランとしてフルマラソンを連ねて行う大会を提案した。この大会では、五七人のトライアスリートがスタートし、特に「アンテナ2」や番組「レ・ジュー・デュ・スタード」などのメディアによる援護は、この生まれかけのスポーツのプロモーションに貢献した。まもなく、躍進は確定的なものとなった。一九八四年には、フランスで二三のトライアスロン大会が開催され、一〇〇〇人の参加者と、すでに存在していた三〇のクラブが参集した。一九九二年には、五〇〇以上の試合が行われ、三万五〇〇〇人の参加者を集めるまでになった。[*34] イブ・コルディエとマックス・マローランが著した、フランスにおける全く最初のトライアスロンの手引書で述べられている通り、このスポーツがアメリカ生まれであることは疑いようがない。「これが全くもってアメリカのものであるということは議論の余地がない。「八時間三〇分のトライアスロン……明日の晩ニースにて。一〇人のコート・ダジュールの人々がアメリカの挑戦を受けて立つ」という、一九八二年一一月一九日金曜日の『ニース・マタン』紙の記事のタイトルが表しているように[*35]」と、そこには記されている。このハワイの競技の極端さについてこのように密やかかつ絶え間なく言及されていることは、アイアンマン・ディスタンスこそが、あらゆるトライアスロンの目的論的・理念的目標と考えられているという事実を裏付けるものである。その目標とは、すなわち、それを行う者の持久力の限界との対決である。国際的なレベルでは、一九八九年に国際トライアスロン連合（ITU）〔二〇二〇年十月一日より「ワールド・トライアスロン」と改称している〕が創設され、トライアスロンの制度化の大きな節目となった。同連合は、さっそく同年に最初の公式の世界選手権を開催し、それはフランスのアヴィニョンで開催された[*36]。

カリフォルニアのスポーツが、したがってアメリカのトライアスロンが、フランスの古い混成競技との間に作り出した断絶は、それが登場した時にすでに決定的であった。ドゥルーズはその数年後に、この断絶について特筆すべき視線を投げかけていた。「新しいスポーツ（波乗り、ウインドサーフィン、ハンググライダーなど）は、すべて、もとからあった波に同化していくタイプのスポーツです。出発点としての起源はすたれ、いかにして軌道に乗るかということが問題になってくるのです。高波や上昇気流の柱が織りなす運動に自分を同化させるにはどうしたらいいか、筋力の起源となるのではなく、「ただなかに達する」にはどうしたらいいか。問題の核心はそこにあるのです[*37]」。新たなスポーツは、自然の諸元素に対し、それらと戦うというよりも、それらの流れと一体になるという理念に基づいている。

おそらく、そこにこそ、現代アメリカのトライアスロンと古きヨーロッパのかつての混成競技とを区別するものがある。ベルナール・アンドリューが与える意味における独特のエコロジーの体験は、「三種のスポーツ」の実践者たちや他の「デブルイヤール」たちが取り逃していたものである。彼らは、水・空気・地と戦うことにあまりにかまけ過ぎていたのであって、一方アメリカの若者たちは、それに打ち勝つとしても、それは新しい身体の哲学でもってそれらと一体になりながらであると理解していたのだ。ここで分析が必要なのは、この独特の哲学なのである。

なぜなら、見ての通り、混成スポーツは数々の形態を経験して、今日トライアスロンと呼ばれる安定した形態に落ち着き、約四〇年以上を経て今やスポーツ文化に十分定着したものとなり、二〇〇〇年のシドニー・オリンピックからは「オリンピック種目」に割り当てられるまでになったからである。シドニー・オリンピックの四年前、プロにも大きく開かれた最初の大会であったアトランタ・オリンピックの終わりに、キャサリン・デイビーズは、クーベルタン自身が国際オリンピック委員会の広報誌として いた『オリンピック・レビュー』上で躊躇なく次のように述べていた。「新たな世紀の、そして新たな千年紀の始まりにあって、トライアスロンは現代のスポーツが持っているものすべてを象徴しているのです。これは新たな種目であって（一九七〇年代初めに誕生しました）、世界で最も広く行われている三種のスポーツ活動（水泳、自転車競技そしてランニング）を集結するのです。このスポーツは、男性と女性の完全な平等に基づいており、一〇〇以上の国々で行われ、世界中で放映されるテレビ番組のおかげで五つの大陸の三億人にまで届けられて、誰もが知るものとなっているのです[*38]」。

水泳、自転車競技、ランニング。かくも多くの実験がなされたのに、他のものに比して、なぜこの組み合わせが根付き、広まり、人気を得たのだろうか。トライアスロンを特徴づけるこの身体の哲学には、特にどのようなものが含まれるのだろうか。

〔本節の副題について。「イギリス人の散歩道 promenade des Anglais」は、フランス南部のリゾート地であるニースの海岸沿いの道。ニースでのアイアンマンレースのランはこの道沿いで行われる。「アメリカ風なひと時 quart d'heure américain」とは、パーティーの場などで、女性の側から男性をダンスに誘うひと時のことを指す〕

2

トライアスロンの形而上学

MÉTAPHYSIQUE DU TRIATHLON

諸元素に対抗しつつも、寄り添いながら

初期のトライアスロンからずっと、アスリートは、自然の元素に関して何かが行われているということに気づいていた。一九八七年の、フランスでの全く最初のトライアスロンの教則本は、その第四版の表紙に述べられていた通り、間もなく「トライアスロンのバイブル」とされるようになったが、そこにおいてディディエ・ルエナフとディディエ・ベルトランは、「トライアスリートはまことに一九九〇年代の騎士として、また水、空気、そして地とに挑む一種の勇者として振る舞うものである」[1]と強調している。四大元素の古典理論は、その大部分をエンペドクレス〔古代ギリシアの哲学者（紀元前四九〇ごろ－紀元前四三〇ごろ）。万物は、水・空気・地・火よりなるとする、いわゆる四元素説を唱える〕に依拠している――おそらく彼自身もその時代のオリンピックの競技で勝利している。[2]偉大な学説史家であるディオゲネス・ラエルティオスが、エンペドクレスについて述べている通り、「元素は全部で四つあり、それらは、火・水・地・空気である。そして、友愛がそれらを結び付け、憎しみがそれを分離する」[3]のである。また、医師であるガレノス〔ローマ帝政期のギリシア人の医師（一二九ごろ－一九九ごろ）。解剖学、生理学を中心に多くの著作を残しており、近世初めまで西洋医学における巨大な権威となっていた〕は、彼の主張を次のように要約した。「構成された身体の性質は、四つの不変元素から生ずるものであり、これら第一元素はすべて

混ざり合っているのである。あたかも、さび、カルキティス、カドミア、ミシー〔いずれも特定の鉱物の呼び名を指す〕が混ぜ合わされ、すりつぶされて滑らかなちりとなり、その結果、この混合物を構成する元素をどれも選り分けることができなくなっているかのように[4]」。

　これらの伝説上の叙述はもちろん、寒々とした原子とその他の諸々の分子で構成されるわれわれの近代的物質概念からはかけ離れたものである。だが、エンペドクレスのこの考えは、西洋文化の祖型となる想像力に大変深く染みとおったものである。それは、われわれの中に潜む想像的なものを詩的なやり方で織り上げるのだ。バシュラール〔ガストン・バシュラール（一八八四－一九六二）。フランスの哲学者。科学的認識に関する研究で知られるとともに、本書で参照されている通り、詩的想像力に関する独創的な著作を多く残している〕が示したように、詩と文学とはこれらの四つのカテゴリーに従って織りなされている[5]。こうして、ジョルジュ・ヴィガレロが指摘している通り、水泳においては「液状の元素が想像的なものを呼び動かす[6]」のであり、そのため、それがスポーツとして認められるまでに時間を要したのだった。諸元素との関係という点に関しては、他の近代スポーツも同じくこの道をたどったのであって、ベルナール・アンドリューによって深く研究された他の身体的実践も全く同様であった[7]。ある明白な親和関係が、象徴的かつ直観的なかたちで、身体と外部にあるものとの間、主体という小宇宙《ミクロコスモ》とそれが含まれる全体という大宇宙《マクロコスモ》との間に現れる。ベルナール・アンドリューが述べている通り、「身体哲学は、技術史と科学史の中に、身体内部から、また他者や世界に対するわれわれの関係において、身体をエコロジー化する代替手段を見る[8]」のである。この点において、トライアスロンの立場は大変独特なものとなる。なぜなら、他のスポーツが一つの元素に限定されているのに対し、トライアスロンの目的は明らかにこれらすべての元素を組み合わせることなのだから。

ベルナール・ジューは、スポーツは詩と似たかたちで想像力のうちに深く根を下ろすものであるということを強調した。「原初の想像力が問題なのだ。われわれはそれが存在するものと前提するが、それはイメージや感情の膨大なシステムなのであり、われわれの祖先の経験を様式化して要約したものとして、現在のわれわれの行動をひそかに制御するものとして、また、われわれの創造性に不可欠の原型として同時に機能するものなのである」[*9]。確かにスポーツは、「文化の最も古い地層から立ち現れるものであり、スポーツがスポーツである以前に、それは競争の儀式として存在していた」[*10]のである。ジューによれば、初源的儀式と詩と現代のスポーツとは共通の根を分かち持つものである。今日スポーツを行うことは、いにしえの何事かを更新することであり、太古の儀式を無意識的に繰り返すことなのだ。だが、このアルカイズムを明らかにするのは容易ではない。なぜなら、われわれの行うスポーツは、この経験を近代性という装いで歪ませてしまっているからである。アレン・ガットマンの示す通り、特に現代のスポーツは身体的経験を数量化し、(集団のものであれ個人のものであれ)記録を目的としてとらえる[*11]。トレーニングもしくは大会の間、アスリートはしばしばパフォーマンスにずっと集中したままとなり、自然との関係については、この目的との関係においてしか意味を持たない。トライアスリートの身体の詩的経験とは、現代的な器具の使用という点でわずかばかり矛盾しつつも昔時の条件に暗黙のうちに立ち戻っていることのハイブリッドな結果なのである。

このように、一見したところ、トライアスリートは、むき出しの自然との全体論的経験(「全体論」とは「ホーリズム」とも呼ばれる。一般的には、この考えにおいては、あるものや現象の全体は、その構成部分・要素から個別に説明したり、それらに還元したりすることはできず、それら諸部分の総和以上のものととらえられる」を探求するものである。トライアスリートは、初源的な諸々の元素に向き直ることで、自分の身体の「エコロジー化」を試み、自然の全体を試練とするのだ。昔時の人間の条件に非常によく似た、ある一体感の中で、身体は自然と向き合うのである。トライアスリートは、水・空気・地・火を意のままにできる勇者であることを望むが、これは全く同時に、それらによって押しつぶされかねない勇者であり、彼らの挑戦はまさにこの点に存するのである。この小ささの経験は、カントの述べる「崇高なもの」についての感情と類似したある感情を生む。この「崇高なもの」は、「まだ形をなさない対象においても見出すことのできるものであり、無限定性の側面がその対象において、またその対象のおかげで表象される限り、しかしながら、思念によってその全体性の側面がそこに付加される限り見出されうるものなのである」[12]。崇高なものは、ある者が自然を無限で圧倒的な何かとして感じる時――より正確には、カント的意味において自然についての「理念《イデー》」が形成される時――に生ずる。人が自然に打ち勝つに至ったとしても、その時この自然は近くにあって、無限以上に強い感情を抱かせるものであり、このことこそが崇高なものについての感情を強めるのである。そして、おそらくここにこそ、トライアスロンにおける審美面での究極目的がある。こうして、屋外で行うスポーツとしての限りにおいて、トライアスロンは、ミシェル・ブエの提示する、スポーツが審美的であるための五つの基準を完璧に満たすのである[13]。

・トライアスロンについて語るのに恒常的に審美的用語が使われるから、叙述面で満たしている。

・レースをすること、もしくはレースを見ることは物語を語ったり読んだりするようなものであるから、物語面で満たしている。
・トライアスロン（特にアイアンマンレースなどのロング・ディスタンスのレース）は、持続に関するわれわれの知覚を変容させるから、リズム面で満たしている。
・このスポーツは人間に、「無限定的な無限」を越え、自分自身を超越させるものであるから、崇高さの面で満たしている。
・無限定的なものと感じられた自然環境の中で競技が行われる場合に、瞑想の面で満たしている。

トライアスロンは、自然における崇高なものを経験によって知るための一つの方法となるのである。「自然の中で行われるスポーツにおける対立という要素は、自然の力や障壁に、またそれを凌駕するためによく使用される器具の取り扱いに固有の難しさなどに存する。［……］陸上競技のスポーツは、皮をすべてはがされた、いわば抽象的な状態（空間、重さ、また時間も）にある障壁に立ち向かうのに対し、自然の中で行われるスポーツは、性質を伴い、エネルギッシュで、はるかに生き生きとした形態において障壁は与えられ、それは時に困難さを危険に変えるのである」と、ブエは強調している。[*14]

だがトライアスリートは、諸元素の導きにならうというより、それらを回避しようと努めているようにも見える。それは単に、概して彼らの目的はパフォーマンスを高く維持することであって、見入ることではないからである。より速く進むための彼らの基調テーマは、水泳においては流体力学であり[*15]、自転車競技においては空気力学であり[*16]、ランニングにおいては体重の最適化である[*17]。これを果たすために自アスリートは、感覚を客観的な数字で置き換える機器一式ですでに覆われている自分の身体を消し去ろうとするのである。[18]トライアスロンにおいて、身体はパフォーマンス改善の主たる障壁であると同時に、その道具でもある。身体は水中で乱流を生み、身体の高さ・太さは大きな空気抵抗として作用し、体重は走者を地面につなぎとめる。理想としては、トライアスリートは、身体を持たず自分の精神だけで競技を行いたいと思うことだろう。あえて言ってしまうと、これはアスリートの身体の外見自体を見れば分かることで、それは常に最高度にすらりとしている傾向がある。ヴァルトレ〔トライアスロンに関連する多くの著書がある作家（一九八四‐）。彼の作品は、本書で以後度々引用される〕がトライアスロンについてしたためたユーモラスな文章にもある通り、「トライアスリートは、年中肉を削ぎ落した状態を維持して、アスリートらしい身体を得ることを望んでいるのだが、彼は決してそれを得ることはない[19]」のである。この身体の存在を減らすためにテクノロジーが使用される傾向があるのだ。こうして、ウェットスーツに関するベルナール・アンドリューの指摘の通り、水泳では、「テクノロジーは主として、競技が展開する場において力学面で強制されるものを減ずることに寄与する[20]」のである。明白なことだが、自転車競技において使用される空気力学を重視した装備も同様である。ところが、ブエが示していた通り、このようなパフォーマンスの探求は、身体の経験にとって、また崇高なものを求める審美的機能にとってはおそらく妨げとなり、「記録のために特化し切迫してしまうと、それは調和や均整とは対立することになってしまう[21]」のである。

いずれにせよ、競争がもたらすこうした身体の抹消行為の向こう側で、諸元素と身体の関係をめぐる何かが作用しているのであり、それはこのスポーツに暗黙のうちに含まれている。実際、トライアスロンにおいてアスリートは、水に抗って泳ぎ、風に抗って進み、地球の重力に抗って走るのである。またアスリートは、特にロング・ディスタンスの試合中、自分の体の火=熱《フー》に抗って戦うことにもなっている。

ベルナール・アンドリューによる身体のエコロジーに関する作業[*22]だけでなく、ガストン・バシュラールによる諸元素の詩学に関する作業[*23]にも依拠することで、自然との関係においてトライアスリートの身体が占める特別な位置を特定することができる。一方で、トライアスロンは、格闘しなければならないこれら四つの元素の前では人間は小さなものにすぎないことを強調しつつも、同時に自然との一種の一体化《コミユニオン》を推奨するものでもあって、語の芸術面での意味において、明らかに一種のロマンティシズムとつながっているように思われる。水・空気・地・火と一体となるにしても、それらのなすがままの状態なのであり、人間の身体・意志の弱さからすれば自然の力の大きさはあまりに上回っているように見えるのである。他方、だからと言ってアスリートは自然と直接的に一体となろうとしているのではなく、むしろ直接の対決を避けているようにも見える。トライアスロンは対決のスポーツである以上に、回避のスポーツであるとも思えるのである。この結果、主体と自然の関係を検討する様々な仕方について、範列的両義性と両価性が生じるのであり、これを詳述しておいた方が良い。

水から抜け出すこと

トライアスリートが最初に立ち向かうことになる競技は水泳である。一般的には、これはプールではなくオープンウォーターで行われるが、この二つには大変大きな違いがある。ベルナール・アンドリューが指摘しているように、「湖やプールでの入水は管理と競争に向いており、トライアスロンがそれをよく証している通り、水に動きのある前者では、単に運動パフォーマンスを伸ばす以上に、泳者たちは鍛えられるのである」[*24]。トライアスリートは、いつもというわけではなく、ほとんどの場合というほどでもないが、よくプールでトレーニングをする。だが、プールは一つの抽象である。それは、実際のトライアスロンの大会ではまず遭遇することのない理想的な条件を作り出す。流れも、波も、風も、目をくらます太陽も、藻類も、塩分も、他の泳者たちとの衝突もない――人でごった返している大都市のプールについては別かもしれず、これについては、リヨンのローヌ・プールの正午から午後二時までの間の時間帯、もしくは、同じ時間帯における、ＡＳＶＥＬトライアスロン〔フランスのリヨン近郊のヴィユールバンヌを拠点とする「ヴィユールバンヌ・エヴェイユ・リヨネ・スポーツ協会」のトライアスロン部門を指す。本書の最終章「トライアスロンの社会学」の原注４を参照〕のトレーニングで経験できる。逆に、温度は調整され、距離は規格化されており、水は半透明を保っている。また泳者は、大半の大会とは逆に、寒さから身を守り浮力を与えてくれるウェットスーツの助けを借りることもない。プールでは、アスリートは泳ぐことの生理学的・技術的側面にのみ集中することができる。泳者たちは男女ともに、一番滑らかに泳げるように、プールの底を見てできる限り体の水平を保つ[*25]。オープンウォーターではこれができない。なぜなら、時々――私の場合は常に――前方を見ることが重要となるのであり、これは泳ぎの滑らかさを失わせるからである。したがって、二つの状況下での水泳は、生体力学の観点からすると大変異なるものなのである。一方で、水という元素への関係は、プールでの実践においては目立たないが、オープンウォーターでは明らかに全く別の重要性を持つ。プールの水ははるかに安定的で、ほとんど友好的とも言うべき元素である。

バシュラールが指摘していたように、プールには何かが欠けている。「湖や川など、自然界の水における水泳は、コンプレックスをただ活発にさせる。その名が選ばれたのはあまりに馬鹿げている〔フランス語でプールは piscine であるが、同単語は「魚」を意味するラテン語 piscis に由来することが、ここで念頭に置かれているものと思われる〕が、プールというものはコンプレックスが力をふるうにあたって、その真の枠組みを与えないだろう。それはまた、コスミックな挑戦の心理に求められる孤独という理想にそむくものである。意志をうまく投影するためには、一人になる必要がある。意図して泳ぐことについての詩とは、孤独についての詩である。水泳を精神的に健康に良いものとする根本的な心理的要素が、プールにはおそらく常に欠けている」[*26]。底が分からないような湖や海の非常に深い淵は、ミステリアスで危険な生きものがそこに住み着いていると想像されるものだが、そうしたものや自然の畏怖すべき性格は、プールでは、塩素消毒された全く透明な水をたたえる無味乾燥なタイルによって失われてしまっている。そこでは、生物に関する危険はすべて消し去られており、しばしば底に足を着けることができるのだ。バシュラールが「コンプレックス的な力」で理解していたのは、精神分析のコンプレックスの概念に似た何かである。バシュラールがそれに与えた解釈によると、「コンプレックスは、常に両価的感情の蝶番《ちょうつがい》なのである」[*27]。主体は、非常に異なる感情を同時に持つものである。「だから水泳の経験においては、両価的感情の二元性が蓄積されてゆくのが分かる」[*28]のである。喜びと苦痛とが時に交じり合うことがあるように。バシュラールは、泳者が冷たい水に慣れた後に感じる熱感という大変興味深い例を挙げているが、この感覚は、まさにトライアスロンのスイムのパート中に起こるものだ。ここには、「内面の戦い」のようなものがある。「他の誰にもまして、泳者は次のように言うことができる。「世界とはわが意志であり、わが挑発である」[*29]、と」。水泳の経験とは、自然に対する人間の意志の勝利の経験である――そして、他の種目においてもそれは同様ではあるのだが、バシュラールによれば、結果は明らかに異なるのであるということを後に見るだろう。

ドゥルーズは、スピノザについての講義の中で、スピノザにおける第一種の認識から第二種の認識への移り行きを説明するのに、水泳を例としている。第一種の認識は、この文脈では、世界についてなされる感覚的認識を主として指しており、それは時に雑然として幻のようなものである。「泳げるようになるということ、それは存在の征服であるということを誰も否定できません」と、ドゥルーズは学生たちに説明している。「ここがとても重要なのですが、お分かりになるでしょうか。この私は元素を征服する。このことは必ずしも元素を征服することにはなりません。それは泳ぐことであり、飛ぶことであり、それらすべてです。これは驚くべきことです[*30]」。第一種の認識に従って泳ぐのは、諸元素にもてあそばれるがまま、それらが何であるかを知性において理解することなく、雑然とした状態にとどまり続けることであり、ドゥルーズにとっては、それは子供のように「動き回る」ことである。第二種の認識によって、主体は諸関係についての認識を得て、事物についてのより直観的で親密な知を得るのである。「私は泳ぐことができる。これは必ずしも、私には波の運動についての数学もしくは物理的・科学的認識があるということではありません。それは、私にはノウハウがあるということを意味します。驚くべきノウハウです。すなわち、一種のリズム感覚があるということです。リズム性。リズムとは何を意味するのでしょうか。それは、私に特徴的な諸関係を意味し、私はこれを波との関係において直接的に構成するのです。私と波の間でさらなることが起こります。つまり、延長的部分、波の水を含む部分、私の身体の部分との間でさらなることが起こるのであり、これらの関係の中でそれは起こるのです。波を構成する関係、私の身体を構成する関係、そして私が泳げる場合、波の諸関係に対して直接的に構成される関係のもとに身体を差し出すという私の巧みさ。これは、私は都合の良い時に潜って、都合の良い時に浮かび上がるということです。近づく波を避けたり、もしくは反対にそれを利用したりすることなどであり、諸関係を構成する技法のすべてです」。そして、それは、下手な泳者（私）と良い泳者との間の相違のすべて、自然に従うこととそれを従わせること――ただし、ドゥルーズがよく示している通り、柔術家が相手を打ち負かすのに自分の体重を利用するように、自然と一体となりつつそれを従わせるのである――の間の違いのすべてである。腕をかくたびに、泳者は第一種の認識と第二種の認識との間を揺れ動くのである。

しかしながら、このコンプレックスの両価的感情は初源的なものである。バシュラールにとっては、この両価的感情を昇華して、「コスミックな」ものであり、世界《ユニベール》に対するスピリチュアルな関係へと通じる実感《レアリザシオン》の別のレベルにまでそれを到達させることが可能なのである――そして、この実感は、多分スピノザの第三種の認識、本質の認識と部分的に重なるものなのかもしれない。この感動は、ブエの言う意味において審美的経験の基礎となりうるものである。これは、オープンウォーターで泳ぐ者が到達できることであり、プールで泳ぐ者には決して起こらないことである。バシュラールが述べる通り、オープンウォーターは孤独感を与える。これは、ロマン主義の芸術家の言う小ささによく似た孤独である。カントが次のように強調している通りに。「たいていの場合、自然が最も崇高なものの諸理念《イデー》を呼び起こすのは、むしろ、その混沌において、または最も粗野で整いのない無秩序や荒廃状態においてであり、ただ単に、大きさと力とがそこに感じられうる場合なのである」[*31]。トライアスロンにおける男女の泳者にとっての逆説のすべては、試合中、何十人、何百人、さらに数多くの他の泳者に囲まれているのに孤独を感じるということである。他の泳者は、立ち向かっている水という元素の一部のようなものなのだ。トライアスリートはスイムのパートをよく巨大な洗濯機に例える。スイム中の厄介な瞬間をすでに経験で知っているヴァルトレは、自身のドラマチックな小説に登場する主人公に付け加わる大きな困難として、これを描き出した。「僕の周りの泳者たちは、僕の状況など気にかけることもなく、死にそうな男から身を遠ざけるかのように、僕を避けて泳いでいた。前後不覚となったのか、僕にぶつかる者もいたが、それで体を起こすこともなかった。僕はいったいどんな戦争に巻き込まれたのだろう」[*32]。バシュラールの言葉で言い換えるなら、泳者が水と彼の周りの他の泳者たちの身体からあふれ出ているので、崇高なものについての感情は、ここでは宇宙《コスモ》に向かって開いている。最も昔の人々が持っていた自然との一体感に合流するスピリチュアルな経験なのである。

バシュラールは、次のように見ている。「水中においては、風の中におけるよりも勝利はさらにまれとなり、危険は増し、より尊敬に値するものとなる。泳者は、自分の本性にとって異質な元素を征服するのである。若い泳者は早熟な勇者である。だが、真の泳者で、最初は若くなかった泳者がいるだろうか。水泳の最初の練習は、恐れを克服するチャンスである。歩くことには、このようなヒロイズムの敷居がない」[*33]。他のどんな元素よりも、水は勇者らしくなる機会を与えるものであり、この意味において、勇敢で、自分の恐れを乗り越えられる者になる機会を与えるものである。おそらく、それは水が危険な元素であるからだ。「持久競技のアスリートは、自然の諸元素の道に自分を位置づけてくれる優越性のレベルに到達することを求めて突き進む。それが彼のなすことである。このことは彼に利する場合もあり、時には彼にとって不利益となる場合もある」[*34]と、スコット・ティンレイは説明している。支配的元素に対する戦いが原因となって、自転車競技もしくはランニングの最中に死ぬという可能性は低い。これら二つのスポーツでは、致命的な事故が、空気のみによって（自転車競技）もしくは地のみによって（ランニング）生ずるということはめったにない。だが、水泳の最中に溺れるという可能性は存在するのである。何年やっていても、多くのトライアスリートは、スイムにおいて気が休まることはない――このことは、筆者の私にとってもいっそうよく当てはまる。オープンウォーターには常に罠がある。身体が弱っていると（痙攣、体調不良、呼吸の窮迫など）、他の二つのスポーツと比して結果ははるかに深刻になりうるのだ。私の初めてのオープンウォーターでのトレーニングは、海岸からほんの何メートルかの場所で行われたのだが、私のコーチは、潜在的な事故の可能性を予見して不安に思い、すぐにトレーニングを短縮して、腕を動かすごとに自分の命すべてを連ねていくのだということを私に分からせてくれた。そうするのではなく、何年間か以来必要ないと思っていた浮き具、泳者が沖で遭難した際に使用する専用の浮き具を購入するのに、私は時間をかけていたのだった。

こうして、男性・女性選手たちの多くは水温が低い水で泳ぐことをうれしく思うのだ――この私の場合がそうである。なぜなら、それは、ウェットスーツの着用が認可されることを意味するからである。

ウェットスーツは、防寒のために泳者の皮膚の上に付け加わるもう一つの皮膚のようなものであるが、それは同時に、より容易に浮くことを可能にしてくれる。多くの場合、泳者は男女ともにウェットスーツを着るとより早く進むが、そのためには、ウェットスーツの厚さは三ミリメートル以下でなければならない。[*35] だが、この速さのアドバンテージがなくとも、ウェットスーツはいつも好まれている。なぜなら、それによって泳者はリラックスすることができ、浮きのように振る舞えるようになるからであって、いったん着用すると溺れるのはほとんど不可能になるからである。ロング・ディスタンスのトライアスロンでは、それは特に大きな意義を持つ。バシュラールが述べたように、「疲労は泳者の運命である。サディズムは、遅かれ早かれマゾヒズムに取って代わられることになっているのである」[*36]。ウェットスーツは、水泳の「マゾヒズム」の部分を緩和してくれる。だがそうすることで、トライアスリートは、パフォーマンスのために、オープンウォーターでの水泳が持つコスミックな潜在力を弱めてしまうのである――幸いなことに、水温が二四℃を超えるとウェットスーツは着用禁止となる。温度がコンマ数度超過した、この八月二七日のヴィシーでのように。アリエ川の中で肌を出し、肌と水の間にほとんど割って入るものがない状態では、自然と共鳴しているという感覚はリアルなものだったが、私の貧弱な泳ぎの質は、テクニックを凝らすことで埋め合わせをすることのできないものだった。私の経験は、（不）幸いにして、完全にコ（ス）ミック的なものだった。

空気を切り裂くこと

アスリートは、いったん泳ぎ終わったらすぐに、自転車競技という根源的に異なるもう一つのスポーツに移行しなければならない。筋肉に関する非常に異なる図式が必要とされる。スイムにおいては、身体で腕が最も使用される部分であったが、今や特に働かせなければならないのは脚である。しかし、スイムとバイクの間、トライアスリートはまず、水際から自転車が彼らを待つスペースまで少し走らなければならない。このトランジションの区間は、大会によってかかる時間が異なり、何秒間か、もし主催者が大胆にもバイクパークを遠くに設定していると、数分かかることもある。この行程でトライアスリートは、脱皮する動物のように変身《メタモルフォーズ》を遂げる。トライアスリートは、ネオプレーン製のウェットスーツを脱ぎ捨て、文字通り最初の皮膚を失う。そしてアスリートは、コースの出発点まで自転車と並んで走り、それに飛び乗る。向き合う相手が変わる。今やもう水を相手にするのではなく、空気を相手にするのであり、それはトライアスリートの前進を遅らせると同時に呼吸をさせてくれるのである。

このように、空気はトライアスリートにとって非常に両価的なステータスを持つものである。一方では、それは平坦な道においてトライアスリートを遅らせる主要因である。[*37] 登りにおいては、主な抵抗物は風ではなく地球の重力であり、この場合、戦うべき相手という点では、ランとバイクの経験は似ている（ただし自明のことだが、厳密に同じということではない）。ほとんどのトライアスロンの大会では、コースに起伏がある。だが、サイクリストがもっぱらヒルクライムだけをしなければならないトライアスロンの大会はまれである（それでもフランスだけを例に挙げるならば、マドレーヌ・トライアスロン〔先述のマドレーヌ峠周辺で行われるトライアスロンの大会〕やラルプ・デュエズ・トライアスロン〔ラルプ・デュエズは、フランス南東部の都市グルノーブルに近い冬季スポーツのスポットであり、たびたびツール・ド・フランスのコースになっている。トライアスロンの大会も開催されている〕、ランブランマン〔フランス南東部、オート＝アルプ県のコミューンであるアンブランで開催されるトライアスロンの大会。本書の最終章の「トライアスロンの社会学」を参照〕、ヴァントゥマン〔フランス南部のヴォークリューズ県で行われているトライアスロンの大会〕などがある）。反対に、ほとんどの場合、遅かれ早かれ下りか平坦な部分が現れる。ハワイのアイアンマンレースは、すでに見た通りトライアスロンの原型をなすものだが、最初に行われた時にはそれほど起伏はなかった。現在はそうではなく、今や障害としていっそう知られているものは、高低差よりもコース上に吹く風の方である。

ちなみに、ほとんどのトライアスロンの大会では、「ドラフティング」は禁止されているが、これは、自分の前のサイクリストとの間を詰めて風を避けるものである（ある見積もりによれば、前方を走る者の後ろに身をおさめた時のエネルギー節約率は一五％から三〇％にもなるとのことである）[*38]。プロのトライアスリートが集まるオリンピック形式のトライアスロンでは、「ドラフティング」は認可されているが、これはむしろ例外であって、多くが、（自転車のクラシックレースでのように選手が集団化することで）レースをより分かりやすく、かつ不確定にするというメディア上の理由から課せられたものである。他のトライアスロンの大会のほとんどは、レースの途上で、自転車ロードレースのサイクリストたちがするように集団に守られて走れる可能性は全くない。ドラフティングを行うことは違反行為であるため、しばしばマーシャルによってペナルティーが与えられる。戦うことを拒否することはできないのである。

時速三〇キロメートルを超えると、自転車や自転車上での姿勢だけでなく、身に着けている物まで改善することで、空気力学上の利得をかなり上げることができる。[*39] トライアスリートのほとんどは、自分のマシン上で空気を楽に貫いて進むためにできる限り姿勢を水平にしようとする。そうするために、彼らはハンドル上のエクステンションバー（「エアロバー」）を利用して、腕を互いに近づけつつ前に伸ばし、前面投影面積をより小さくするのである。彼らは、空気力学の最適化に特化したホイールを使用し、中には後輪にディスクホイールを取り付けている者までいる。驚くほど高価なホイールである。私は自分のホイール（カーボンチューブラー、リムハイト八〇ミリメートルのＭａｖｉｃ製のＣＸＲというモデル）について分割で支払わなければならなかったが、それでも最も高価なものと言うにはほど遠かった）。「もしあなたがトライアスロンの大会に行くことがあれば、自転車にだんだん感動を覚えていくだろう。空気をより切り裂いて進むためのリムハイトの高いホイールを装備したタイムトライアル用自転車が多くそこにある……。時速三〇キロメートル以下で進むのに……」[*40] と、ヴァルトレは皮肉っている。なぜなら、そうした装備は、スピードの遅い者（私もその一人でないことを願うばかりだが）にとってはあまり意味がないからである。だが、それでも、それは平凡な実践者にとってさえ空気力学上の不安や懸念があることを示している。空気という戦うべき敵への先鋭な意識がそこに表れているのである。

労力を注ぐ最中に使用する給水用ボトルですら、空気を切り裂くことが研究されている。この仕掛けを持った物もまた、ぜひ言っておかなければならないが、そこそこの値段がする。私は、ボトル（今では入手困難な、スペシャライズド S-Works 製のエアロボトルで、価格は一〇ユーロだった）があるか習慣的に点検するようにしていたのだが、道路の窪みに体を弾まされていたある日のトレーニングで、不幸にしてそれがないことを確認して絶望感にとらわれた。即座に引き返し、誰かがそれを横取りしたり、さらに悪い場合はドライバーがただの野良猫のごとくそれを踏みつぶしてしまったりする前に、できるだけ早くこの逃亡者を見つけ出そうと道を逆向きに進んだ。進んできた何キロメートルかの道のりの全部を逆向きに走りきって、何度も徹底的にそこを調べた後、私はハイテクの粋を集めたこのボトルにあきらめをつけ、落ち込んで、予定よりも早くトレーニングを終えることに決めた──水がなくてどうしろというのか。全く期待に反して、お亡くなりになったはずのボトルを見つけたのは、われわれが借りていたバンガローに入った時──われわれはバカンスに来ていた──だった。私は単にそれを忘れてきただけだったのだ。私は大きな喜びに満たされたが、その喜びを恥ずかしいとさえ思った。自分が卑劣にも物質主義者になっていることを知ったのだ。だが、すでにそうなっていると私は自覚していなかったのだろうか。

特別なヘルメットも使用される。私のものは Catlike 製の RapidTri というモデルであり、私はこれを自慢している。これは薄い着色を施したバイザーがついていて、大会に出た時の写真を見てそう思ったのだが、着けると漫画のスーパーヒーローのような姿になる。伝統的な自転車競技のヘルメットは、サイクリストの頭部を空気で冷却できるようにたくさんの開口部がある。だが、これらの開口部は乱流を生み出し、スピードを遅くするので、トライアスリートには好まれていない。こうしたことから、トライアスリートは、ほとんど密閉されたヘルメットを着用する。これは水滴のような形をしたものが多く、それが最大限空気力学的な形状なのである。多分に皮肉なものだが、トライアスリートは、長い間スイムで水と戦った後、今度はその水を構成する水滴の形をまねるのである。この理由から、トライアスリートは自分の背中の姿勢にも大変注意を払う。背中を水平にするのだが、だからと言って平坦にはしすぎることはない。自転車競技では、軽く丸めることが求められているのだ。

自転車競技にとって、空気は主たる障壁である。だが、アスリートたちは呼吸できることをうれしく思っている。実際に空気は、それに含まれる酸素によって、走者の前進に必要なエネルギーを作り出してくれる。自転車競技とは、酸素の消費に本質的に依拠するエアロビックなスポーツであり[*41]、これはロング・ディスタンスではなおさらである。スイムのパートでは呼吸するのはやっかいである。大多数のトライアスリートが使う泳ぎ方はクロールである。泳ぎの効果を出すため、クロールには呼吸を止めるフェーズが必要であり、その間、泳者は自分の頭を部分的に水面下に入れる。泳者の中には、五回手をかいて一回だけ呼吸をするというサイクルで泳ぐことができる者もいるが、この場合、呼吸を止めるフェーズは数秒にもなる[*42]。ヴァルトレの小説の主人公が述べている通り、こうしたことは初心者には非常に難しいことかもしれない。「僕は、クロールの最初の動きを取ろうとしたが、水中で息を吐くことができなかった。体は完全にカチコチだ。それでも僕は腕を動かすよう努めたが、やっぱり駄目だ。再び呼吸しようとして体を起こしたが、混乱して僕は水に沈んだ[*43]」。水中から出た後、走者が再び地上の呼吸に適応するのにわずかに時間がかかる。これは主に、遅かれ早かれ取り戻さなければならない酸素の負債を、水泳が作り出すためである。この移行は、ヴァルトレの小説の主人公に再び訪れた困難である。「ようやく僕は浜辺に着いた。体を起こして酔っ払いのように千鳥足で歩き、そしてまた水中に倒れた」[*44]。選手は、まさに水中から出た瞬間、比喩としてはまるで新生児のように呼吸する。あたかも彼は再び、魂――古代の著述家たちが大変適切にも「プネウマ *pneûma*」（気息）と名付けた魂[*45]――を突然得たかのようである。このように新たに呼吸することで、主体と彼の把握する世界との間に別の関係が訪れたかのように事態は進行する。水中の意識は地上の意識ではないのであって、地上の意識とは空気のものなのである。この呼吸のせいで、主として初めのころは自転車で走ることに困難を覚えるかもしれない。

しかしながら、空気の詩学は、空気を乱暴な現象とすることはめったにないと、バシュラールは指摘する。むしろ、「空気のダイナミズムは、えてして甘美な気息のダイナミズムである」[*46]と、バシュラールは述べている。バシュラールの空気の分析においては、ニーチェが特別な位置を占める。ニーチェにとっては、「空気はわれらの自由の実体そのものであり、それは超人の喜びの実体である。ニーチェ的喜びが乗り越えられた人間の喜びであるのと同様に、空気とは乗り越えられた物質の一種である。地の喜びは、豊饒性と重力である――水の喜びは、柔らかさと安息である――火の喜びとは、愛と欲望である――空気の喜びとは、自由である」[*47]（また、トライアスリートの喜びは、これら四つの構成要素を同時に熱望するものであるということが後で分かるだろう）。

バシュラールによれば、ニーチェにとっての空気とは、逆説的にも（なぜなら、まさしく空気中にまだいるので）人間が諸元素を逃れることのできる場であり、自由が創造される場である。「純粋な空気を呼吸するという単純な喜びにおいてこそ、力能の約束が見つかる」[48]のだ。バシュラールがニーチェについて行った解釈によれば、呼吸とは、自分の自由を勝ち取ることを望む人間にとって鍵となる要因である。したがって、水泳と全く同様に、自転車競技も両価的な一つの能力についての経験である。一方でアスリートは、水の中では得られない、自由に呼吸する能力を愉しむ。同様に彼は、新しい身体として存在する機械を利用することで与えられる能力についての感情も好むのである。[49]「自転車は、われわれに新たな身体組織の要素を与えてくれる。言うなれば、これはわれわれの身体と自転車とで構成される総体によって形作られるものであり、動物的機構と機械的機構との連合によって形成されるものである」[50]と、ブエは述べている。トライアスリートは、水から離れ、引き延ばされた身体能力を持ち、自由に呼吸することのできる「脊椎を持つ機械仕掛けの哺乳類[51]」に変異するのである。だが他方、力を備えた身体についてのニーチェ的喜びの源であるこの同じ空気は、トライアスリートの前進に対して恒常的に作用するブレーキとなり、この満足感を減ずるものでもある。バイクパートにおけるトライアスリートの作業全体は、下手な言葉遊びではなく、喜ばしい空気、自分の生の力とスピリチュアルな力を育む気息的《プヌマティク》な空気をできるだけ長く保つことであり、また、空気の抵抗をあまり受けないようにすることなのである。

地を離れること

自転車で何キロメートルかを走った後、トライアスリートは再度スポーツを変えねばならない。彼・彼女たちは水平な姿勢をとるのをやめて、走るために直立した姿勢をとる。直立した姿勢においては、環境に対する知覚は、水平な姿勢と根源的に異なる。この姿勢によって、アスリートはわが身を突き出し、自然を支配することができるのである。[*52] スイムにおける水平な姿勢により、トライアスリートは水棲種に似たものとなる。[*53] バイクでとる水平な姿勢により、彼らは四足歩行の動物に似たものとなる。これら二つの姿勢は、特に視覚に関して、他の生物との、ある種の象徴的平等主義を生み出す。今や誇り高き人間は二本の足で立ち、己が種族の尊大な立ち位置を再発見する。だが、自然に対するこの支配は安定したものではない。確かにトライアスリートは最初の二つのパートの相手である水と空気には打ち勝った。以後は主に地を、地球とその重力を相手にすることになる。水は長くレースには不在であり、空気はランニングにおいては弱い抵抗でしかない。

自分のパフォーマンスを向上させるために大部分のトライアスリートがとる戦略は何よりもまず体重を落とすことである。水泳においては、体重は決定的な問題ではない。まさにその反対に、脂肪の密度は純粋な筋肉のそれよりも低いため、少々の脂肪つけていることで、浮きやウェットスーツがそうしてくれるように、泳者は浮かぶことができるのである。平坦なコースで行われる自転車競技においても、体重は小さな問題である。体重は加速を遅らせる要因でしかない——また、その体重を持ち合わせている身体のかたちのため、空気抵抗が少し増えることになるが、多くの場合それは無視できる。逆に、ランニングにおいては、アスリートは一歩ごとに自分の体重を感じる——三・八キロメートルのスイムと一八〇キロメートルのバイクの後にランを行うロング・ディスタンスのトライアスロンでは、特にそうである。「重力はわれらの重みを増して、今や根付かせんばかりであるかのように思える」*54と、ベルナール・アンドリューが解説しているように。結果として、体が軽くなればなるほどランニングは容易になるということである。戦略は単純だ。トライアスリートは、BMI値〔ボディマス指数。キログラムで表された体重を、メートルで表された身長の二乗で割って得られる値〕をできるだけ減らし、二〇に最も近づけようと努める——これは、例えば、身長一八〇センチメートルで体重が六五キログラムであることを意味する。この値はトライアスリートにとっては非常に得がたいものである。というのも、このスポーツをする男女は、伝統的な男女ランニング走者よりも概して多く筋肉をつけているからである——そして筋肉は重いのだ。トライアスリートは一般的に水泳のために腕と肩の肉付きが良くなっており、自転車競技のために腿とふくらはぎが太くなっている。私の場合、筋肉というより食生活上の理由によるものだが、この値が二一より落ちたことがない。クリストファー・フルーム〔イギリスの自転車ロードレースの選手。本書「トライアスロンの認識論」の原注6を参照〕のようなサイクリストは、おそらく一九近く（これは必ずしも平坦な場所で利点となるわけではなく、坂を上る場合に実用的となる）になり、長距離走者のモハメド・ファラー〔イギリスの陸上競技の選手（一九八三－）。二〇一〇年代に、オリンピックや世界陸上競技選手権大会において数々の金メダルを獲得している〕は、さらにこれより低く一八に近づくほどになるだろう。しかしながら、体の組成そのものは問題にしないため、BMI値の科学的重要性は広く議論されている。それは、個人の肥満度の調査にあたって最初に取るアプローチとしてのみ一貫性を持つものなのである。これは、体脂肪率などの他の指標によって補完されるべきものなのだ。

そして、トライアスリートが最適化に努めるのは何よりもこの体脂肪率であり、彼らは時にはこれを、男性の場合は総体重の一〇%未満にまで、女性の場合は一五%未満——これらは良好な身体機能を保つために最小限必要と一般的に考えられている割合である——にまで下げる。これはリスクとなる。というのも、十分な脂肪を付けずに痩せすぎるのは健康的なことではなく、アスリートのパフォーマンスを落としかねないからである。[*55] こうして、レースが始まる前から、トライアスリートは綱渡りの曲芸師のように自分の体重を突き詰めている。重すぎると身体は道に張り付いてしまい、痩せすぎると身体は自分自身を支えられないのである。[*56] エリートのアスリートの場合は、この割合が極端に低くなる。ツール・ド・フランスでは、選手の大部分は五%から六%の割合でスタートを切る。ゆえに終了時には、値はさらにいっそう低くなる。アルベルト・コンタドール〔スペインの自転車ロードレースの選手（一九八二–）。ツール・ド・フランスなど「グランツール」の大会での活躍で知られる〕は、三・七%だと述べていた。筆者ですら、自分のオンライン・ヘルスメーターを信ずるならば、最も並外れた苦行期間にあってさえ、かろうじて一〇%に届くぐらいであったのに。

減量に加えて、走者は、重力を逃れる歩調を得ようとする。よく初心者がやるように、一歩ごとに力を込めて垂直に跳ねる代わりに、経験を積んだ走者は、やはりここでもできる限り水平を保って、飛び跳ねるごとの高さを最大限抑えようとする。身体の重心が上下に振幅するのはできる限り抑えなければならない。また歩調は、かかとで地面にのしかかるようにするよりも、つま先で地面を軽く引っ掻くようにするのである。[*57] もう一つの目標は、歩数を減らすことである。なぜなら各一歩が、地球の重力から逃れるために改めて必要になる労力だからである。これができるようになるために、トレーニングではストライドの長さを向上させる練習を含めなければならないのだが、怪我のリスクがあるためにこれを実現することはなかなか難しい。実際、ストライドの長さとピッチとによって走者の速さは決まるのである。研究上は、最適なピッチ数は毎分一八〇回前後ということで一致しているように見える。だが、これは平均でということであり、ある場合ではそれ以上となったり、別の場合ではそれ以下となったりするのであり、こうして様々な歩調の形態学が生み出されることになる。ある者はどちらかと言えば「地上人」で、他の者は「空中人」であり、[*58] この後者は、まるで地球上での救済を空中に求めているかのようである。

厳しいトレーニングの後で自分の体が十分に武装できたと感じる時、トライアスリートは、地に対する戦いを開始することができる。バシュラールが、カミュによるシーシュポスの神話[*59]を援用して説明したように、これは少々不条理とも思える戦いである〔フランスの作家アルベール・カミュ（一九一三―一九六〇）による一九四二年の作品『シーシュポスの神話』を指す。同書にて、ギリシア神話中のエピソードが取り上げられる。登場人物であるシーシュポスは神を敬わぬ行いの罰として山頂まで岩を押し上げる罰を課される。この岩は頂上に着くと必ず転げ落ち、彼はこの作業を永遠に繰り返すことになる〕。「シーシュポスが受けた刑は、少々長いサッカーの試合であり、ペシミストから見れば、そもそもスポーツというものは、一つの不条理の姿と映りかねないのである」[60]。これは地が、他の諸元素とそれとを根源的に分ける特性を持っているということである。「実際のところ、地は他の三つの諸元素とは異なり、抵抗を第一の特徴として持つものである。他の諸元素は、敵対的ではありうるが、常に敵対的であるわけではない。それら他の諸元素を完全に認識するには、甘美さと意地悪さという両価性の中でそれらを夢想することが必要である。それとは逆に、地の物質の抵抗は直接的かつ恒常的である。それは直ちに、われらの意志の対象的かつ忌憚のない相手となるのである」[61]。

地に対するこうした関係により、われわれは、戦いと労力とが必要とされる一人の抵抗する人物と直接対面することになる。シーシュポスは、岩を絶えず元の位置に戻してしまう地と戦っている。すでにこの戦いに負けてしまっているかのように。シーシュポスは決して勝利をおさめることはできないのである。自転車と水泳とを何キロメートルにもわたって行った後に、意味するものが分からぬまま何かを追い求めて走る呪いをかけられている走者と、事情は同じではないだろうか。トライアスロンの足を地につけた行程においては、たいてい同一のループを何周かする――例えば、ヴィシーのアイアンマンレースのマラソンでは四周する――ことになっているが、それだけにシーシュポスのこの難行はいっそう顕著である。周回ごとに、このような問いがずっと続く。「だが、ここで私はいまだに何をやっているのか。どうして、今止まろうとしないのか」。一つの周回が終わったら、取り組まねばならない次の周回がすでに始まっている。そして何度も何度も。

しかしながら、バシュラールを信ずるならば、これはまさにスポーツを見下す「ペシミストたち」が、判断を急ぎすぎている点である。「ベルクソン主義者〔アンリ・ベルクソン（一八五九－一九四一）は、フランスの哲学者。彼の哲学は、精神／物質、主観／客観という近代哲学の思考様式を乗り越えて、生それ自身をとらえようとする「生の哲学」の一つに数えられる」ならそう言うだろうが、この作業は不条理だったであろうが、彼の行為中、どこにその不条理性を示すものがあるだろう」[*62]。なぜ彼らは走るのか。それは何の役に立つのか。まさしく何のためでもない。なぜなら、ランニングの究極目的はその活動そのものにのみ存するからである。それは、それを行う者にとって瞬間的・主観的にのみ意味を持つ経験なのであり、ゆえに参加していない傍観者の側からすれば困惑を引き起こしかねないものなのである。実際、カミュの作品中のシーシュポスにとって、「岩は、人間が注ぐ労力を露わにするのであり、それは、己の能力を自覚した上腕筋の、対象的な美しき付加物なのである」[*63]。とめどなく走ることに何の不条理さもない。なぜなら、とめどなく走ることが一つの目的を持つものだからである。つまり地は、意志の能力をはじめとするアスリートの能力を明かしてくれるのである。それは、水泳や自転車競技と同じ経験を与えるものではない。泳者やサイクリストと異なり、走者は一歩ごとに弾むのであって、より正しく言えば、自己意識を得ることを可能にしてくれる鏡の中の光のように、アスリートは地において自分自身を反射する《レフレシール》＝省みるのである。

　これらはすべて、労力を注ぐ経験を通じての意識の目覚めについて、メーヌ・ド・ビランが述べていた通りのことと呼応するものである[*64]。「労力が注がれるやいなや、主体が現れ、他者との関係において構成される一つの極が存在するようになる。［……］労力を注ぐこととともに、望み、行動する一つの人格にすべてが関係するようになるのである」[*65]。注がれた労力は自己意識を構成する胚を置く。トライアスロンの場合において、特にロング・ディスタンスのレースが関係する場合においては、ランニングによって得られるこの自己の能力についての意識は、徒歩で行われるパートがトライアスロンの最後の種目となっているために、アスリートが大変疲弊し、明晰さの喪失を体感している非常に特殊な瞬間に生まれるのである。ギヨーム・ル・ブランが、ランニングについての彼の素晴らしい哲学的エッセイにおいて解説しているように、これは大変奇怪なことかもしれない。「われわれは、レース開始時はデカルト主義者であり、ゴール時にはスピノザ主義者になっている。始まりにおいては、われわれの魂は身体よりも偉大で、それは身体を抑えるものだと変わらず考えており、それはある点までは正しい。やがて、体の状態と同じ数だけ哲学が存在するという考えに戻ってくる。というのも、最後には必ず恐れていた事態が生じるからである。三〇キロメートル前後にさしかかって、持続時間の長さが本当に身に染みる時や、意志がもはや体を導くことができなくなった時などに[*66]」。

走者は、大変異なる二種の哲学の間を絶えず揺れ動いている。たやすいレースの時は、走者はどちらかといえばデカルト主義者である。なぜなら、デカルトによる魂と身体の関係についての考えの通りに、意志は身体に対して万能であると理解しているからである[*67]。だが、この考えは脆いものである。疲労によって走者は、「心身の合一においては、状態の変化というかたちで体に起こるすべてのことが、同時に、観念の変化というかたちで精神にも起こることが求められる[*68]」ことを意味するスピノザの哲学に回心するのである。十全に休息をとった身体は、地と相互に作用しあうことで、意志の力を露わに示す。疲弊した身体は、魂に作用する力を地に与え、その力は一歩ごとに魂をさいなむのである。

このように、大会中、トライアスリートが最後に経験することは、魂と身体の衰え以外の何ものでもない。だがこの衰えは、走者が最後のゴールラインに到達できることを示すのならば、意志の勝利の源となりうるものなのだ。ヴァルトレの小説の主人公は、極度の疲労の中でレースを終え、最後にゴールした者のうちの一人だったという事実にもかかわらず、かなり独特な喜びを感じるほどの域に達していたように見える。「湖だ。じきに終わりだ。何の終わりなのだろう。僕はどこに向かっているのだろう。僕の精神はまた支離滅裂になった。マイクで叫ぶ司会の声で、僕は明晰さを少し取り戻した。看板を見た。あと三キロメートルで僕はフィニッシャーになる。軽い幸福感の波を感じる。これを利用しなければならない。［……］僕は白線を通過した。これまでのすべてがこの白線のためだったというのだろうか。それでも、僕はうれしかった。尋常でないこの挑戦を終えたことがうれしく、また僕の到着を待ってくれていた妻と子供に囲まれていることがうれしかった[*69]」。

後ほど見る通りの、より大きな完全性の域に到達し、自分の新たな力を見つけ出した何者かが抱くスピノザ的（もしくは準スピノザ的）喜び[*70]。自然との対決がトライアスリートに与えるものはこれなのである。

熱烈な火を燃え上がらせること

物事を外面からのみ観察するのであれば、火という元素はトライアスロンの戦いには欠けている。だが、内面から見れば、全く最初から火=熱《フー》は存在しているのである。実際、トライアスリートは競技中ずっと、焼けるような感覚が増していくのを感じており、それは徐々に腕（スイム）から足（バイク、そしてラン）に下ってゆくのである。ここには、言い方以上のものがある。スポーツは、誕生以来、火についての用語を用いており、それはとりわけ、すべての身体運動には欠かせない予備行程について使われている。それは、ウォームアップと呼ばれており、名がよく示している通り、熱を生み出すことである。身体を使った実践において、準備運動で熱を生み出すことに言及するのは、ほとんどの言語に見られるもので、おそらく単なる言葉遊び以上のものがここにあることを示している。英語では「ウォームアップ *warm-up*」、ドイツ語では「アオフヴェルメン *Aufwärmen*」、スペイン語では「カレンタミエント *calentamiento*」、イタリア語では「リスカルダメント *riscaldamento*」という具合である。

火は、これもまた両義的な元素として現れ、同時に敵としても同盟者としても現れる。一方で、アスリートは熱なくしてエネルギーを生み出すことはできない。だが他方で、焼け付くような感覚を覚えると、それは身体の限界が迫っていることを表すのである。バシュラールは、これをエンペドクレス・コンプレックスと名付けることを提案した。「この夢想は非常に特別だが、大変一般的でもある。［これは」紛れもないコンプレックスを規定するものであり、そこでは火への愛と尊崇、そして生の本能と死の本能とがそれぞれ一体となっているのである」[*71]。人類は火に対して両価的な関係にある。一方で、火は創造的な力である。火は事物を活動できるようにするのであり、生物にとっては特にそうである。ベルナール・アンドリューはこう述べている。「生のエネルギーという内的太陽は、世界と身体との合一という全体論的な信念において、宇宙《コスモ》とのコミュニケーションをわれらにとらせるのである」[*72]。だが他方、火は破壊者でもある。火はすべてを破壊する能力を象徴する上に、それ自体でもある。エンペドクレスは、この火の二裂的側面を完璧に理解していた。アリストテレスが指摘したように、エンペドクレスは彼が作り上げた体系において、火のための場所を別に確保していたのである。四つの元素は、すべてが正確に同じステータスを持つものではなかった。火は鍵となる元素であった。「実際のところ、彼は四つのものとして使用したのではなく、それらは二つだけであるかのように扱っていた。一方には、火それ自体があり、他方には、地・空気・水というそれらの反対物があるのだ。あたかも後者が単一の自然であるかのように」[*73]。火は、事物に生命を吹き込むことができるが、同時に、——それらを過剰に消尽することによってであれ、もしくはそれらを賦活することを止めることによってであれ——それらを殺すこともできる。エンペドクレスの伝説上の死が完璧に示しているように——彼はエトナ火山に身を投げたのである[*74]。それを説明上の基本原則とするほどまでに、彼は火によって生き、火によって死んだのだった。「エンペドクレスは、大火山の純粋な元素の中に自らを溶かすという死を選んだのだ」[*75]。バシュラールはこう指摘している。

さらにもう一度、トライアスロンは、同じような寓話をこのスポーツの実践者たちに語る。それは、この寓話を語る以上のことまでする。すなわち、それを肌で感じられるようにするのである。火は、アスリートが生み出さなければならないエネルギー、注がれる労力の熱を象徴する。移動のためにエネルギーを使用するのと同時に、彼の体温は上昇する。これは、生理学における科学的研究が始まって以来、例えばフェルナン・ラグランジュ（フランスの医師・生理学者（一八四五－一九〇九）。運動や身体教育に関する複数の著書を残している）の研究[*76]によって、広く知られていることではある。だが、医学史において、より以前の時代までさかのぼることができるだろう。デカルトの心理生理学（もしくは生理心理学だろうか）[*77]などの、医学の前史にあたる時代や、さらにもっと前の、ヒポクラテスの体液の医学（古代ギリシアの医師ヒポクラテス（紀元前四六〇ごろ－紀元前三七五ごろ）が依拠していたとされる、人間の健康や病気は、血液・粘液・黄胆汁・黒胆汁という四つの体液の作用やバランスに原因があるとする見解を指す）――これは、エンペドクレスも当然共有していた古代の人々の直観に基づくものである――の時代にまで。

トライアスロンでは大量のカロリーを消費する。ヴィシーの大会にて私の腕時計で実測した結果を信ずるのなら、私は、この日の長旅で総量七八五七キロカロリーちょうどを消費したことになり、これは同一の場所にとどまって仕事をする者が四日間で支出するものに等しい。こうした理由から、トライアスリートはこの火を保護して、それを守らなければならない。彼らはまた、体温があまりに低くならないように自分の身体を防御しなければならない。白熱状態が失われないように、アスリートは大会の前後で厚着をする。すでに触れた通り、スイムのパートではネオプレーン製のウェットスーツを男女ともに着用し、低体温を防止する。ウェットスーツは、水温が一六℃以下になると着用が義務とさえなる。一二℃以下になったら、身体へのストレスが過大になるのを避けるため、スイムは完全に中止となる。エンペドクレスはすでにこのことを指摘していた。乾いたものと湿ったもの、熱いものと冷たいものは反対物として作用し、火は、他の元素の中でも特に水との対決を恐れなければならないのだ。[*78] 水によって消されてしまわないように気を付けなければならない。なぜなら、エンペドクレスにとって、火が水・地・空気を変質させるのと同じように、火は、トライアスリートが、ある元素から他の元素へと移行することができるようにするものなのである。すなわち、一つの可能性の条件なのだ。

アスリートはこの火をあおって、自分の移動に役立てなければならない。だが、それをあおりすぎてもいけない。過度に労力を注ぐことは、危険な身体上の混乱を招くことになる。体温の過度な上昇が主な原因の体調不良や、まさに火＝熱《フー》が水を駆逐してしまったことから来る脱水症状などがそれである。こうしたことは特に、大会の最後のパートであるランの最中によく起こるものである。すでに見た通り、水中を泳ぐことで、体温は低く保たれる。自転車競技中に身体が移動することで生ずる空気の流れは、たいてい身体を十分に冷やしてくれる。だが、何時間も労力を注いだ後で、スピードを戻して空気のように軽やかではなくなると、ちょっとした脱水症状も相まって、物事を把握することがより困難になる。さらに、アイアンマンレースのようなロング・ディスタンスのトライアスロン大会では、多くの場合、ランは太陽が真上にある、一日のうち最も暑い時間帯に行われることになる。私の場合、マラソンは気温三五℃の八月のヴィシーで午後二時に始まった。日焼けから日射病に至るまで、暑さとそれが引き起こしかねない熱傷ゆえに、太陽がもう一つの戦うべき相手となった。暑さをめぐるこの環境が、身体の内的な火に付け加えられ、耐えがたいほどになった。われわれは男女ともに、コース上のほんのわずかな日陰をも求めることになり、そこにある様々な木々の間を蛇行して進むこともいとわなかった。われわれは男女ともに、機会あるごとに、ボランティアから救いの水を大量にかけてもらった。帽子とサングラスはもちろん欠かすことができなかった。最後のランは、地のみとの対決というよりも、地と人と火——内的な火と外的な火という複数の火——の三つ巴の戦いなのである。

　それでも、太陽というこの外的な火は、アスリートが全く拒否するものではない。アスリートと彼のいる場所との関係はやはり両価的なままなのである。太陽の光は、身体に痕跡を残すものであるが、それは、取り組み中の苦しい時に、また特に数々のトレーニングの最中にアスリートを鼓舞する内的な火についての何かを象徴している。このことは、肌そのものに顕著に表れる。ベルナール・アンドリューはこう指摘している。「サイクリストにおいて特に分かりやすいが、はっきりとした跡で境界付けをすることで、表にさらされた身体と、用途の明確な衣服に包まれた身体の部分とが差異化されるのである」[*79]。実際、皮肉がないわけではないが、ヴァルトレは次のように観察している。「トライアスリートは日焼けで見分けることができる。もしトライアスロンを見に行くことがあれば、去年の夏から日の光がなかった五月のシーズン開始時なのに、選手たちが完璧な日焼けをしていることにおそらく驚くことだろう。概して、この人たちは上半身裸でバイクパークをうろついており、どのような日の光でそうなったのか分からないような日焼けした上半身を見せつけている」[*80]。これらの日焼け跡は、本物のトライアスリートに贈られるトロフィーのように、区別をつけるためのマークとなるのである。太陽という火によって日焼けした身体は、エンペドクレス風のやり方で、水と空気と地とに、この身体の火が打ち勝つことができたということのしるしなのである。

自然の精髄《カンテサンス》

結局のところ、トライアスロンは主に屋外に特定して行われるスポーツであるように見える。トライアスロンの変異競技については、別表のようなかたちで体系化することができるが、そのうちのいくつ

<table>
<tr><th colspan="5">自然の諸元素への関係</th></tr>
<tr><th>気</th><th colspan="2">地</th><th colspan="2">火</th></tr>
<tr><th>呼吸面</th><th>重力面</th><th>技巧面</th><th>内的エネルギーの面</th><th>太陽に関して</th></tr>
<tr><td>大きい
呼吸の停止と十全な呼吸</td><td>大きい
ランニング</td><td>小さい
道は舗装されていることが多い</td><td rowspan="6">短距離
無酸素性運動と乳酸を伴う労力

長距離
有酸素性運動を伴い、乳酸を伴わない労力</td><td>小から中
春の日差し</td></tr>
<tr><td>大変大きい
呼吸停止のフェーズと十全な呼吸のフェーズを継続する</td><td>大きい
ランニング</td><td>大きい
トレイルランであることが多い</td><td>大きい
夏の日差し</td></tr>
<tr><td>中
呼吸の停止はない</td><td>大きい
ランニング</td><td>小から中
道は舗装されていることが多い</td><td>小から大
競技は一年中実施</td></tr>
<tr><td>大きい
呼吸の停止と十全な呼吸</td><td>小さい</td><td>大変小さい
ベルト上を走る</td><td>なし
屋内で行われる</td></tr>
<tr><td>大きい
呼吸の停止と十全な呼吸</td><td>大変大きい
コースが山間部</td><td>大変大きい
自然に囲まれた環境で、道路や未舗装の道を通る</td><td>大きい
夏の日差し</td></tr>
<tr><td>大きい
呼吸の停止と十全な呼吸</td><td>大きい
ランニング</td><td>小さい
道は舗装されている</td><td>大きい
夏の日差し</td></tr>
</table>

	水		空
	流体力学面	宇宙《コスモ》に対して開かれている点	空気力学面
アクアスロン 水泳－ランニング	**大きい**	**小さい** しばしばプールで行われる	**なし** 速度は小さい
スイムラン 自然環境の中で、ランニングと水泳を何度か繰り返す	**大変大きい** オープンウォーター	**大変大きい** 全て、もしくはいくつかのセクションについてオープンウォーターで行われる	**なし** 速度は小さい
デュアスロン ランニング－自転車競技－ランニング	**なし** 水泳種目なし		**大きい** 一般的には自転車競技は路上で行われる
インドア・トライアスロン プールでの水泳－エアロバイク－ルームランナー	**大きい**	**大変小さい** 水泳は室内で行われる	**なし** サイクリストは動かない
エクステラ／クロス・トライアスロン 水泳－マウンテンバイク－トレイルラン	**大変大きい** オープンウォーター	**大きい**	**小さい** スピードは控えめ
伝統的トライアスロン 水泳－自転車競技－ランニング	**大変大きい** オープンウォーター	**大きい**	**中から大** ドラフティングが認可されているか否かによる

かについては十分な成功をおさめたとは言いがたいことが、それをよく表している。

いくつかのパートを「インドア」で行う、人工的な環境で行われるトライアスロンを作り出そうという試みが存在する。もしくは存在した。例えば、「ヴァンデ・トライアスロン・ショー」〔フランス西部のヴァンデ県の文化・スポーツ複合施設のヴァンデスパス（Vendéspace）で二〇一六年に行われたトライアスロンイベント。高校生からエリートの選手まで幅広い参加者を集めた。スイムは屋内で行われた〕のように、スイムのパートは、時にはオープンウォーターではなくプールで行うことができる。トライアスロンの大会のあるものについては、アイアンマン・グループ〔本書の冒頭で取り上げられたヴィシーの大会を含む、最も有名なアイアンマン・ディスタンスの大会を開催している企業〕とライフタイム・トライ〔アメリカ合衆国を中心にフィットネスクラブを展開するLife Time, Incが携わるトライアスロンイベント〕が最近作り出した「インドア・トライ」のように、すべて屋内で行うことができるものもある。この場合、オープンウォーターの代わりにプールで一〇分間泳ぎ、屋外でのバイクの代わりにエアロバイクを三〇分間こいで、外で行うランの代わりにルームランナーで二〇分間走る。このスポーツが全く別ものだということは容易に理解できる。この組み合わせは、生理学的・生体力学的見地からは、屋外で行われるトライアスロンと似てはいる（それでもまだ断定はできないはずである）。だが、自然の要素は明らかに欠落している。「トライアスリート」はここでは、水の力や他の競争者たちの圧迫を経験することがなく（それぞれがコースラインに沿って泳ぐだけである）、ペダルをこぐ際の風を感じることも全くなく、重力はローラーベルトというアブゾーバーで軽減されてしまう。このスポーツは単なるアスレチックな挑戦に還元され、自然の要素はせいぜいのところ抽象というかたちで存在するにすぎないので、審美的かつ詩的で、コスミックな経験はそこにはなくなってしまっている。ただ内的な火のみが、かろうじて元素として存在し続けることができているのだろう。おそらくこれがゆえに、「インドア」のトライアスロンは、イベントの数は増えてはいても、(今のところ)例外にとどまっているのである。カナダでは、屋外でトライアスロンを行うための条件が厳しいので、「インドア」のトライアスロンは格好の代替物となりえただろう。それでも、二〇一六年には、四つの屋内イベントが開催されただけであった。[*81] 先述の「インドア・トライ」と全く同様に、明らかにこの実践は、屋外で行われる真のトライアスロンに進むための単なる架け橋として初心者向けにプロモートされたものであり、「大きく躍進する国民的スポーツであるトライアスロンを経験してもらうための」ものである――屋内で実践される時、その意義の一部が明確に切り取られてしまう経験であるが。屋内で行われるトライアスロンは、屋外で行われるトライアスロンとの関係においてのみ意味を持つ。つまりそれは、屋外で行われるトライアスロンのいわば教養課程となるものであり、人工的な場所での山登りが自然の場での山登りの抽象ととらえることができるということと全く同様である。屋内で行われるトライアスロンは自律的に存在することはないだろう。つまり、この教養課程は、屋外で行われる元来の形態に依存するものであり、室内で行われることが望まれる理念的なものなのである。

この屋内で行われる形態とは反対に、エクステラ[*82]もしくはクロス・トライアスロンという名のトライアスロンの変異競技があり、伝統的トライアスロンと比べて開催されるイベントの数は少ないものの、「インドア」のトライアスロンよりは人気がある。エクステラの目的は、アスリートに、奥深い自然での経験を届けることである。スイムパートは、通常のトライアスロンにおけるのとそれほど違わない。それは、同じようにオープンウォーター(川、湖、海など)で行われる――だが、プールでは決して行われない。本当に変わるのはバイクパートである。ここでは、空気力学的形状の自転車に乗って道路上で自転車競技を行うのではなく、非常に高低差がある場所でマウンテンバイクに乗って競技をするのである。同じように、ランニングも、伝統的トライアスロンでは舗装された道路上で大部分が行われるが、こちらでは起伏を伴うトレイルランに代わっている。この組み合わせにおいて、自然の存在感は大きいが、その存在の仕方は異なる。もっと存在感が大きくなるのだろうか。ここでの自然は不完全であるように見える。実際のところ、マウンテンバイクはスピードが大変遅いので、空気力学は問題にはならない。マウンテンバイクでは空気抵抗の問題はすべて取り除かれてしまう。主要な物理的障壁は、地球の重力と、場合によっては高高度による希薄な空気とに限られる。そして同様に、ランのパートがトレイルランになっていることで、平坦な道で走るよりも、重力がいっそう大きな重要性を持つ。その結果エクステラは、――その名の示す通り〔エクステラ XTERRA に「地」を示すラテン語である「テラ terra」が含まれていることを指す〕――空気の要素は減じ、地の要素がいっそう大きく感じられる体験となっている。さらに、自転車競技もランニングも舗装された道路以外で行われるので、地への関係においては、もはや単に重力のみに向き合うのではなく、転落や怪我を避けるために技巧面での専門能力が要求されるようになっているのである。

これらすべての別競技では、自然についての特有の経験が与えられる。だが、ドラフティングのない通常のトライアスロンは、現在のところ、四つの元素を最も純粋なかたちで全体論的に組み合わせたものであることに変わりはないように思われる。現在のトライアスロンの本質は、それが、まさしく四つの諸元素の精髄《カンテサンス》であるということである――精髄《カンテサンス》（五つ目の元素）とは、アリストテレスによれば、水・空気・地・火を完璧に超越する月上界のエーテルであり、最終的にそれら諸元素を可能にするものである。トライアスロンの目下の成功は、間違いなく、この非常に独特な連合によって説明がつく。後で見ることになるが、ブライデルが示した通り、[*83]トライアスロンは、新自由主義的諸価値との親和関係によって一九七〇年代以来人気を博してきたことに全く間違いはない。だが、別の説明、形而上学的な説明をこれに付け加えることも間違いなく可能である。というのも、「競技のこの組み合わせ方がなぜ他のものよりも成功をおさめたのか」という問題があるからだ。新自由主義的エートス〔ある集団や社会階層の持つ気質・気風などの精神構造を指す〕を超えて、トライアスロンは、諸元素と非常に近接していることが義務であった、いにしえの人間の条件を復活させることのできる数少ないスポーツの一つであるように思われるのである。一見するとこの究極目的は、同時期にやはり人気を博した、敬意を抱いて自然に立ち返ることを擁護するエコロジーの言説とよく適合するものである。トライアスリートは、宇宙《コスモ》としての自然全体との完全な合一を再度体感することを望むのだろう。だが、実際には、トライアスリートの自然に対する関係はそれほど平和的なものではない。なぜなら、その関係は、競争の道というプリズムを通して体感されたものだからである。トライアスロンは、デカルトが記していたような、「自然の主人かつ所有者として[*84]」勝ち誇る人間を祝福するのだ。この観点からすれば、トライアスロンは、多くは単にうわべだけエコロジー的な、われわれのプロメテウス的近代性の最もアグレッシブな表現にすぎない。

3

トライアスロンの認識論

ÉPISTÉMOLOGIE DU TRIATHLON

新たなテクノロジー

高い強度で自転車をこいで三時間以上になる。七六キロメートルにしかなっていないが、高低差は約二〇〇〇メートルだ。ヒルクライマー向けのライドである。私は、多くのサイクリストにとっての聖杯たるラルプ・デュエズの激坂に取り違えるほどよく似たコースを登り終えたばかりだ。私は全速力で、時速九〇キロメートルに迫る速度で下る。フリーホイールがあらん限りの叫び声をあげているのが聞こえる。登りには二一のコーナーが連なり、時に傾斜は一〇%以上になる。今は六月一五日であり、じきに夏だ。だが、頂上にはまだ一部雪が積もっていた。私は、様々な国籍、様々な年齢層、様々な性別、様々なスキルレベルの他の多くのサイクリストとすれ違い、また彼らを追い越した。彼らと励ましや挨拶を交わすのは良いものだった。このライドの統計は次のようなものだ。一八〇〇キロカロリーを消費、平均一六六ワット、最大で三五九ワットのパワーを使い、平均速度は時速二四キロメートル、ケイデンス〔ペダルの回転数〕は最大で毎分九六回転であり、平均で毎分五四回転だった〔理想的なケイデンスではないが、三九×二三という私のギア比は、難物のこの坂には確かに大きすぎた〕――心拍数を知ることもできただろうが、私はセンサーを使いたくなかった。私がこの坂を登ったのはこれが初めてではなく、私のＧＰＳウォッチと同期したアプリケーションであるStrava〔以下ストラバ〕は、自己ベストからは程遠いことを示していた。一〇分オーバーしていたが、これは予想通りだった。なぜなら、これは持久ライドに違いなかったのだから。この長い下りコースに退屈して、私はライドを短縮することにした。スタート地点に戻るまで待てなかったので、自転車を降りて、私はすぐにシャワーを浴びに行った。

　読者はおそらく、坂を下る真最中なのに自転車を降り、水中から出たトライアスリートが自転車に向かって行くのと同じくらい素早くシャワー室に飛び込むことがどうして私にできるのかと疑問に思うことだろう。それは、実は最初から私は自宅の広間から出ていなかったからである。私が行ったばかりの坂登りは、ラルプ・デュエズで行ったものではない。それは、「ラルプ・ド・ズイフト」という名のデジタルでバーチャルなレプリカであり、Ｚｗｉｆｔ[*1]〔以下ズイフト〕という同じ名のアプリケーションを使用することで、それを拝借できるのである。ズイフトはビデオゲームと仮想現実の中間にあるソフトウェアである。私の場合、それはタブレット端末であるｉＰａｄ[*2]上で動作し、私が所有するＴａｃｘ[*3]製ホームトレーナーであるＮｅｏ２にブルートゥースでペアリングされている。ホームトレーナーとは、自分の自転車を、少し古びた言い方では「エアロバイク」と呼ばれるものに変えてくれる装置である。多くの場合、後輪はローラー上で回転している。例えば登りのコースは、このローラーが抵抗を生むことでシミュレートされるのである。私のものは、高級モデルでとても高くつくものである。私はそれを、有名なスポーツショップでエクストラチャージなしの分割払いで購入したが、これは後輪を必要とせず、物理学では「フライホイール」と呼ばれる部分に取り付けられたスプロケットに直接チェーンを引き込ませるのである。

　私のｉＰａｄのスクリーン上では、私のアバターが自分の（私の？）自転車に乗っている。私が、自分の（彼の？）自転車のペダルをこぐと、私のアバターは前進する。私のアバターが坂登りを始めると、私のホームトレーナーの抵抗が増加するのが感じられる。私がペダルを早く強くこぎ、ギアを重くするほど、この抵抗は大きくなり、あたかも風の抵抗がより強くなったかのようである。下りでは、ホームトレーナーは自動的にホイールを回してくれる（むしろスプロケットを回してくれると言うべきか。というのも、厳密に言うとホイールはもうないのだから）。走者のグループに追いついた（または、たまに追いつかれた）時、実際に集団の中で風をよけて走る場合のように抵抗は弱くなる。他の走者とは誰だろう。これは、同じ瞬間にズイフトに同様に接続している他のサイクリストその人である。このどこにもないバーチャルな世界に、通常数千人もの世界中の人々が集っているのであり、トレーニングをすることを決めたらいつでもここに来ることができるのである。彼らと対話することも可能であり、何より、ソーシャルネットワークの「いいね！」ボタンに等しい、件の「ライドオン！」ボタンを押すことで励ましあうことができる。さらに良いことは、世界中のこれら他の人々との競争に参加することができるということである。ズイフトには男女の全国チャンピオンがおり、ほとんどズイフトでしか走らないというプロの男女サイクリストさえ存在し、彼らは主にこれによって報酬を得ている。参戦せずに、このバーチャルなレースを観戦することも可能であり、インターネット中継の際にライブでコメントすることさえできる。そこには、時には数千人もの人々が集まるのである。「ズイフト・パワー」[*4]というウェブサイトは、これらすべてのバーチャルなレースのリザルトを集めた場所であるが、すべてのアスリートが掲載された受賞者名簿は十分に現実性を備えたものである。様々な分野での順位や様々なチームの構成もそこに見られる。私がこの文章を書いている二〇一九年九月現在、七万三〇〇〇人以上の男女がそこに名を連ねている。ティム・「バックオン！」・サールなる人物は、一三〇〇以上のレースに参加したようである。私の場合、順位は五万三九五三位だが、全部で一二のレースに参加したのみであった。

私は、「ズイフター」が集まるこのバーチャルな世界が「どこにもない」と言った。これは明確なことではない。ズイフトの勧める周遊コースの中には、実際のルートをモデルにしたものもある。ラルプ・ド・ズイフトはその一例であるが、それは、おそらく「ワット」（ホームトレーナー上で走者が注いだ労力を計れる力の単位）と「ユートピア」を縮めたかばん語である「ワトピア」と名付けられた場所にある。ワトピアは現実には存在しないのだが、むしろ存在すると言うべきか。ズイフトでのライドを終えるたびに、サイクリストが仮想的に通過してきたすべての地点の「GPSトラック」が作成される。ワトピアでは奇妙なことにこのGPS上の場所はソロモン諸島へと移されるのだが、そこにはもちろん、ズイフトで示されているようないかなるインフラもない。ラルプ・ド・ズイフトを登るサイクリストの驚くべき体験である。彼は、ラルプ・デュエズを正しく再現した坂を走るのであり、その坂は、コーナーの全体が、傾斜面をはじめとして本物と見間違えるほどにモデル化されているのだ。一方、これを登るのはラルプ・デュエズにおいてではなく、仮想現実のこの装置以外のどこにおいてでもない。それでも少しは登ったことにはなる。なぜなら、デジタルな地理上の軌跡が、サイクリストが通った後にしっかり残されるからである。

逆に、別の周遊コースの中には、現実のルートと同じコースをバーチャルなかたちで借用したと明確に述べられているものがある。これには、ロンドンやニューヨークの周遊コース（空中部分はズイフトにより「無から *ex nihilo*」創造されたものであり、現実に対応したものでは全くない）や、路上で行われる最新の自転車競技選手権のコース（リッチモンド、インスブルック、ヨークシャーなど）の様々なレプリカのコースが該当する。この場合、GPSトラックは、実際の場所に正しく対応した座標を与える。その結果、今やズイフトのおかげで自転車を利用してバッキンガム宮殿の前を二つの方法で通ることができるのだ。実際にそうするか（これは私はやったことがない）、バーチャルにそうするか（これはやったことがあり、私の統計結果によれば、一五回以上やっている）である。この可能性を強調するのはどのような関心があってのことなのだろうか。それは、ストラバ上では、慣れない目には正誤の区別をつけることが不可能であるということである。ストラバとは何なのだろうか。

ストラバ[*5]とは、自転車を使用するスポーツの実践に完全なる大転換をもたらした画期的なアプリケーションである（それだけでなく、現在のところ限られたかたちではあるが、ランニングや他の実践についても大転換をもたらしている）。ストラバは、あなたのライドのGPSの座標情報（もしくは他の装置からインポートしてきたもの）を登録し、次いで、このアプリケーションが「セグメント」と呼ぶものに基づいてベストタイムの順位決定を行うのである。例えばロンドンには、「スイーピング・ヴィクトリア」と名付けられたものなど、セント・ジェームズ公園を横切ったり、バッキンガム宮殿の前を通過したりする多くのセグメントが存在する。「スイーピング・ヴィクトリア」では、「ダグ・モンロー」という者が、ベストタイムを保持しており、そのタイムによると、三〇〇メートルを一七秒で、つまり時速六三キロメートルで走っているのである（！）。ストラバを使用してこのセグメントを通過する者は皆、そこを通過したことのある他の人々と自分を比較することができ、一種のバーチャルな大会を持つことができる。このようにして、最近のある時までは、ズイフトのバーチャルなサイクリストと現実のサイクリストは、ストラバ上の同じ大会で一緒になっていたのであるが、その後ズイフトは参加者を二つのカテゴリーに区分して順位を作ることに決めたらしい。

　ズイフトは、大部分は仮想現実の仕組みである。つまり、物質的な意味において具体的には存在しない世界を生み出すソフトウェアである。さらにストラバは、すでに存在する現実に意味作用の層を付け加えるアプリケーションである拡張現実を取り入れるものである。私のたどるルートは、ストラバを使うか否かで別ものになる。ストラバはスタート・ゴール地点、区間、記録、順位をそこに付け加えるのである。ある仕組みを使うと、これらの指標を絶えず視界に表示してくれる。具体的なルートよりも、これら抽象的なデータ（抽象的というのは、触知可能な現実に対応するものではないという意味においてである）に、より多くの注意を向けるのは魅力的なことに見えるかもしれない。デジタルデータの世界に迷い込んで、具体的なルートに盲目的となるほどまでに。現前しつつも不在であるこの走者の原型となるのは、おそらくクリストファー・フルームであり[*6]、彼はしばしばレース中にサイクルコンピューターが取り付けられているステム以外のものを見ないので、よくからかわれている。「クリス・フルーム・ルッキング・アット・ステムス」[*7]というウェブサイトでは、われらがアスリートの生写真が多く掲載されている。フルームは、自分のハンドルから決して目を離さないように見える。山岳エリアでも、集団の中でも、タイムトライアル中も、止まっている時も――彼は競争相手のハンドルからもやはり目を離さず、それを時々横目で見るのだ。紋中紋《ミザナビーム》の極みであるが、ビデオゲーム『サイクリングマネージャー』の彼のアバターにおいても、同様にデジタル装置の上に頭をかがめる彼の姿が描き出されている。ツール・ド・フランスのヘリコプターとコメンテーターたちが、走者たちが駆け抜ける壮麗な風景に賛辞を送っている間、その走者の中の一人である彼は、それらのことすべてについてほとんど何も目にくれることはない。なぜなら、彼の目は常に、パワーメーターの示す数字にくぎ付けになっているのだから。さらに悪いことに、クリストファー・フルームは、ほとんどの場合イヤホンを付けており、監督のニコラ・ポルタルが送る指示ばかりを追っている。この監督は、残念なことに最近亡くなったのだが、彼は例えば、「二〇分間四一〇ワットでペダルをこげ」というように指示を出すのである。監督の方もほとんどの場合、フルームの姿を見ることはなく、自分が乗る追跡車の中で、レース中継のスクリーンというプリズムを通してのみ彼を眺めているのである。彼の手中にあって、もはやフルームはほとんどビデオゲームのアバターにすぎない。われわれアマチュアトライアスリートも、同じようにそうなってしまってはいないだろうか。

ハイパー・トライアスロン

「もはや領土は、地図に先行するものでも、それがなくとも残るものでもなく」、「今や地図が領土に先行し」、「領土を生み出す」という、この「シミュラクルの歳差運動」を、ジャン・ボードリヤールは「ハイパー・リアリティ」*8と名付けている。計測用具であるストラバとズイフトはスポーツをすることに先行し、それを規定するものである。一方で、それは新たな現実である「ハイパー・リアリティ」を作り出す。私は、もはや自分のシミュラクルを通してしか生きられないこの身体を「ハイパー・身体」と名付けることを提案する。「ハイパー・スポーツ」、ゆえに「ハイパー・トライアスロン」は、その必然的帰結である。スポーツにおける抽象物は新たな具体物となり、最初にあったスポーツにおける具体物を駆逐してしまう。前に述べたエコロジックな経験とは激しく矛盾するこのハイパー・トライアスリートは、もはや水・空気・地・火のいずれにも接することはない。それが向かい合うものは、毎秒何メートル進んだか、毎分何回手をかいたかということであり、水の流量と圧力である。また、それは毎時何ワット消費し何キロメートル進んだか、クランクを毎分何回回したかということであり、コースの起伏と傾斜角度である。さらに、それはキロ何分で走ったか、毎分のピッチ数はどれくらいか、ストライドの幅は何センチメートルかということである。そして、それは毎分の心拍数はどれくらいか、体外・体内の温度と血圧はどれくらいか、湿度と気圧はどれほどかということである。スポーツにおける計測へのこうした強迫観念は昨日に始まったことではないことに注意しておこう。それについての系譜を作成することも可能であり、それは少なくとも一九世紀初めごろのアモロス〔フランシスコ・アモロス（一七七〇－一八四八）。スペインの軍人であったが、フランスに亡命。以後、フランス国内の兵学校などで指導し、フランスにおける身体教育に大きな影響を残した〕の軍隊体操にまでさかのぼる。これについて、ジョルジュ・ヴィガレロは次のように述べている。「そこにおいて諸行為は、効果の計測と計算を行う対象であり、予見可能で数値化される力を産出するものだった。［……］身体の力は計算することができなければならず、その進歩は比較可能でなければならなかった[*10]」。現代のハイパー・スポーツは、近代性が秘めた基本傾向を高めてその頂点まで押し上げただけである。

一方、かつてアルコール中毒と麻薬中毒に陥っていたライオネル・サンダース[*11]は、おそらくハイパー・トライアスリートの精髄を体現している。彼のトレーニングは、ほとんど全部がインドアで実現されている。流水プール〔家庭用の規模の小さなプールで、スペースは狭くても実際に泳げるように、水流を発生させる仕組みが備えられているものを指す。泳者は水流に逆らって同じ位置にとどまりながら泳ぐかたちとなる〕で泳ぎ、ズイフトで自転車競技を行い、そしてランニングも同様に行うのである。二〇一九年九月二一日にサンダースはインスタグラムに次のようなメッセージを投稿した。「僕のゲーム歴において記念すべき日だ。ついに、ズイフトでバイクのレベル五〇、ランのレベル二一に到達した。このプラットフォームは本当に僕の生活を変えてくれた。ズイフトよ、もっと多くのレベルをくれ。なぜだか分からないが、レベルアップのモチベーションになる何かがここにはあるんだ #nolimits #gaming #esports[*12]」。サンダースは自ら「スポーツ」と「ビデオゲーム」とを混同しているが、「eスポーツ」が中間物としての役割を果たしているのかもしれない。ズイフトを使用している時には、ビデオゲームというよりもスポーツを多くやっていることになるのだろうか。ビデオゲームのパースペクティブは副次的なものだと、特に深い考えもなく言われる傾向があるが、それは、バーチャルなものから生じることと現実的なものとの間の混乱を対価としつつ、ここでは最大限の重要性を持っているように思われる。外で自転車に乗ったりランニングをしたりすることは、半ば異常で偶発的なことに、また屋内での実践を第一の真理とみなすことを拒否する仕方に見えてくるのである。ある友人の子供にサッカーをするのが好きかどうか尋ねた時、彼らは熱を込めて私にこう言ったのだった。「うん。特にロナウドと一緒にやるのが好き」。私は、最初この二人の小さな子供たちが、どうやってこのスターと同じ道を進めたのか理解できず、冗談を言っているのかと思っていた。だが、「サッカーをすること」は、彼らにとってはまず「プレイステーションのソフトである『ＦＩＦＡ』でレアルマドリッドのチームを使ってゲームをすること」と同等のことであって、現実に地面の上でサッカーをすることは大変副次的なものなのだということをすぐに理解した。

Covid-19が引き起こした衛生状況のために外出が制限され、われわれの多くが「ハイパー・アスリート」となった。家から出ることができなくなったので、スポーツ活動をする唯一の方法は、あらゆるバーチャルな代替手段に方向転換することだった。外出制限期間の幾週もの間に、ズイフトは接続数の記録を打ち立て、時には同時利用者数が三万人近くにもなった。無名の者からスキルレベルの高いものまで、スポーツをする者で、あれこれの挑戦を試みた者はもはや数え切れない。ウルトラ・トレイルランは建物の階段部で行われ、アイアンマンレースは、神話的人物であるヤン・フロデノ[*13]がやったように、すべてを流水プール、ホームトレーナー、ルームランナーで完結させた。彼は、ウェブカムで全部を配信し、およそ八時間にわたり労力が注がれたが、この二二六キロメートルの行程は逆説的にも静止した状態で走破されたのだった[*14]。私はといえば、二〇二〇年三月一七日から五月一一日までの五五日間で、自宅の広間から出ることなく一三六三キロメートルを走破した。その中には、五月一日の夜から二日にかけて走り、ラルプ・デュエズ（ラルプ・ド・ズイフト？）に朝の二時に登ったものや、その前に取り組んだ、私の所属するクラブが提案した挑戦も含まれる。後者において、われわれはビデオ会議という魔法を使ってそれぞれが自宅に居ながらにして、皆で走ったのである。

テクノロジーが媒介する、何よりもテレビが媒介するスペクタクルのプリズムをまず通して体験される紛争を前に、「湾岸戦争は起こらなかった」と、ジャン・ボードリヤールはあえて言い切っていた。「敵はコンピューター上の標的としてしか表示されない。セックスのパートナーがピンク・ミニテル〔ミニテルは、インターネット普及前にフランス国内において各家庭で使用されていたオンラインサービス。ピンク・ミニテルは、ミニテル上で展開されていた成人向けサービスを指す言葉〕のスクリーン上のコードネームとしてしか表示されないのと全く同じように」[15]。同様に、ライオネル・サンダース自身は、彼のアバターを通じてではない別のかたちで、毎年彼が参加しているアイアンマンレース以外の場所でも十分存在してはいても、ハイパー・トライアスロンは行われていると言えるのかと疑問に思われるかもしれない。というのも、自然の元素との出会いと回避というエコロジー的で形而上学的な経験が完全に欠落しているか、少なくとも大部分が廃せられているのが自明だからである。「「遠くにある」空間を知覚し、そこに「住まう」のは、もはや同じやり方ではなされない。その空間はもはや、厳密な意味において同一の障壁とはならないのである。それは同じ感覚を呼び起こすこともなく、同じ分析を示唆することもない」[16]。ジョルジュ・ヴィガレロは、情報技術に頼ることで変容した海上長距離帆船レースについて、このように指摘している。バシュラールは、プールで泳ぐことについて、それは水泳からコスミックな側面を切り取ってしまうと不満を述べていたが、五平方メートルの流水プールについて考えなければならないことは想像がつく。ハイパー・トライアスロンでは、特に重要なのはアスリートの身振りであって、自然はもはやシミュレートされた抽象として、またジョルジュ・ヴィガレロによって研究が尽くされた脱現実化《デレアリザシオン》と抽象化のロジック[17]としてしか存在しないのだ。私がズイフトで向かい合うのは、空気それ自体の抵抗ではなく、それが生み出す抵抗をシミュレートしたものであり、私の速度は切り離され、やはりシミュレートされたものになっているのである。

スポーツ用人体測定装置開発のパイオニアであるブランドのＰｏｌａｒのスローガンでは、スポーツをする人々に「自分の身体を聴く」（「リッスン・トゥ・ユア・ボディ」）ことが提案されている。だが、こうした装置の世話になると、選手は誤って「自分の身体に耳を澄ませる」ことになる。むしろ彼は、「クオンティファイド・セルフ」を取り入れたダイナミクスにおいて行われる数量化とデジタル化というプリズムを通して、自分の身体を間断なく読み取るよう促されるのである。なぜなら、今や身体を覆うものはまさに数字なのだから。これは、他者の身体、競争相手の身体であるが、同様に各個人固有の身体でもある。Garmin 社の Vector は、サイクリストが使用したパワー（ペダルに加えられた力とそのペダルの角速度の積に相当する）を計測できる装置だが、その広告は、この件に関して示唆的である。そこには、サイクリストが自分の自転車をこぐ動作をしている姿があるのだが、重要なのは自転車が完全に消去されていることである。今やその場所にあるのは、走者の身体活動を説明する数字とヒストグラムである。この広告では、自転車は計測器によって消失しているが、結局は身体についても同様であり、今や隠され、提示された一そろいの指標によって覆われるのである。この指標こそ、ボードリヤールが使用した意味における「シミュラクル」なのだ。走者はもはや、自分の身体を自分自身のものとして、一人称でもって親密に生きるのではなく、計測による客観化により三人称的かつ外的に生きるのである。スポーツをする者が方向性を定めるために使ってきた伝統的な体性感覚に、新たな感覚として付け加わりに来るものがある。シェリントンの有名な分類[*18]では、身体それ自身の与える情報は、外受容感覚（直接的な接触による場合でも、視覚や聴覚を用いた場合のように離れている場合でも、これによって外的世界を感じ取ることができる）、内受容感覚（これにより、内臓の感覚を通じて感じ取る場合のように身体の内部を感じ取ることができる）そして固有受容感覚（身体の位置──位置感覚──と、その動き──運動感覚──を知らせる感覚の総体）に分けられるのだが、様々な計測装置が提供するあらゆる情報は、この身体それ自身がすでに与えている情報を補完しにやってくるのである。

時折、これら外的情報は、スポーツをする者が持つあらゆる直接的な感覚に取って代わることすらあり、計測が生み出す「合理的な身体」[19]の構築が、スポーツをする者の意識において、すっかり自分の「固有の身体」[20]、メルロー＝ポンティが一人称的に生きるものと述べたこの身体を凌駕してしまうのである。イメージは、初めは「深遠な現実の反映である」と、ボードリヤールは『シミュラクルとシミュレーション』で書いている。続いて、「それは深遠な現実を覆い隠してねじ曲げてしまう。そして、それは深遠な現実の不在を覆い隠してしまう。最後に、それはどのようなものであれ、いかなる現実とも関係を持たなくなる。すなわち、イメージはそれ自身純粋なシミュラクルとなるのである」[21]。身体のシミュラクルは、この位置におさまるハイパー・身体なのである。ビッグデータによる抽象化は、スポーツをする者の現実を作り出す。ラルプ・ド・ズイフトは、ライオネル・サンダースにラルプ・デュエズの存在そのものまでも忘れさせているのかもしれず、自転車でレベル五〇、ランニングでレベル二一という彼のアバターは、彼に自分自身の存在までも忘れさせているのかもしれない。

コーチの中には、重要な情報源である自分の感覚に戻ることをアスリートに思い出させるよう強いられている人々もおり、彼らの発言は、先述のことを証言するものである。おそらく自分の感覚は、心拍計やパワーセンサーがいかに完璧でも、それらによって置き換えることのできないものである。「正しい強度区域に相当する様々な知覚信号から、注ぐ労力の強度を見積もれるようになることによって、走者の知覚の鋭敏さを発達させることができるのであり、またそれによって、真の計測器具として自分の身体を利用する能力が伸ばされるのである」[*22]と、フレデリック・グラップは、自転車競技のトレーニングについての自身の著書で述べており、この本は今日その分野での参考書になっているが、この忠告には、計測装置に身体をぴったりと同化させようとする誘惑は全然見られない。これは、他のあらゆるセンサーほどではないにしても、身体も十分な力量を持つものであって、それを使うべきだからである。こうしてグラップは、自分自身の身体の知覚を検定するための手順一式を作り上げた。加えられている強度や体験されている苦しさのしかじかのレベルを、それを解釈すると考えられる一から七までの数字に照らし合わせるのである。心拍数を最大心拍数の九二％から九六％の間で維持するのは、生理学上のある種の理由（カーディアック・ドリフトや惰性、心拍変動）から正確には行いがたいことではあるが、レースあるいはトレーニングにおいて、走者はもはや、かつてのようにがむしゃらにそうしようと努めるのではなく、感覚ゾーンのＩ４〔本文で言及されている「運動強度主観評価等級 Échelle d'Estimation Subjective de l'Intensité de l'Exercice」における、Ｉ１からＩ７までに分けられたレベルのうち、Ｉ４はちょうど中央に位置する。心拍数においては最大心拍数の九二％から九六％の間、パワーにおいては「最大有酸素性パワー」の七五％から八五％の間で行われる運動が該当する。このゾーンの主観的感覚としては、「筋肉／下肢の痛みが徐々に増す（換気量はコントロール可能）」、「会話が困難」、「二〇分を超えるとかなり疲労する」ことが挙げられる〕に自分を位置づけようと努めるだろう。生きた身体上で行われる計測はもはや機器によってなされるのではなく、パフォーマンスの高い機器となるよう促されたアスリート自身によってなされるのである。さて、こうしたことが、計測器具を使用して間接的に行われようと、もしくは、トレーナーの示す様々な感覚等級のカテゴリーが変化させた自分固有の知覚を通じて行われようと、われわれはシミュラクルの時代、ハイパー・スポーツの時代にまさに突入したように思われる。これは、恒常的に計測器具に頼ることを警戒するトレーナーが新たに命令を下すことで果たされる本物の「感覚への回帰」などではなく、テクノ・サイエンスの理論モデルに基づき、計測をよりいっそう合理化することであって、知覚はデジタルな道具類のコピーをしなければならないのである。その結果、スポーツをする者は、自分のみが持つ感覚が残されていたとしても、逆説的なことに、自分の体を内側から主観的に生きるのではなく、あたかも、完全な外受容によって、またほとんどそれのみによって自分を外から眺めているかのように、客観的に生きるのである。すなわち、他者としての自分自身ということである。

失われた身体で自分の魂を失うこと

デカルトが理論化した身体／精神の二元論的思考という迂路を通ることで、このハイパー・身体の問題について、ある一つの展望を見出すことができる。『省察』における第六省察の有名な命題を思い出そう。「私は、船に乗っている水夫のように、単に自分の体に宿っているだけなのではなく、それに加えて、私は自分の体ととても密接に組み合わされ、大変混ざり合って、もつれ合っており、私はそれとともにただ一つの全体を構成しているのである。というのも、もしそうでないのならば、怪我をした時、考える物にすぎない私は、そのために痛みを感じることはないだろうが、自分の船体の壊れた箇所を視覚によって気づく水夫のように、その傷をただ悟性〔広義では、物事を把握・理解するための知的能力を指す〕のみによって気づくだろうから。また、私の体が飲んだり食べたりする必要がある時、私はそのことを知るであろうが、空腹や渇きの混乱した気持ちによってその注意を受けることはないであろうから」[*23]。デカルトによれば、精神と身体とは存在論的・根源的に異なるものである。根源的に異なっているものの、逆説的にも非常に密接に結びついており、あまりに結びついているため、身体に起こる出来事は、身体と精神を分かつことができるというわずかな意識や知覚も決して生じないほどに、媒介なく、精神によって親密なものとして体験されるのである。ところで、まさにコンピューターや合理化された感覚であるところの、身体上のこれら「舷窓」は、身体／精神のもつれを断ち切るものである。それらは、デカルトに反し、アスリートを全くの「船に乗っている水夫」としてしまい、アスリートは自分の身体のことを、媒介された外的な仕方でしか知らされなくなる。彼の直接的な知覚は「悟性」のために遠ざけられ、この悟性は身体に、あたかもそれが遠くにあるかのようにアクセスするのである。

アスリートは、まさに自分の身体と魂との合一を失うのである。だが、アスリートは同様に自分の身体そのものを失うのであり、身体はもはや親密なものとしては体験されなくなる。というのも、それはもはや自身の生理や感覚を独自に聞き取ることで結果する、それ自体においてある身体の生ではなく、観察を進めるために使われる理論の諸カテゴリーにそれが現象化したものだからである。ベルクソンの言葉を借りるならば、スポーツをする者はもはや、「持続する」深遠なる自我の直観に関わっているのではない。この自我の把握は形而上学的体験を再度立ち上げることであるのだが、そうではなく、彼は、科学によって「表面に固まった殻《から》」[*24]にもっぱら関わっているのである。たとえ身体的な経験を言語化しようとしても、それはすでに別のことである。[*25]デジタル機器の媒介がもたらしかねない、初源的な身体経験の歪曲がどのようなものであるかは容易に想像できる。

アスリートは自分の魂は保持するものの、代わりに自分の身体を失ってしまい、もはや身体に対する外的なコントロールがあるのみで、自身によるコントロールは存在しないように見える。だが、実のところ、これはデカルトの考えにすでにあったものではないだろうか。一六四三年六月二八日付のエリザベト宛ての手紙の中で、デカルトはこのように告白している。「魂と身体との合一に属するものは、悟性だけでは漠然と認識されるにすぎず、想像力を援用した悟性でも同様です。しかしながら、それは感覚によって非常に明瞭に認識されるのです」[*26]。われわれは、「船に乗っている水夫のように」は自分の身体の中にいるのではないと感じてはいるが、この合一がどのように作用しているかについて、悟性によってはあまり明瞭には認識できていないのである。

『情念論』でデカルトが試みた説明は、真実性に欠けているとしてよく嘲笑の的となったが、しばし立ち止まってみる価値はある。この著書においてデカルトは、松果体〔脳に存在する内分泌器官。本文にある通り、身体と精神の二元論の立場を取るデカルトは、『情念論』において、この二者の連結点としての役割をこの「非常に小さな腺」に与えていた〕の中に魂と身体との接点があるとした。[*27]「魂の主要な中心であるこの小さな腺は、精気〔「動物精気 esprits animaux」を指す。デカルトの『情念論』で描かれる人間の身体においては、脳から身体の各所に延びる神経には心臓の熱によって希薄化した血液から作られる物体の「動物精気」が行き来している。この精気の動きによって身体が動かされたり、知覚などによって得られた印象が伝えられたりすると、彼は考えていた」が含まれる窪みの間にこのように吊り下がっているので、対象の感じ方が多様であるのと同様に多様な仕方で、精気はこの腺を動かしうるのである。だが、この腺はまた、多様な仕方で魂によっても動かされうるのである」[*28]。デカルトはここで、身体と魂の間のコミュニケーション・システムを描き出しているのであり、これは行為と遡及作用によって機能するものであって、このシステムは、まさしく最初のサイバネティックスの直観[*29]を思わせるものである。レイモン・リュイエのように、ある者は彼を「サイバネティックスの守護聖人[*30]」と呼ぶことができるほどだった。松果体は双方にわたって作用する。身体から魂に向けて、この腺は、カメラ・オブスキュラのように、内部に向けて外的世界を投影する。魂から身体に向けて、魂は身体を動かすためにこの小さな腺の位置を変える。要するに、この腺は、行為の中心であり、同時に知覚の中心でもあるのだ。もっと後の「身体に関して魂が持つ支配力とはどのようなものなのか」という文章において、デカルトは次のように書いている。「魂の能動のすべては次のことにある。魂が何ものかを欲するということによってのみ、その意志と関係する効果を生み出すのに必要な仕方で、魂は、自分が密接に結合しているこの小さな腺が動くようにするということに[*31]」。デカルトはおそらくここで、ビデオゲームを遊ぶ者が使用する「ジョイスティック」や「ゲームパッド」の機能を、よりうまく表現できなかったのだろう。松果体は、魂が身体を操作するためのレバーである。実際、「歩いたり、何か別の仕方で体を動かしたりしようとする時、この意志によって、この腺は、その効果のために使われる筋肉に向けて精気を突き動かす[*32]」のである。ゲームをする者の手中にあるヒューマン・マシン・インターフェース（ＨＭＩ）からの電気信号がビデオゲームのアバターを動かすように。

今日のトライアスリートの一人称における主観的な経験は、ゲーマーのそれに近づいている。インターフェースから得られた情報に基づき、今度はそれを逆に操作して、身体——このスポーツをする者の身体と全く同様のビデオゲームのアバターの身体——である「行為の中心」[*33]まで自分の意図を伝えることが重要なのである。新たな二元論がここに生じる。それは、もはや魂と身体の二元論ではなく、魂とヒューマン・マシン・インターフェース——あるいはむしろ、ボディ・マシン・インターフェース——の二元論なのである。

4
トライアスロンの心理学
PSYCHOLOGIE DU TRIATHLON

意識について

水から、空気から、地からと続くこの人間の火によって、トライアスロンは、非常に独特な意識が徐々に芽生えてくるのをアスリートが体感できるようにする。彼が、テクノロジーという避難所に逃げこむことをよしとしないのであれば。全く思いがけぬことであり、歴史的にも偶然によるものであるが、大会において異なるパートを継続して行うこと（スイム―バイク―ラン）は、精神面においても身体面においても、人類の生物学的進化と似たかたちで作用する。おそらくこれによって、なぜトライアスリートはまず泳いで、次にペダルをこぎ、最後に走るのかということを形而上学的視点から裏付けることができる。生物学者のエルンスト・ヘッケルによれば、「個体発生は系統発生を繰り返す*1」のであり、ある特殊な種の個体がそれ自身の発達に関連して体験するものは、その種における進化の歴史全体の再演なのである。トライアスロンのレースは、個体発生（個人史）にも系統発生（種の歴史）にも関連する同種の要約を大まかに描き出すものであるように思われる。

まず初めに、トライアスリートは水中において水平な姿勢でスタートし、この姿勢は魚や両生類のそれに似ているが、それは最も遠いわれわれの祖先が水棲生物であった段階だけでなく、胎児の段階をも併せて思い起こさせる。ほとんどの場合、泳者たちはクロールで泳ぐ。つまり、彼らは前の泳者が立てた渦以外のものを見ることはあまりない。彼らのすべての知覚は限られており、彼らの意識も全く同様である。次に、自転車にまたがることによって、トライアスリートは四足歩行に近い姿勢をとるのであり、これは最初の陸棲種、もしくは新生児がとる最初の歩行の動作をも思い起こさせるものである。速さを追求する理由から、トライアスリートは空気力学を最適化させるため、できるだけ水平の姿勢でいようと努める。そして彼らは、エクステンションバーに沿って肘をつかなければならないが、これはエネルギーコストが四本足で歩くことに似ていることを表している。*2 この姿勢にあって、トライアスリートは、水中にいた時よりも多くのことを識別するのである。だが多くの場合、彼らは、改めて空気の中をより楽に進めるようにするために、頭を地面に向け、それを精査している。それでも、知覚も意識も、水中での競技と比較すると良好になっている。最後に、ランに向けて駆け出す時、彼らは周囲を最もよく見渡せるようになる。以後彼らは、本当の人間らしく、また完全な意識を持った成人らしく、自分の二本の足で立つ。水から空気へと、空気から地へと、すべてが太陽の下で行われる。このような継続の様子が、当時「自然哲学者《フィジオローグ》」と呼ばれ、「アルケー〔古代ギリシア哲学における概念で、万物の始原・根源を意味する〕」という要素を探求していたソクラテス以前の各哲学者が、歴史的にお互いを受け継いでゆく様子とほとんど一致しているのは衝撃的なことである。アリストテレスは、「この類の哲学者の祖である」タレスは、すべては水で構成されると前提していたことをわれわれに想起させる。そして、アナクシメネスは、タレスに反論して、空気を万物の原理とした。エンペドクレスは、さらに地を付け加えた。ヘラクレイトスが、火が中心的な場を占めると認めた後に。*3 あたかも、哲学的意識の萌芽、人間的意識の萌芽、アスリートの意識の萌芽がいずれも同じ道程をたどったかのようである。

残念ながら、地上人によるランニングはレースの最後のパートであり、走者はこの姿勢の恩恵を長く享受することができない。間もなくトライアスリートは、疲労やエネルギー切れによる意識の滅失を経験する。いまわの際の死にゆく者のように。ヴァルトレの作品の主人公はこのことを次のように説明している。「路上に黒いしみが見えるようになった。僕は数秒のうちにゾンビと化し、次のエイドステーションまで体を引きずって行った。苦労して一歩また一歩と足を前に出しながら[*4]」。結局、魚類はゆっくりと霊長類になり、やがて盲目で足のふらついた人間になるのである。スフィンクスがエディプスに投げかけた謎々に出てくる存在のように。だが、ふらついていても勝利をおさめた人間であり、彼は四つの元素に対する意志の勝利を、歓喜をもって祝福するのである。死の味わいを覚えた後に。

意志について

「鉄の意志――日曜日、八三歳の日本人、稲田弘は一六時間四九分でハワイでのアイアンマンレースを締めくくった[*5]」。ＬＣＩ〔フランスのテレビニュースチャンネル〕のウェブサイトにはこのように掲載されている。しかしながら、世間からの称賛を受けるのに八〇代である必要はない。張り出した筋肉、際限のない持久力、異なる三つのスポーツの技術を柔軟にマスターしていることなどの他に、トライアスリートについて驚きをもって受け止められていることは、明らかにその途方もない心理面での資質である。これによって、普通の人間であればおそらくすでに放棄してしまっている場面——あるいは、そもそも始めることすらしないだろうが——においても労力を注ぎ続けることができるのだ。ヴァルトレは、彼のユーモラスな教則本で次のように記している。「正確な割合を知ることは難しいが、トライアスロンの準備にあたって（アイアンマン形式のトライアスロンの場合はなおのこと）、精神的なものは無視することのできない要素である」[*6]。トライアスリートは、自分たちの優越性とされているものをよく売りにしており、それを、量的にも質的にも異なるメンタルによるものであるとしている。彼・彼女たちは、他人以上に、もしくは他人とは別のかたちで、そうあってほしいと思うのだろう。たとえコナ（ハワイ島の一地域。中心となる街カイルア・コナをスタート・フィニッシュ地点として、毎年アイアンマン世界選手権大会が開催されており、トライアスロンの聖地とされている）で行われるアイアンマンレースのエリートに属してはいなくても、彼らはトライアスロンをすることで、自分たちの裂け目のない決意を表すのであり、それは最も素人の者においてすらそうなのだ。トレーニングにおいては、平然と何時間もそれを続けることができ、レースにおいては、時に遭遇するトラブル（スイム用ゴーグルがずれたり、消化不良を起こしたりするなど）をすぐに乗り越えられるほどに、彼らは揺るぎないのである。

　強度の高いトレーニングにひたすら打ち込むのは労力を伴う。身体の労力だけでなく、意志の労力も必要なのである。そのためには、野心的なトレーニング計画に従うことを決意するだけでは十分ではない。それではあまりに単純すぎるだろう。私は何度それで済むことを望んだことか。だが、私の意志は何度くじけそうになったことだろう。この難行はあまりに厳しく、スポーツは他のあらゆる活動よりも性格や意志の形成によく貢献するものであるという、強く根付いている考えを裏打ちしている。「スポーツは人間にとって自然なことではない。それは「最小の労力で」という動物の原理とは明確に矛盾している[*7]」とクーベルタンは指摘していた。人間は無理をして汗をかかなければならないが、それは彼自身が自らに強要して、競技場に君臨する意志のイメージに合わせてスポーツに彼の魂をかたち作らせ、彼の意志を整えさせるからである。だが、身体へのあらゆる苦痛を耐えさせることができる、スポーツをする者のこの奇妙な意志は、どんな風に作用するものなのだろう。動機付けを行っているのは、おそらく単なる自由な選択以上のものである。

　基本に立ち返り、意志という語によって理解しておかねばならないことについて意識合わせをしておこう。なぜなら、ここでは「自由意志」の観念が結び付くかもしれないからである。「実践的な意味において理解される自由とは、感覚の性向が及ぼす強制力から意志が独立していることである[*8]」と、カントは『純粋理性批判』においてわれわれに語っている。結局、決定するというわれわれの能力が、その能力にとって外的なあらゆる諸規定から自分を解き放つことができる時に、われわれは自由なのである。意志が理性に基づき自分自身によって決めることができる時、また理性が距離をおいて情念を把握する時、そして、精神が身体と感覚的動機から解放される時に、意志は自由なのだ。前日のトレーニングセッションで身体を打ちのめされて、チョコレートビスケットの箱を持ってソファーの上でよれよれの状態のままでいることを催告されているものの、それでも私の精神は、（少なくとも見かけの上では）全く独立しており、この要請に屈することなく、この間近にある癒しから抜け出して、寒さと雨の中、陸上トラックでのインターバルトレーニングのセッションに出かけることができる時、私は自由意志を証し立てるのだ。自由意志とは、道徳的であるためにあらゆる行為を命じなければならないようなものであって、それはまた、すべての感覚的動機、情念、感情、情動から独立して、合理的な動機のみに基づいて決定をすることのできる意志を指すのである。すなわち、それは身体からの信号を、距離をおいて把握するのである。これとは逆に、意志は、そうした感覚的動機などに基づいて自分を決定するのであり、カントによれば自律的とも自由であるとも言えない。これはおそらく「自由意志」ではなく「動物的意志」であるか、あるいはせいぜいのところ「感覚的意志」であって、人間を自身の人間性から遠ざけ、野蛮さや動物性に近づけるのである。「なぜなら、意志とは、（感覚の動因によって）病理学的に影響を受ける限りにおいて感覚的なのである。一方、それが病理学的に必要とされうる時、それは動物的（「動物的意志 *arbitrium brutum*」）と言われる」[*9]と、カントは続けて述べている。

　スポーツをする者の意志は自由であるのだろうか。感覚的性向から完全に解き放たれており、自分自身で理性に基づき決定をすることができるのだろうか。見かけ上はいかなる疑念もない。だが逆に、彼の意志は、非合理的な動機の影響を病理学的に受けることも、また、その非合理的動機に必要とされたり、それに従属させられたり、それに依存したり、その「中毒に」（すなわち、奴隷的に）なったりすることもあり得ないのだろうか。答えはほとんど質問中にある。身体を律し、情動という他律性に対して超然としているスポーツをする者の意志が示すものは、他のものに対するよりもいっそう理路にかなった労力である。おそらく、スポーツに加わろうと決意することは、自由な意志により理由付けされた選択に属するものであり、あらゆる感覚的動機や情念からは完全に解放されている。多分、否応なしに自分にスポーツをさせようと決意することも、ある場合においてはそうである。だが、他の場合においては、スポーツをする者の意志は「動物的意志」、そうではないのに自分は自由だと思っているこの意識により近くなるように思われる。その意識は、すべてにおいて性向によって決定されるものであり、ゆえに奴隷的なものである。逆説的なことだが、スポーツにおいて執念深く、粘り強くあることは、自由で自律的な意志にはそれほど基づいてはおらず、依存的で疎外された意識に基づくことなのかもしれない。限界なき自分の意志を自慢するトライアスリートは、彼らの魂の力の大いなる健全性を称えるよりも、その心の病理を憐れむべきなのだろう。だが、結論をあまり急ぎすぎないようにしよう。

スポーツをする者の惰性。苦痛の中で、毎分ごとに、来る日も来る日も、何年にもわたって続けられるこの粘り強さは一般人には理解不能であり、それができない者は賞賛せざるを得ないものである。この惰性は、依存や「嗜癖」というカテゴリーに従って解釈することでより理解ができるようになる。嗜癖という用語によって、薬物中毒的なものとは限らない行動や振る舞いにも言及することができるのである。トライアスリートは麻薬はやらない――ともかく皆がやっているわけではない。だが、振る舞いにおいて似たところがないだろうか。嗜癖とは、依存形態とされうるあらゆる行動を包摂するものであり、それらの行動が外部から物質を摂取させるものかどうかは関係ない。身体運動への嗜癖は「ビゴレクシー〔綴りは bigorexie。英語の big と「渇望・飢え」を表すギリシア語の orexis を組み合わせたもの。本文にあるとおり、フランス語において、運動への依存を表すのに用いられる〕」という甘美な名前で呼ばれている。

この嗜癖という同じカテゴリーの中に、不均質な様々な実践が集められていることを正当化するものは、行動の図式において示される類縁性であり、これが、それらの諸実践を取り結んでいる。実際、「嗜癖とは、ある振る舞いが、快楽を生む作用と内面の不調を緩和する作用とを同時に果たすことができるようになる複合的なプロセスとして定義され、その振る舞いの管理に繰り返し失敗していることと、ネガティブな結果を生むにもかかわらずその振る舞いに固執していることによって特徴づけられるのである」と、ローラン・カリラは記している。[*10] これらの行為は皆、喫煙者、アルコール中毒者、麻薬中毒者、ゲーム中毒者、衝動買い中毒者のどれによるものであろうと、同族性を見せるものである。これらはある種の快楽を生む。あるいは少なくとも、しばらくの間不調を和らげてくれる。それらは気分を良くしてくれるので、この主体は、非常にオーソドックスなかたちとしては健康や社会生活への悪影響などの、それらから生じるかもしれないネガティブな結果があるにもかかわらず、時には「無限に *ad infinitum*」それらを繰り返すに至るのである。

この種の振る舞いを管理しようとする試みすべてが困難なもののように見える。理性、カントの言う「自由意志」は、行為者がそれを追い求めないよう決定するには無力であることを示している。理性が、続けてはならないと主体に対してはっきりと示しても無駄であり、たとえ止めるよう言い聞かせることができても、この主体にはそれができないのだ。トライアスリートのうち何人が、トレーニングができないことがあった場合に気分が悪くなるのだろう。どれくらいの者が、いっそうトレーニングに励むために自分の社会面・職業面・家庭面での生活を危機に陥れているのだろう。どれほどの者が、オーバートレーニングに陥るほどまでに、また怪我をするほどまでにトレーニングし続けているのだろう。あるいは、怪我をしてもトレーニングするほどまでに。どれほどの者が、信用払いで購入した高価な用具類のために負債を抱えているのだろう。どれくらいの者が、トライアスロンの現状を知るために自分の大事な時間を割いて、ネット上のフォーラムや情報交換サイトや、あるいは別の場所で調べものをしているのだろう。通常の社会生活のすべてを放置したまま。

『スポール・エ・ヴィ』誌では、ジャン＝ピエール・ド・モンドナール博士によって、スポーツ界におけるドーピングの影響がいつも性急に非難されており、スポーツにおける依存の問題が躊躇もなくてあそばれている。同誌は、山岳地帯での長距離走をテーマとした「トリップの弁護人」[*11]というタイトルのインタビューで、一九九八年のフェスティナチーム〔一九九八年のツール・ド・フランスの参加チームの一つ。ドーピング疑惑が発覚し、一大スキャンダルとなった〕の走者であったクリストフ・バッソンに同競技について尋ねている。ドーピングに対して頑として妥協しなかったことと、この問題についてランス・アームストロング〔アメリカ合衆国の自転車ロードレースの選手（一九七一－）。一九九九年から二〇〇五年の間にツール・ド・フランスで七年連続総合優勝を果たしたが、ドーピング疑惑が発覚し、すべて無効とされた〕と根本的に対立したことにより、彼は自転車競技において歓迎されない者となってしまい、引退を余儀なくされた後、この競技に転身したのだった。「少々熱心にスポーツする者であれば誰でも、アクティブであり続けることの必要性と、活動を控えざるを得ない時に感じる離脱症状の感覚をよく知っている」と、この雑誌は述べている。クリストフ・バッソンへの問いは次のようなものだった。「そうしたことは、依存（良い気分になるために走らなければ「ならない」）や耐性（同じ効果を得るためには常により多く走る必要がある）の現象で知られる麻薬中毒と比較できるのでしょうか」。バッソンの最終回答は次のようなものだ。「僕の場合、それは間違いない。僕はまさしくそう感じていた。「走る欲求があり、距離を伸ばす必要がある」、と」。

スポーツは麻薬のようなものとして作用するのだろうか。まさに、それが麻薬そのものなのだろうか。スポーツ活動は、ホルモンと化学物質の数多くの変化を引き起こすのであり、これについては今やよく裏付けがとれている。すなわち、エンドルフィン、ドーパミン、セロトニン、アドレナリン、その他「イン」がつく物質が分泌されるのである。だが最近の研究では、これらの分泌物全体は、スポーツをしている間に身体によってどれほどうまく作られようとも、それら分子が血液脳関門を通るには大きすぎてニューロンにまで達することができないため、多幸感というアスリートの知る甘美な感覚に直接寄与するものではないということが強調されている。[*12] 脳を酩酊させる能力を持っているのは、おそらくそれ以上に「エンドカナビノイド」なのである。分かりやすく言うのならば、われわれの体は自分固有のカナビス〔大麻〕を生産しているということであり、長い時間泳ぎ、自転車をこぎ、走ることは、良質な太巻きのジョイント〔紙巻きたばこ状にした大麻〕を吸うのと同じようなことだろうということである。そうであるならば、かつての麻薬中毒者たちが、度外れな陸上競技活動に突如新たな人生を見つけ出して、トライアスロンで成功したことの一部分を、ここで理解できるかもしれない。すでに取り上げたライオネル・サンダースだけでなく、より控えめなレベルにある他の選手たちも見てみるとよい。[*13]『ル・ポワン』誌の「三面記事」欄では次のように報じられていた。「トライアスリートの走者でもある、ある裕福なスポーツカー愛好家が、ニースにおける麻薬取引の最重要リーダーであるとの容疑で一〇人の共犯者とともに逮捕された。取り調べが開始され、彼は拘置されることになった」。[*14] この男性自身が麻薬を消費していたかどうかは分からないが、彼は「総額二万ユーロ相当になる、複数のレース用高級自転車を所持していた」のである。

身体運動への嗜癖を検知するためのツールが心理学によって開発された。キャロル・リー・チャップマンとジョン・マヌエル・デ・カストロは、一九九〇年の研究において、目覚ましい躍進を遂げていたスポーツ実践であるランニングの嗜癖の問題に取り組んだ。走者の中には「依存状態に(「中毒に *addicted*」)なってしまったかのようであり、自分の社会生活、仕事、自分の健康まで犠牲にしてもなお走り続ける」者がいるということの現状確認から出発して、彼らは、ランニングの嗜癖を評価する尺度(「ランニング・アディクション・スケール」)を提案した。これは、推定される依存の度合いを高めたり低めたりする、一連の一一個の質問への回答に基づき評価を行うものである。[*16]「ボディビルディング」依存や、一般的な身体運動への依存を計測するための独自のツールも存在する。[*17] スポーツをする者の中には、依存によって突き動かされており、それによって、何が起ころうともトレーニングをし、結果的に彼らの成功の一部が基礎づけられることになっている者もいるが、これらの道具によってこの依存を明らかにすることができるのである。よく病理的なものとされる依存であるが、これはまさしくそうでないものとして通用している依存である。

ミハエル・シューマッハ(ドイツのF1レーサー(一九六九－)。一九九〇年代から二〇〇〇年代にかけて、F1世界選手権で何度もチャンピオンになっている)、ローラン・ジャラベール(フランスの自転車ロードレースの選手(一九六八－)。一九九〇年代から二〇〇〇年代初頭にかけて、グランツールなどで活躍した)、ランス・アームストロング、ジュスティーヌ・エナン(ベルギーのテニス選手(一九八二－)。二〇〇四年のアテネ・オリンピックの女子シングルスで優勝している)、マルチナ・ナブラチロワ(旧チェコスロバキア出身のテニス選手(一九五六－)。一九七〇年代から一九八〇年代にかけて活躍した)のように、チャンピオンたちが、スポーツのキャリアから引退していたものの、自分が行っていた競技種目や別の種目に様々なかたちで復帰すること。あるいは、ジャニー・ロンゴ(フランスの自転車競技の選手(一九五八－)。一九九六年のアトランタ・オリンピックの自転車競技女子個人ロードレースにおいて金メダルを獲得している〕やアラン・ミムン〔フランスの陸上競技の選手（一九二一－二〇一三）。一九五六年のメルボルン・オリンピックのマラソンにおいて金メダルを獲得している〕（彼は八〇代になっても、いつも一日一五キロメートル走っていたらしい）のように、走ることや競争することを止められないこと。これらは、一見した限りでは、症状の再発ではなく、逆にスポーツをする者としての信念の固さを証明するものである。[*18] 怪我をしていようと、あるいは単なるシーズンオフ中であろうと、スポーツをすることを止められない者がいること。彼らが、単にトレーニングを欠くだけで「汚れた」ように感じたり、あるいは罪を犯したという感情を持ったりすること。こうしたことは、それなくしては生きられず、いかなる場合においても断ち切ることが求められるであろう「物質」や「活動」の離脱症状のもう一つのケースを示しているのではなく、むしろ確固不動で模範的なスポーツ選手としての意識がそこに存在していることを示すものなのである。だが、スポーツをする者の意識を前にして、このように一般常識的な現状確認を行うことは、よりいっそう幻想を強めることになるのかもしれない。多くのスポーツヒーローの伝記において、このように非常にポジティブなかたちで描き出される事柄は、依存症状のカテゴリーに従って解釈すると、全く別の意味を取るのである。

　ドゥニ・モローとパスカル・タラントが大変正当にも指摘しているように、[*19] おそらくスポーツは、自由や意志の概念によって慣習的に理解されていることに対して新たな意味づけを行ってくれる独特な哲学的経験の場に十分なりうるものである。嗜癖を持つ者にとっては、逆説的なことに、労力《エフォール》を注ぐことはほとんど努力《エフォール》することなしに果たされる――おそらくそれをしないことが苦しむことなのだ。トライアスリートが声高に言うこととは反対に、そこには、功績は全く、あるいはほとんどない。「ある優れた性格によって、天賦の才能を伸ばすために労力を注げるようになったことは功績になるのだろうか」、とジョン・ロールズは問うている。「こうしたこともまた問題である。なぜなら、そのような性格は大部分が、自分で能動的に身を置くことのできない幼少期の幸福な家庭の場や、社会環境によって決まるものだからである。功績という観念はここには当てはまらない[*20]」——「そのような性格」の起源は、おそらくジョン・ロールズが楽観的に前提しているよりもはるかに暗い地において探すべきものであるということを後ほど見るであろう。

メランコリーについて

すでにアリストテレスは次のように問うていた。「なぜ、哲学、政治学、詩学、あるいは芸術において別格であった人々は皆、明らかに憂鬱質であり、英雄神話のヘラクレスのように、ある者はそれが原因で黒胆汁の病にかかるほどであったのか[*21]」。

おそらく最初のオリンピックを創始した、混成競技の守護聖人であるヘラクレス[*22]と全く同様に、われらトライアスリートは、喜びをひけらかすわりに憂鬱であるように思われる。彼・彼女たちは、「黒胆汁」の災いに似た不調に苦しんでいるようなのである。メランコリー、すなわち、「メラス *mélas*」（黒い）と「コレー *kohlé*」（胆汁）である。彼らは頻繁に（多幸感《ウフォリー》の反義語である）「不快気分の《ディスフォリク》」エピソードを証言しており、それが彼らを熱狂的な活動に没頭させるのだと証言している。ある場合では、既往歴のある不快気分があり、スポーツを集中的に行う以前の幼少期以来それが現れる。また他の場合では、原因がはっきりしている不快気分があり、それは、スポーツ活動がもはや行えない場合、すなわちキャリアの終焉、シーズンの終わり、怪我、活動の保留や中断などの場合や、あるいは単に目標に達した後に現れる。この煩悶への解決策としてのスポーツ活動は、こうしたことの告白としばしば相関しているように見える――時にコミュニケーション上の戦略をとることで、これらの「規格外れのアスリートたち」がやはり人間らしく見えるようになるが、その一方で、依存や嗜癖が、そこにおぼろげに現れてくるのである。それに付随するもの、すなわち、嗜癖の心理学者であるエリック・ルーニが類型化したような、顕著性〔対象物の中から特定のもののみに特に注意が払われる心理的傾向を指す〕、葛藤、耐性、離脱症状、緩和、症状の再発、回復などを伴って。[*23]

一九九〇年代の自転車競技における天才的スターだったグレアム・オブリーの苦痛に満ちた証言を聞いてみよう。グレアム・オブリー。一九九三年に五一・一五一キロメートル、一九九四年に五二・七一三キロメートルというアワーレコードでの記録を保持するサイクリストであり、一九九三年と一九九五年の世界選手権自転車競技大会の追い抜きでの優勝者であり、ハイレベルのスポーツ選手の最もピュアな祖型となっている人物である。彼の場合においては、行っていた競技への嗜癖は、おそらく根源的な苦痛に根差すものであり、その苦痛にあって、ハイレベルのスポーツが心の傷の治療として使用されたのである。彼の回想録の序文において、ジョン・ウィルコックソンは次のように書いている。「このスコットランド人のサイクリストが双極性障害に苦しんでいたということを当時知る者は誰もいなかった。

その障害は（「自分の能力に対する現実離れした信念」という）躁状態と（「罪悪感・絶望感・無価値感」という）鬱状態の期間を互い違いに生じさせていたのだった。オブリーにはこれらのあらゆる症状が表れていたが、彼が例外的な記録を達成できたのは、彼の躁病の側面によるものである可能性が高い[*24]」。オブリーが自分の人生について語るところによると、彼の情緒面の障害は、おそらく彼がイギリスで経験した大変厳しい幼少時代に根差すもので、その時期に、彼は「友人たち」からいじめられていたのだった。「一週間のうち、加わることを頼んだわけでもないけんかに、僕の存在が巻き込まれずにすむことはめったになかった[*25]」。この暴力が、チャンピオンの振る舞いの構成に拭いがたい跡を残すことになった。「それが止むと僕はほとんど失望しかねなかった。時折最もひどい、特に頭部をめがけてなされる暴力は、恐れ、興奮、パニック、アドレナリンなどのオーガズムをもたらした」。こうしたことに、彼が苦しめられていた社会的排除を加えておいた方がよい。なぜなら、彼はイングランドからスコットランドの小さな町にやって来た者だったからであり、警察の息子という事実を背負っていたのだから。中学のころから、自殺という考えが付きまとうようになった。まもなく、自転車競技が、苦境から抜け出し他者を逃れる唯一の手段となった。より孤独になるため、彼は雨の日ですら自転車をこぐことを好んでいた。少しずつ、彼はこのスポーツの実践に身も心も捧げるようになっていった。彼はこのスポーツにおいて功績を次々と上げていった――功績が上がらないと、アルコールに走った。同様に、鬱と自殺の試みが続いた。自殺――首吊りによる――を試みた後、彼が生き延びることができたのは、ただ彼の並外れた肺の能力のおかげであり、このおかげで、救急隊が到着した時に、生命の機能を働かせるのに十分な酸素を蓄えておくことができていたのである[*26]。「不安や無価値感にとらわれたり、自分は何の役にも立たないと感じたりする時、僕がまず本能的に行うことは、自分の正当化を求めて、栄光に向けトレーニングをすることだった。古い癖が再発しないように注意すべきであるのに。こうしたことは、すでにあまりに長く続いたこのサイクルをさらに引き延ばすだけだった。本当は、そう感じさせるものを、直接引き受けた方が僕にとっては良かったのだろうが——もし僕にそうする勇気があったのならば」[*27]。この煩悶すべてを鬱ととらえるのは行きすぎなのだろうか。確かに、鬱は心理学によってきちんと定義されている概念である。精神的不調の総体をカテゴリー化しているDSM－Ⅳ〔米国精神医学会（APA）の精神疾患の診断分類『精神疾患の診断・統計マニュアル』の第四版を指す〕やICD－10〔世界の様々な地域・時点で集計された死亡・疾病データを体系的に記録・分析・解釈することを目的に世界保健機構（WHO）が作成した分類である『疾病及び関連保健問題の国際統計分類』の第一〇版を指す〕などの名高い参照体系は非常に限定された基準を提示しており、これらの証言は、この基準の範囲にすべておさまるわけではないのかもしれない。鬱という状態には、ハイレベルのスポーツの実践とは全く相いれない症状がある。すなわち、自分への信頼や自己評価の喪失、精神運動障害、摂食・体重障害、睡眠障害などである[*28]。パトリック・ボーシュの説に従えば、スポーツ依存は、ある主体の鬱の状態に対する治療というよりも、むしろ鬱の性質に対抗して、それが顕在化しないようにするために使用される手段と見えるだろう。「スポーツにおいて、われわれは、内面での自己表象形成の回避手段として経験されうる行為が行われているのを見るのである。だとすれば、スポーツ活動における反復は、抑鬱傾向に対抗するための手段なのかもしれない。おそらくそれによって、空虚感の埋め合わせをして平衡を保つことができるのであろう」[*29]。また、レイモン・トマが指摘する通り、「この意味において、スポーツは苦悩を減らしてくれはするが、その代償としてそれは不安を生み出す[*30]」のであり、この不安は、スポーツにおける競争の不確実な性格に根差すものなのである。

ダン・ヴェレアは、身体運動への嗜癖の研究において、以下のように記している。「ストレスに直面して、多少なりともふさわしいやり方で、製品――われわれの場合はスポーツを行うことだが――を使おうとする者がいる。〔……〕ハイレベルのスポーツ選手の一部にとって、スポーツは身体的・精神的苦痛への治療として非常に驚くべき働きを示すだろう。こうしてスポーツは、日常的に繰り返し行われることで、「苦痛に満ちた思考」を妨げたり、ヘロインがそうするように、この思考を麻痺させたりするのだろう[*31]」。

こうした振る舞いの図式は、パスカルが「気ばらし」と名付けるものについてしていたように、ある著述家たちが見事に予見していたものである。「私がよく言ったことは、人間の不幸というものは、みなただ一つのこと、すなわち、部屋の中に静かに休んでいられないことから起こるのだということである。生きるために十分な財産を持つ人なら、もし彼が自分の家に喜んでとどまっていられさえすれば、なにも海や、要塞の包囲戦に出かけてゆきはしないだろう。軍職をあんなに高い金を払って買うのも、町にじっとしているのがたまらないというだけのことからである。社交や賭事の気ばらしを求めるのも、自分の家に喜んでとどまっていられないというだけのことからである[*32]」。トライアスリートにとって活動をしないということは不可能である。トライアスリートもパスカルの挙げる人々も、おそらく自分の人生の無益さと神のいないみじめさとを感じている。この悩みを欺くため、行動し、何でも良いから何かをしなければならない。そうしなくては、われわれのみじめな境遇に付きまとう悲惨さがまた姿を現すのである。パスカルの言う気ばらしとは、ある活動への依存のことであり、それは根本的には、また確実には満足されないものであって、実存の空虚によってのみ動機付けられるものなのである。その空虚は、またすぐに現れてくるので、それを埋めてしまうか、むしろ隠す必要があるのだ。

しかしながらカントにとっては、その者のみが持つ、この苦痛に満ちた悩みにけりをつけられる活動が存在する。それは労働である。偉大なスポーツ哲学者であり偉大なカントの読み手でもあるアレクシス・フィロネンコが指摘するとおり、「労働のみが、気がかり、より正しくは苦悩から人間を解放することができる」[*33]のである。カントは、幼少のころから「子供たちが労働することを学ぶのは最高度に重要なことである」[*34]と判断している。人類を維持するために必要な資源があまりに貧弱なので、この世界では耕作をしなければならないからというよりも、エデンの園のごとく、世界は豊富であふれんばかりであったとしても、人類は、不活動の状態や単なる瞑想状態にとどまることがおそらくできないからである。それでは退屈することになるだろう。アダムとイブはどうだったのか。「同じような状況にある他の人間たちと同様に、彼らもまた退屈で苦しめられていたのである。人間は、目の前にある目的にかかりっきりになれるようなかたちで忙しくなければならない。その結果、彼はもはや自分自身を感じることはなく、彼にとって労働の後の休息が、最良の休息となるのである」。

人間の不安定さをつかの間のベールで覆い隠すだけの単なる気ばらし以上に、労働はきれいさっぱりすべての苦悩を消し去り、すべての退屈をきっぱり追い払うことができるだろう。労働がないと、人間は、やることがなくなったとたんに、再度自分の心配事にただ一人直面することになり、気ばらしというスパイラルの中を落ちてゆくことになるのは間違いない。

退屈に対する唯一の治療としての労働についてのカントの考えを、ニーチェは見逃さない。彼は、ストア派〔キプロス島キティオンの哲学者ゼノンが紀元前三世紀初頭に開いた哲学の学派。しばしば「禁欲主義」と同義的に扱われる〕のような、病める主体の苦痛を麻痺させようとする禁欲主義の息が詰まる方法の傍らにそれを並べてみせる。「抑鬱状態に対抗して、ともかくもより容易な別のトレーニングが試みられるのである。すなわち、機械的な活動である」と、彼は『道徳の系譜』に書いている。「この活動によって、苦しんでいる存在は、大いにその苦痛が和らげられるのであり、このことにいかなる疑いもない。今日、これはある種の不誠実さと引き換えに、「労働の祝福」と呼ばれている。苦痛の緩和は、苦しむ者の関心が根源的に苦痛からそらされるということに――次々と活動が意識の中でひっきりなしに続き、その結果、苦痛の占める余地がほとんどなくなってしまうことに――存するのである。なぜなら、人間の意識というこの小部屋は非常に狭いからである。機械的活動とそれに関連するすべてのこと――絶対的な規則正しさ、几帳面で何らためらいのない服従、生活様式に関する不動の取り決め、きっちりと埋められたスケジュール、「非人称性」、自己の忘却、「自己への無頓着」に至るための同意、さらには規律。禁欲主義の僧侶たちは、なんという根源性をもって、なんという細かさでもって、苦痛に対する戦いにそれらを使用することができたことだろう」[*35]。機械的活動。すなわち、泳ぎ、ペダルをこぎ、走ることである。自分を忘れてしまうまでに。

トライアスリートという者は、トレーニングの偉大な勤労者である。この存在は、機械的に働き、ほんの数秒に至るまで自分の生活を調整し、自分を律して、決して違反をすることなく従属する。そして彼は、自分の行動の正当化のため、可能な限りのあらゆる道徳的な動機を前面に立てる。こうすることで彼は、まさに自分の苦痛、メランコリー、鬱を追い払うか、あるいはせいぜいできることとして、それらを覆い隠そうとしているのかもしれない。逆説的なことだが、規律は気を紛らわせてくれる。つまり、実存が自分の苦痛に向けている一般的な注意は、ある単一の作業に集中することで、あるいはむしろ、ニーチェの言に忠実であろうとすると、継続して行われる作業（水泳、自転車、ランニング）に集中することで追い払われるのである。もっとも、ニーチェは預言者風にスポーツの典型についてはっきりと言及しているが、彼がこれらの文章をしたためた当時、スポーツはまだ模索されている最中だったのである。「あらゆる時代において、また、ほとんどすべての民族において豊富に見られた、このような「神聖」のスポーツマンたちは、かくも厳格なトレーニングという手段を通じて、自分たちが戦ってきたものから自らを解放する救済を実際に見つけ出したのであり、このことについては全く疑いの余地がない――数え切れぬほどのケースにおいて、彼らは自分たちの催眠手段のシステムを援用することでこの深い生理学的抑鬱状態から真に抜け出すのである。これは、彼らの取る方法が、最も一般的な民族学的事実に属するものであるからである[*36]」。

多くのトライアスリートが大きな目標を達成した後に抱く空虚感は、ある種の症状の兆候を示すものである。この症候群はよく知られているもので、『スポール・エ・ヴィ』誌は、次のように述べている。「アスリートの中には、快挙をなし遂げた後に続く多幸感に包まれた瞬間への反跳的影響を感じる者もいる。トライアスロンにおいて、アメリカ人たちは、（エイズに使われているのと同じ）A.I.D.S. というイニシャルまで使用している。だがこの場合、それは、「アフター・アイアンマン・デプレッション・シンドローム」という意味であり、アイアンマンレース後に生じる抑鬱症候群のことを指す[*37]」。活動していないと、また実存の空虚が現れる。これはアイアンマンレースの後にのみ生じる鬱だと考えられているが、おそらくそれは、前から、それも残念なことにかなり前からそこにあったものなのだ。三・八キロメートルの水泳、一八〇キロメートルの自転車競技、四二キロメートルのランニングも、それを遠ざけるには十分ではなかったのだろう。

紛れもないペシミズム哲学者で、不眠と自殺傾向を持っていたシオラン〔エミール・ミハイ・シオラン(一九一一－一九九五)。ルーマニアの思想家・作家。一九三七年にフランスに渡り、以後定住する。著書に『歴史とユートピア』、『生誕の災厄』などがある〕は、苦しみに満ちた意識を鎮めるというためだけに、ある時期自転車競技に熱心に取り組んでいた。「自転車でのフランス横断に出発したことで、私は［不眠から］回復した」と、彼は打ち明けている。「数か月の間、フランス国内を走りながら、私はユースホステルで眠っていたが、身体的労力を費やして、毎日一〇〇キロメートルを走ったことで、私は危機を乗り越えることができたのだ。日中これと同じ距離を走る場合、夜は眠らなければならない。そうしないと、続けることができないのだ。したがって、私を治してくれたのは哲学的反省ではなく、身体的労力であって、それは同時に私を楽しませてくれていたのだ*[38]」。

実存の苦悩は、嗜癖を根付かせてしまうことによって、逆説的にトライアスリートが競技で成功する礎を与えている。自由意志とは大変もろく、ちょっとしたことでそれを動かせてしまえる。逆に、依存という病理学的影響を受けた意志は、主体が集中してトレーニングに努め、それを欠かさぬようにするための最も確実な手段なのである。競技における成功によって、この病理はポジティブな仕方で表されることができ、それは病としてではなく、逆説的なことだがそれとは反対に、健康であることのしるしとして立ち現れるのである。すなわち、それは「ポジティブな嗜癖」なのであり、病理としてではなく、社会的に価値評価を受けたものとしてカテゴライズされるのだ。「憂鬱質の者は皆、病によってではなく、本性によって、別格の存在なのである」[*39]と、アリストテレスは見ていた。トライアスリートもそうなのかもしれない。

苦痛について

トライアスリートとは、苦痛によって自分のメランコリーを追い払おうとして苦しむ者なのだろうか。だが、どのような苦痛なのか。「体を折り曲げ、私はまた嘔吐した。自転車をこぎだしてまだ二時間しかたってないのに、何度目のことなのか、今や私には分からなくなっていた。そして、頭の中で小さな声がささやき始めた。「完走できなくても、友人もメンバーたちの誰も気にしないだろう。目的はスタートすることだった。棄権する理由は十分あるし、誰もそのせいで私をけなしたりはしないだろう」。だが、私は棄権しなかった。二時間後、また嘔吐した。私の体の前面、胸の下部から鼠径部にかけて燃えているかのようだった。以前にこんな苦しさを感じたことはなかったが、私は競技を続けた。なぜなら これはアイアンマンレースなのであって、それは痛みを伴うこととみなされているのだから」[*40]。ウィリアム・ブライデルは、二〇〇七年のレースについての記録にこのように書いている。この経験は、アイアンマンレースの参加者の苦痛を扱った彼の論文の作業の出発点であり、彼はそれを自分自身の苦痛から始めたのだった——目下のこの文章を書いている筆者の私のインスピレーションととても似通っているのは、もちろん大変な偶然によるものである。

こうしたことすべてを自分に課すのはなぜなのだろうか。アマチュアのマラソン走者について先に行っていた作業により、ブライデルは、そのようなレースの参加者の快楽が「参加しているという事実だけでなく、苦しさそれ自体の経験からも」[*41]生じていることを確認していた。快楽と苦しさとは、かなり複雑に互いに結び合っているように思われる。メディアにおいて、また一般大衆において、トライアスリートの苦痛は、このスポーツのエッセンスそれ自体をなすものとして、しばしばその価値を評価され、注目され、またドラマチックに扱われている。不条理なまでに自分の生命を危険にさらしてまで行われる、この競技の並外れた側面や耐久の責め苦について、またジュリー・モスのゴール[*42]が体現した素晴らしい（?）側面について盛んに強調されるのである。彼女は、一九八二年にハワイで行われたアイアンマンレースで、よろめき幾度も地面に倒れ、走ることができないためゴール前の十数メートルを這い、直前で追い抜かれて二着で完走したのだった。[*43]さらに一九九五年のハワイのアイアンマンレースでは、ポーラ・ニュービー＝フレイザー[*44]はゴールラインの四〇〇メートル手前で長い時間にわたって倒れたままとなり、彼女自身の発言によれば、本当に自分は死んでしまうと思っていた。[*45]

だがブライデルは、参加者に注意深く聞き取りを行った際、苦痛との関係の理解に大きなニュアンスが含まれていることに気づいた。しばしば苦痛は、生産的なものでありパフォーマンスの源でもある「ポジティブな苦痛」と、怪我と同義の「ネガティブな苦痛」とに区分されるのである。[*46]良いトライアスリートとは、彼の体験する苦しさを認識し、良いものと悪いものとをより分けることができる者である。この手なずけるべき「良い」苦しさは、アンアンマンになるために払わねばならない代償である。これこそが追い求めなければならない苦しさであって、「悪い」苦しさは、もちろん逃れるべきものである。

なる《ドゥヴニール》ということ。なぜなら、トライアスリートとは「進行中の作業」であって、決して達成されるものではないのだから。レース中であろうと、先立つトレーニング中であろうと、完全かつ確定的にトライアスリートであることは決してない。完全なトライアスリート、完全とは古代ギリシア語では達成されたという意味であるが、そのような完全なトライアスリートは存在しないのである。彼は常に、自分の能力を現実のものとしながら、なる途上にある。苦しさはこの変化のプロセスが進行していることのしるしであり、それによって、このアイデンティティーの実現を目指せるのである。良い苦しさとは、進歩のための腐植土であり、悪い苦しさは、このアイデンティティーの探求を危険にさらす。これは、ほとんどドゥルーズの意味における、なること＝生成であり、[47]あるところから飛び出して自らを「脱領土化」し、創造的に飛躍する中で、それではない何ものかを再び生み出すことである欲望の生成である。すなわち、まだそこにはないが、やがてあるであろう存在、それがトライアスリートであり、アイアンマンであるということだ。また、同一のトライアスリート、同一のアイアンマンでいることもできない。「トライアスリートは同じ川を二度泳ぐことは決してない（古代ギリシアの哲学者ヘラクレイトスが言ったとされる言葉、「誰も同じ川に二度入ることはない」を念頭に置いたもの。この発言は、彼の自然観である「万物流転」を端的に表すものとされている）」。ヘラクレイトスであればこう言ったことだろう。[48]新たにトレーニングを行うそれぞれの日が、根源的に新しくかつ最初となる挑戦に新たに取り組むものであり、苦しさを新たに見つけ出すものなのである。私はすでに「フィニッシャー」だろうか。私の生成とは、もう一度新たにそれになることであり、より早急に記録を更新することであるだろう。その記録がただ私一人の個人的なものであるとしても。私は歳を取ったのだろうか。今度の戦いは不可避の老いに対抗するものとなるだろう。私は太ったのだろうか。増えた体重は、そのものとしてとらえられようとも（太った「フィニッシャー」）、あるいは落とされたとしても（かつては太っていた「フィニッシャー」）、新たなアイデンティティーの一部となるだろう。怪我はどうだろうか。私は、怪我をしている「フィニッシャー」か、怪我から回復した「フィニッシャー」になるだろう。そして、いずれの場合においても、それぞれに特有の苦痛が把握されるのだ。

　ポジティブな苦痛はめったに体験されないか、あるいは、少なくとも苦痛であるとあからさまには語られないと、ブライデルは指摘している。トライアスリートは別の語彙を尽くして表す。同義語、遠回しな言い方、その他の修辞的策略を用いて、猫を猫と呼ばずに、その苦痛を避けようとするのだが、それでも一つの苦痛に変わりはないのである。トライアスロンとそのトレーニングは、「ハード」であり、「つらく」、「疲れる」もので、「不快」で、「気分が悪くなり」、「足が燃えるようになる」ものであり、「吐き気を催し」、「ムカムカする」ものなのであるが、これらが、身体の限界を伸ばしてくれる場合には「苦痛」そのものでは決してないのである。[*49]「苦痛なくしては《ノー・ペイン》、得られるものもない《ノー・ゲイン》」というわけである。これらの苦痛は、ほとんど喜びをもって追い求められる。トライアスリートは、vVO2max（最高有酸素的ランニング速度）のトレーニングを終えた時、もしくはランニング中に嘔吐することがあれば道路脇にいる時、幸せを感じており、この種のスポーツをしたことがないすべての人々をおののかせるのである。トライアスリートは、五時間の自転車でのトレーニングから帰ってきて足が痛くないと不満を感じる。それはおそらく「快適ゾーン」にいるということであり、身体能力の向上が妨げられているということなのだ——無駄にした時間というわけである。ポジティブな苦痛がないことは、ごくわずかの間しか評価されない。すなわち、リカバリーのフェーズ（当然のことながら、これは常に価値がある）にある時に評価されるか、もしくは、苦痛のなさが、厳しくわが身に課したトレーニングの負荷に体が適合したというしるしであるから評価されるのである。だがこれは、だとすればさらにスピードと難易度を上げる必要があり、改めて苦しむことになるということを示すしるしでもある。

　一般的には、ネガティブな苦痛は、怪我や病気などの観念に結び付いている。これはトライアスリートの前進を妨げるものである。それはトライアスリートがトレーニングを行うのを最大限に妨害する。[*50] 要するに、これらのネガティブな苦痛は、トライアスリートがポジティブな苦痛を追い求めるのを阻害するのである。私の腸脛靭帯炎は、一度目には、私が歩みを進め脚の屈伸を行うごとに、炎症を起こした筋肉が膝の端にこすれあって、直接的に私を苦しめる。そうすることで、腸脛靭帯炎は私がさらに早く走るのを妨げ、その上、ただ走ることすらも妨げてしまうので、私はトライアスロンにおけるポジティブな苦痛を感じることができなくなってしまう。二度目にはそれは、苦しむことができないという苦痛という逆説的な苦痛を生み出して、私を苦しめんばかりになるだろう。このようなわけなので、何が何でもこのネガティブな苦痛を回避することが重要なのである。そのための手立てては、身体に合った準備、効果的でサイズの合った用具類（中でも、整形外科的な工夫を施したインソールが評判で、ベストセラーとみなされている）、怪我とオーバートレーニングとを防ぐための合理的なトレーニング計画、定期的に運動療法士やその他オステオパシー施術士にかかること、身体組織を弱めないため構成のしっかりした食生活を送るよう管理することなどである。そしてもちろんのこと、鎮痛薬の使用の誘惑があり、これは進み方次第で、多少深刻なドーピング行為に至りかねないのだ（エリートのスポーツ選手だけが関係しているわけではないのである）。

　このテーマについてブライデルは、トライアスロンというスポーツにおいては、非ステロイド系抗炎症薬の使用が紛れもなく一つの文化になっており、そこではイブプロフェンが、ほぼ日常的な消費物になっていると指摘している。[*51] こうしたことは当然のことながら問題である。なぜなら、ネガティブな苦痛を覆い隠すことは、定義からしてそれを知覚することを妨げることであって、ゆえにその原因を避けてしまうことであり、これは原因の悪化、すなわち怪我の慢性化につながりかねないものだからである。だが、ネガティブな苦痛にとらわれないようにするのに抗炎症薬は必要ない。アスリートは常にこの苦痛を過小評価し、それを見ないふりをしているのだ。それをありのままに受け入れることは、弱さを告白することではないのだろうか。それは、まさしく乗り越えたいと思っていたこの体の限界を認識することなのではないだろうか。

　筋肉痛は、おそらくこれら二つのカテゴリーの境界線上にある。一方では、それはネガティブな苦痛である。筋肉痛がある時に、まだ真にトレーニングを行い、真に走ることはできるのだろうか。それはまさしく、微細な外傷が様々な筋肉の損傷を引き起こしていることが原因の怪我＝傷《ブレシュール》なのである。それが生じさせる痛みは、身体が怪我の症状を悪化させることがないようにするための働きを持つものなのだ。筋肉痛のトライアスリートは呪われたる者である。彼は、翌日望んでいた通りにはトレーニングできないであろう。だが他方で、筋肉痛はポジティブなものでもある。それは、よくトレーニングをしたということ、「内側から叩いた」こと、「すべてを行い切った」ことなどを表すしるしである。さしあたり痛めつけられてはいるが、この身体はすぐに「過剰に埋め合わせを行って」、より頑丈なものになるだろう。その上、それは、成就したことの思い出の品のようなものである。つまり、ボクサーが自分の戦いの記念品にしている折れ曲がった鼻や、セカンドローのラグビー選手たちのカリフラワー耳などの等価物なのだ。トライアスリートのこの聖痕が一時的なものであることを別にすれば。ヴィシーでの大会の後、私は四、五日の間、歩くことが困難であり（これは私の筋肉痛の最長記録であり、「単独の」マラソン大会や、サンテリヨンのような他のトレイルランの大会でも、このように痛めつけられはしなかった）、私は引きつりを感じるごとに、プルーストの作品のマドレーヌ〔フランスの作家マルセル・プルースト（一八七一－一九二二）の小説『失われた時を求めて』のエピソードを指す。主人公は、ある寒い日に、母親から振る舞われたマドレーヌを口にしたとたん、言いようのない快感を覚え、それが何なのか自問するうちに自身の奥底にある記憶を引き上げることになる〕のように、自分のまずまずの快挙を思い起こしたのだった。特に、自分の体の悲鳴で絶えず目を覚まし続けた最初の晩に。

苦しさをこのように両価的にカテゴリー分けすることの向こう側で、トライアスロンへのアプローチは様々であっても、基調テーマのように、ある一つのものが再来する。すなわち、「何があろうと完走する」ということが。何が起ころうと、苦しさを感じようと、それが良いものであろうと悪いものであろうと完走するということである。トライアスロンは、自分自身の限界を、体験をもって知るように駆り立てるが、この体験は必然的に苦しさを伴う。苦しむことを望むからトライアスロンのスタートを切るのだ。どんな苦しさであろうと、それを耐えて続けることができる能力は、おそらく男性らしさの産出と、さらには女性に対して男性を優越性の地位に置くような「男性至上主義《ヴィリリスム》」[*52]の一形態に関係しているとブライデルは指摘している。[*53]男性は、今日においてもなお、苦しさと、それに耐え乗り越える能力によって作られるのであり、今日でもいまだに、小さな男の子は皆、「男なら泣くな」[*54]と繰り返し言われ続けているのである。シモーヌ・ド・ボーヴォワールが以下のように書いてからかなり経つというのに。「木によじ登り、仲間とけんかをし、乱暴な遊びで彼らと対決しながら、彼は自分の身体を、自然支配の手段であり戦いのための用具として把握するのである。彼は自分の筋肉を、自分の性別と同様にうぬぼれる。遊び、スポーツ、格闘、挑戦、試練などを通して、彼は自分の力に釣り合った使い方を見つけ出す。同時に、彼は暴力についての厳しい教訓も得る。彼は、パンチに耐え、痛みをものともせず、生後六か月の赤ん坊のように涙を流すのを拒むようになるのである」[*55]。トライアスロンの苦痛は、多くの男性にとっては、幼児期の傷痕やいまだに生々しい傷の上に建てられた、追加的な男らしさの製造所にすぎない。そして開いた傷口に少々塩を塗り込むのである。ブライデルが集めた諸研究[*56]によれば、女性にとって苦痛とは、おそらくある者にとっては、男性による支配の諸価値を内面化することにすぎず（男性は女性よりもうまく苦しむことができるということ、すなわち、男性は常に上位に位置付けられるということである）、他の者にとってはその価値を破壊することにすぎない（女性も男性と同じように、あるいは、そうでなければよりうまく苦しむことができるということ、すなわち、彼女もまた完走することができ、時には、またしばしば、男性よりも上位に位置付けられるということである。これについては後で見る）。しかしながらブライデルは、トライアスロンという修羅場は、主観的な視点から見るのであれば、男性と女性との間で全く同じように作用しており、彼らは同じ責め苦に処せられているのである（これは必ずしもトライアスロンがジェンダーフリーな空間であることを意味するものではなく、ここでは主観性の構築において苦痛の果たす役割のみが問題なのである）と指摘している。[*57]

おそらくこれは、この自己と他者の乗り越えという苦痛に満ちた経験には、ジェンダーの問題以上のものが存在しているためである。苦痛は、自然がそうであるようにそれ自体で存在するものではなく、文化が構築されるプロセスから生じる。ブライデルによれば、トライアスロンに固有の快楽と苦しみの管理は、新自由主義の雰囲気と共謀するものである。ここでは新自由主義を、広大な市場として社会を組織することと理解する[*58]──これは、フーコーが行った読解に従う見解である。[*59] この枠組みにおいて諸個人は、自律的で、責任を持ち、自由であり、合理的で、完全に自分固有の存在を備えた主体であるとされている。「私は、新自由主義的イデオロギーを通じて苦痛が言説的に作り上げられるその作法は、人々が、自分たちの生活において、道徳的で、良識と責任感を持った市民となるために払う努力を通して使用できるようにならねばならない何かであると考える。自己啓発の文芸作品における苦痛の概念の蔓延は、現在においては統治性の一形態か、『諸行為の行為』として機能しており、またそれは、苦痛が新自由主義的比喩として機能していることを示している。アイアンマンレースのメディア表象において表現されている苦痛や、私を含めてこのスポーツの参加者が受け止めている苦痛の見せ方に現れているように」[*60]と、ブライデルは書いている。要するにトライアスロンは、おそらく、その論評や表象において、苦痛についての一つの観念を演出するのであり、あるいはより正確に言うならば、それらにおいて、ある仕方で苦痛とその管理について語るものなのだ。新自由主義的な苦痛管理、それはすなわち、ネガティブな苦しさを認識してそれを回避し、ポジティブな苦しさをパフォーマンスの源として手なずけることを習得しつつ自身の健康を管理するのは各人の責任であるということである。こうしたことによって、自律的で責任を持ち、社会にとって有益で、われわれの世界の経済的利害に順応した主体を生産できるようになる。資本主義的で自由主義的なグローバリゼーションの苦痛の準備学校としてのトライアスロンというわけである。

マゾヒズムについて

レオポルド・フォン・ザッヘル＝マゾッホの『毛皮を着たヴィーナス』において、「あなたが手ずから下された苦痛なら私には悦楽です」[*61]と、ゼヴェリーンはワンダを強く言いくるめ、彼女は彼に最初の鞭打ちを食らわせることに同意する。トライアスリートは、これとほとんど類似したかたちで、自分のスポーツに決然と自らを差し向けるのだろう。苦しみ、そしてこの苦痛から快楽を得ること。このトライアスロンの基本的公理は、リヒャルト・フォン・クラフト＝エビングが、『プシュコパティア・セクスアリス *Psychopathia sexualis*〔性的精神病理〕』[*62]という優美なタイトルを持つ著書で、ザッヘル＝マゾッホを参照するかたちで名付けた「マゾヒズム」への傾向に大変うまく同化しうるものなのだろう。トライアスロンとは性的倒錯のようなものなのだろうか。

マゾヒズムは、精神分析にとって長い間謎であった。二〇世紀初めごろの初期の著作において、フロイトは、サディズムの反転鏡とその延長とをそこに見ようとしていた。他者を苦しませる快楽であるサディズムは、おそらく人格の発達においては、ほとんど「正常」と言っても良いような時期があり、それは、主として性欲の「肛門期」と呼ばれるフェーズ（もちろん、これはフロイトにとっては乗り越えられなければならない期間である）において突如やって来るのである。この期間に子供は、自分の括約筋をコントロールすることで、性的快感を伴うある種の快楽と同時に、強い喜びを生む他者への影響力を持つことができることを理解する。[63] これは、性欲の発達における、ほぼ自然なサディズムの時期である。なぜなら、「ほとんどの男性の性欲は、攻撃性や物事を強制する傾向といった付加物を含んでおり、それが生物学的に意味するところは、おそらく性的対象の抵抗を、求愛とはさらに違ったやり方で乗り越える必要があるということである」[64] のだからである。フロイトの初期の直観では、マゾヒズムとはサディズムの受動的な様態であって、サディズムの方は能動的なのであろうと仮定されていた。つまり、「マゾヒズムは、サディズムの延長以外の何ものでもなく、それは自分自身に向き直ったサディズム」[65] であり、サディズムの対称物なのである。苦しませなければならないのだが、それができない、もしくは苦しませたくないので、私は自分を苦しめるのだ。「サディストは同時に、常にマゾヒストなのであり」[66]、主に申し訳なさから、思い切って苦しませることもできず、そうすることもできず、自分を苦しませなければならないと判断するサディストなのである。

サディズムの結合双生児としてマゾヒズムをこのように仮定することは全く意味がないことではない。

異論の余地なく、サディズムとマゾヒズムの意志はあって、大部分のスポーツにおいて、それが競争のかたちをとって行われるや否や、それらは一緒に機能するように思われる。打撃を与えうることが重要なのであり、同時に打撃に耐えうることが重要なのである。勝利するために打ち勝つこと。つまり、直接的または間接的に相手を苦しめる――しかしまた、類似したやり方で自分も苦しめるのである。自分の順位に執着するのであれば、また自分の相手より先にゴールすることを望むのであれば、私は彼を苦しませられるようなペースを押し付けることで、彼を屈服させなければならない。つまり、彼を痛めつけなければならない（サディズム）。だが、そうすることで自分をも痛めつける。なぜなら、彼が私を追い抜けず争うのを止めるよう、私は自分自身の最も内奥まで、自分に課すことのできる苦痛の最も極限にまで行くことができなければならないからである（マゾヒズム）。私がマゾヒズムにおいて、自分自身に対する苦しみの中を先に進めば進むほど、他者に強いる苦痛のレベルにおいて、私はいっそうサディスティックになる。最後のランにおいて、窮地に陥った競争相手に追いついて最大限の苦しさを押し付け、彼の上がった息を聞き、苦痛にゆがむその顔を目にして、彼を励ますふりをしつつ屈辱的なやり方で彼を眺める。そして私は、自分を苦しめて加速する。ゆっくりじわじわと加速して彼がまだ追いつけると信じさせておき、彼もまた加速をしてよりいっそう、彼が今まで耐えてきたよりもいっそう苦しむのである。こうしたこと以上に強い喜びを覚えさせるものがあるだろうか。

最初にやって来るものを確定しておかなければならない。私がマゾヒストになるのは、私がサディストだからなのだろうか。あるいはその逆なのだろうか。おそらくいかなる瞬間においても、トライアスリートは自分がサディストとは思ってもいない。カテゴリーや力、速さなどでもって、泳者やサイクリストや走者を追い越すことは、相手のあごから鮮血をほとばしらせるボクサーのアッパーカットと同じものとは見えない。スポーツの中には、サディスティックであることが受け入れられているものがあり、ほとんど野蛮なものもある。トライアスロンはというと、それは洗練されており、見かけにおいては他者を苦しめることを追及したりせず、逆に、基本的に好意や共感力によって他者を尊敬するという高度な文明の象徴なのである。だが、それはまさしく、トライアスリートにおいて、このサディズムがマゾヒズムによってすっかり覆い隠されているからである。トライアスロンは主として個人的なスポーツとして提示され、自分自身に対する戦いをその基本としており、他者に対する戦いは付随的なものであるかのようなのだ。それは、「私と同じくらい、さもなくばそれ以上に苦しめ——お前にそれができるか」というように、挑戦として他者に示すことで、その身体に働きかけることができる用具でないのならば、この苦痛にはほとんど意味がないということを忘れることである。

約二〇年後、フロイトは、彼を悩ませ続けていたこのマゾヒズムの読解を完成させた。「もしも、快楽原則が心的プロセスを支配しており、その結果、このプロセスの初期の目的が不快なことを忌避して快楽を得ることとなっているのならば、マゾヒズムは理解不能となる」[*67]。マゾヒズムは矛盾に満ちており、トライアスロンもまたそうである。もし、万事において快楽を追求するのであれば、われわれは、その苦痛がどこにあろうと、当然それを逃れなければならないだろう。この逆説的な本能的欲求をどのように説明したらよいだろうか。

フロイトはそのために、マゾヒズムを三つのタイプに分類する。すなわち「性感的マゾヒズム、女性的マゾヒズム、そして道徳的マゾヒズム」[*68]である。性感的マゾヒズムは、基礎的な生理学的・生物学的レベルに存在するものである。それは、リビドーと死の欲動との弁証法的作用から派生するのであり、おそらくすべての生物において作用している。死の欲動とは、「細胞を持つ存在を解体しようとする」[*69]ものであり、生命を無生気の段階へと戻そうとするものである。リビドーとは生を作り出すものであって、この死の無生物性と正面から対決するのだが、「多くの場合、独自の有機的組織である筋肉組織を援用して、無生物性を外側に向け、それを外的世界の対象へと導いてやることで」、ようやくそうすることができる。ここにサディズムの起源がある。だが、死の欲動は必ずしも完全に有機体の外部に放逐できるわけではない。それは、しばしば己の内奥で、主体そのものに反対して作用し続けるのである。ここにマゾヒズムの起源がある。

したがって、フロイトのこの説明は、以前の説を補完するものである。トライアスリートは他者を苦しめるためにのみ苦しむのではない。とりわけ彼らは、彼らにとって外的なもの、つまり他者や自然の上に死の欲動をうまく追い払うことができなかったことに苦しむ。死の欲動に及ぼすリビドーのこのサド・マゾ的な作用のために、フロイトが「筋肉組織」に言及しているのは注目すべき点である。スポーツは、したがってトライアスロンは、この装置、リビドーに秘められたこの活動とおそらく協業するものなのだ。これはフロイトが指摘していたことでもある。「知っての通り、近代の文化教育は、性的活動から若者たちを引き離すために、大々的にスポーツを取り入れている。若者たちにおいて、性的悦楽を運動の快楽で代替させ、性的活動を、性欲の自己解決を構成する諸要素の一つへと戻すように促すのは、正しいことであろう」[*70]。トライアスリートにおいては、おそらく通常のサド・マゾヒズムが存在しており、このスポーツを行うことがそれを昇華する役割を負っているので、精神分析の用語を使用するなら、神経症と同様に倒錯からも彼らは守られているのである。トライアスロンは、古いサド・マゾヒズムの残滓の中から姿を現すものなのだろう。

続いて、「女性的マゾヒズム」でフロイトが理解していることは、性的快感を与える生理学的メカニズムの心理的延長である。根本的に能動的である男性的なものは、おそらく、根本的に受動的な女性的なものに対するサディズムの傾向を持っている。女性的なものは、おそらく、存在論的・本質的にマゾヒスティックである。これらの呼称は、フロイト主義の性差別主義的バイアスがかかっているかもしれないもので、ジェンダー研究はこれをたっぷりと批判することができた[*71]。なので、ラベルを改めるべきなのかもしれない。なぜなら、このような感覚では、女性性は、脆弱であって、それよりも大きな何ものかのなすがままになるということ以外のことを意味しないからである。「マゾヒストは、嘆き悲しみ誰かに頼ろうとしている小さな子供として扱われることを望んでいる」[*72]。そして、このマゾヒストの快楽の中に、「崇高な」ものへの審美的感情に起因する何ものかが見出されるのかもしれない。これは、先に取り上げた、自然を前にして感じられるものであって、トライアスロンの基礎にあるものである。バシュラールが述べたコスミックな経験、この押しつぶされるような感情は、おそらくマゾヒスト的な主体にとってのみ可能なのであって、彼は子供のような自分の脆弱性を再び演じようとするのであろう。

だが、なぜこのような懲罰を自らに科すのだろうか。それは、おそらくトライアスリートは無意識のうちに、その価値があると考えているからである。フロイトが描写している三つ目のマゾヒズムである「道徳的マゾヒズム」は、苦痛の追求の起源を、「無意識的な罪悪感[*73]」に置いている。超自我という、道徳的意識の役割を演ずるこの心的機構は、大部分が、「お前はしなければならない」と「お前はしてはならない」という両親の権威の内面化である、有名なエディプスコンプレックスに由来するものである。おそらく道徳的マゾヒストは、「罰と苦痛とによって満足される欲求[*74]」の基礎となる、あまりに厳格でサディスティックな超自我によって押しつぶされたようになっており、それゆえに彼らの自我はマゾヒスティックになるのであろう。トライアスリートが向き合う苦痛において、エディプスが再演される。すなわち、両親の決め事、フロイトの図式においては主として父親のそれとの対決、そして彼の制裁との対決である。われわれの無意識は、それのみが知っている迂回路を通ることで、マゾヒズムにおいて、父親的なものに対する小児性の近親相姦的欲望、名状しがたい父親への愛情を表現するのだ。なぜなら、それらは禁止され、ゆえに抑圧されているからである[*75]。不可能な愛であるがゆえに、必然的に罰せられるのである。おそらく苦痛を追い求めることは、現れることを望むがタブーのままでいることしかできない、この父親への愛情を再演することなのである――そして今や、私はなぜゴールの後で父親を想い、熱い涙を流したのか理解できるかもしれない。

したがって、トライアスリートは四重の意味においてマゾヒストである。苦しませるために苦しむよう強いられているサディストであるから、マゾヒストである。彼の持つ死の欲動が、自分を他者や自然などの上に完全には外面化することができておらず、いっそう自分自身に対して作用しているので、マゾヒストである。脆弱性という小児性の欲望が演じられているので、マゾヒストである。自分の罪悪、特に禁止されている父親への愛情という罪悪を清めるために、罰による苦痛を絶えず求める不幸な意識の重さで満ち満ちているから、マゾヒストである。

だが、精神分析はあまりに作業を急ぎすぎているのかもしれない。ドゥルーズは、その度外れの還元主義を批判していた。人間におけるあらゆる欲望を、未解決であり決して解決されない家族間の争い、おなじみのこのエディプスの危機という争いに還元したがる傾向、特にフロイトにおけるこの傾向を、彼は批判していたのである。[*76] 逆にドゥルーズにとっては（正しく言えばガタリにとっても）、欲望は、単一の原因に還元することのできない特徴を常に持っている。[*77] サディズムとマゾヒズムについても同じで、決してそれらを互いに折り重ねることはできず、フロイトが主張しようとしたこととは反対に、それらはそれぞれに固有の論理を持つものなのである。[*78] ドゥルーズは特に、マゾヒズムにおいて、犠牲者と虐待者になる者との間で交わされる契約の重要性を指摘している。[*79] 受ける準備ができている苦痛は、押し付けられ、強制され、一方的である機構的プロセスから生じるサディスティックな苦痛とは反対に、自由に同意された契約に基づく関係においてしか、またそれによってしかその意味を持たない。マゾヒズムのプロセスはすべてこの契約から生じるのである。「実際、われわれはマゾヒズムを三つの観点から考えることができます。快楽と苦痛の結合として、屈辱と隷属の行為として、あるいはまた契約的関係の内部に隷属状態が確立されるという事実として。この三つ目の特徴はおそらく最も深いもので、それこそが他の特徴を説明するはずです[*80]」。

ドゥルーズによれば、マゾヒズムの中にはエディプスは全くおらず、「欲望する機械[*81]」の組み立てがあるのであり、それは精神分析的な正常さについてのあらゆる観念からは独立して機能し、新たな組み合わせを生み出すために自身の有機組織を脱構築する身体である「器官なき身体」を基礎として、作り出すべき生成を表現するのである。「マゾヒストは、一つの器官無き身体を作り上げ、欲望の存立平面を抽出するための手段として、苦痛を用いるのだ[*82]」。すなわち、苦痛の役割は、快楽を押し戻し、もはやそれに従属するのではない創造的な欲望が自由に流れるようにしてやることである。「マゾヒズムの他に、確かにもっとましな手段、プロセスがあるであろうということはまた別の問題である。このプロセスが、ある者にはふさわしいということで十分なのだ*83」ということであり、おそらくトライアスロンは、他の者にとって、よりふさわしいマゾヒズムの一つのバリエーションなのである。おそらく、トライアスロンの苦痛において自らを作り上げる器官なき身体は、前に述べた、この形而上学的なコスミック＝生成〔コスミックに＝なること〕そのものなのである。

トライアスロンのレースは、アスリートが苦痛の契約を交わす「ワンダ」であって、アスリートは「ゼヴェリーン」から、「グレゴール〔『毛皮を着たヴィーナス』の主人公ゼヴェリーンは、作品中で、本小説のもう一人の主人公とも言える未亡人のワンダから、彼女のイタリア旅行に同行し、旅行中彼女の従僕となることを命ぜられる。「グレゴール」は、従僕としての彼に与えられた名前〕」になる。「ヴィーナス」は、もはや毛皮をまとってはおらず、ネオプレーンとスパンデックス〔いずれも、トライアスリートが着用するウェットスーツや競技用専用スーツの素材の名〕を着ることを強要する。「その上、それにお金を払うんですか」。時折、アイアンマンレースの会場周辺で、トライアスリートが自発的かつ自由に受けている、長く続く苦痛と公衆の面前での屈辱とに面食らった観客が驚きの声をあげているのを聞くことがある。取るに足りない奴になること。時には血や涙を流して人前に出ること。己の尊厳を忘れてしまうほどに。もちろん、金を払わなくてはならない。しかも大変高くつく。マゾヒズムと器官なき身体の構築への扉を開く契約の代償とはそのようなものだ。もしこの苦痛が無料だったのならば、そのすべてが持つ意味ははるかに減じてしまうだろう。出場登録の料金は、競技＝試練《エプルーブ》への完全なライセンスを与えるものであって、その試練は具現化して「女主人」となり、アスリートの身体と魂に限りない苦痛を押し付ける。アスリートの方は、「奴隷」となって、そのことが分からなくなるほどまでになり、時にはすべての自尊心を失ってしまうほどになる――見かけの上では。今や、この戯れにおいて得ることのできる快楽とはどのような性質のものなのかを真に見極めなければならない。

喜びについて

トライアスロンは苦痛でしかないと言うのはおそらく間違っている。鍛え上げられたトライアスリートの身体は、日曜しかスポーツをしない者の身体ではなく、ましてや出不精の者の身体などでもない。無為に過ごした穏やかな日々を私は記憶している。それは時に数か月続き、多少洗練された過度の美食という、とある療法に真面目に取り組んだせいで、皮下の脂肪組織に規則正しく脂肪が満たされ、その結果かなり体重が増加することになってしまったのだった。この同じ数か月の間に、あらゆるスポーツ活動をあまりに突然停止したことで誘発された筋肉量の減少によってはほとんど相殺できないくらいに、また、その大いに有益な数キログラムの体重が落ちるか落ちないかの間に、体重が増加したのである。週に一五時間あるいは二〇時間行っていたトレーニングがゼロに近くなった時、ただでは済まされない。（例えば、休息中の代謝の変化は考慮に入れていないため）かなり大雑把になる計算によれば、このようなトレーニングのカロリー支出は、週に一万キロカロリーにも及ぶかもしれないとのことであり、これは一キログラムをわずかに超える脂肪に相当する。食物のとり方を変えずにこのようにトレーニングする者は、急速に脂肪の塊を落とすことになるのであるが（いずれにしても、正しく脂肪を落としているとは言いがたいが）、このようにトレーニングしているかのように食べる者は、全然トレーニングをしないと、まったく同様に、簡単に体重が増えてしまうものであることは容易に推察できる。何週間か前までは不死身だと感じていたのに、トレーニングの再開が、かつてないほど苦しみに満ちたものであったことを私は記憶している。不器用に一時間泳いで、自分の肩の腱を嘆き、馬鹿げたスピードで四〇キロメートル走って、大腿四頭筋にあざを付け、五キロメートルのランニングをするだけで、数日間筋肉痛にうめいたのだった。

そして私は、アイアンマンレース後に到達していた、全くもって陶然とするようなアスリートとしてのレベルを記憶している。アイアンマンレースそれ自体の身体的苦痛は、私がすでに経験していたスポーツ体験からして、その最たるものと言いうるものだった。同様に、大会後の二、三週間は非常につらいものであり、以前のようにできないという理由による、ほとんど悲しさに近い感情を抱いていた。だが、その一か月半後のことだったと思うが、リヨンマラソンに参加した時に受けたのは、恩寵、歓喜、忘我、喜び、超人という気持ちだった。超回復の魔法によって私は、もはや、あるいはほとんど苦しまない体を手に入れていた。私が注ぐ労力の唯一の限界は、私の意志ただ一つであるように思われた。私には、もっと早く、さらにいっそう早く走ることができ、それで痛みを感じることはないように思われた。私を引き止めていたものは何か。何だか分からないものが、自分に可能な最大限の状態にあるということを私に感じさせていたのである。全くいかなる摩擦もなしに走りっぱなしになっているミニバイクのようだったのであり、それは苦しむことはないが、その排気量を越えて進むことはできないのだ。通常は、三〇キロメートルを超えると私の歩調は重くなる。歩むたびに生じるごく微小の傷のせいで、足につらさを覚えるようになり、また筋肉痛すら感じられるようになるのだ。今回はそういったことが全くなかったか、あったとしてもごくわずかだった。私の身体は変わったのだ。私は二時間五五分でレースを終えた。私が驚いたのは、それも非常に大きく驚いたことは、ゴール後にきちんと歩けたことだった。私は三〇キロメートルを越えた後ペースを下げていたが、それはいつもの理由によるものではない。よりいっそう、のしかかるように私を押さえつけていたのは一般的な疲労であり、それはアイアンマンレース以後解消されていなかったのだった。信じられないかもしれないが、それがなければ、私は間違いなく二時間四五分でゴールしていただろう――これはまだ達成していないことである。どうか冷やかさないでいただきたい。スポーツをする者は、皆この種の潜在的な記録を多く持っているものだ。そして、一度もやったことはなくても、私は必ず棒高跳びで五メートル飛べると思っている。

私が驚いたのは、それも非常に大きく驚いたことは、ゴール後にきちんと歩けたことだった。通常は、マラソン走者は、エリートの部類でないのならば、快挙をなし遂げた後に、ふらついた足取りを無理やり取らされることになる。この足取りは、老いたザリガニがやっていたかのような下手な「ムーンウォーク」みたいなものである（特に階段を降りる時にそうなる）――時にはそれは数日続くのである。今回は、そういったことが全く起こらなかった。呆然としたが、私は四二キロメートルを自分の人生で最速のスピードで、何事もなかったかのように走ったのだった。翌々日のことだったと思うが、私は、その数日前に何事も起こっていなかったかのように、一〇キロメートルほどのささやかなジョギングをすることができていた。何についての感情が生み出されるのか、まさにそれを語らねばならない。それは万能感であり、全くもって強い喜びの感情である。

「身体がなしうることは知られていないのだ」[*84]。スピノザがこう確言したことはよく知られている[*85]。われわれの身体は延長で作られており、つまり手短に言うと、今日われわれが物質と呼んでいるもので作られており、機械的な仕方で機能している。われわれが魂や精神や思念によるものとしている多くの身体の現象は、実際は身体的なものそれ自体によって説明がつく。スピノザにとって、機械論的・唯物論的に人間を説明することを妨げるものは何もない。われわれがまだそうした説明についての認識を持っていなくても。身体はそれに固有の生命を持つ。魂から独立した状態でそうなのだろうか。実際、スピノザにとって魂とは、単に同じものを把握する別の仕方にすぎない。身体と思念とは同じコインの両面なのであり、通約不可能なものではあるが結ばれているのである。身体は特有のやり方で苦痛を把握し、それは必ずしもそれに相関する喜びが現れることと相いれないものではない。独特の味わいを持つ喜びとは、おそらくトライアスリートが何よりも追い求めるものである。

「ゆえに私は、以後においては、喜びを、魂がより大きな完全性へと移行する一つの受動と理解する」[*86]。スピノザが少し前で書いているように、われわれを喜ばせるこのより大きな完全性は、まさに身体能力を高めてくれるものである。トライアスロンで完走すること、それはまさしく身体の能力を自分に証明することではないだろうか。「私にはそれができる」。すなわち、トライアスロンをなし遂げることは、このような試練の完遂が、自分の諸能力、私の諸々のポテンシャルに含まれており、その力が自分自身を現実化する場をそこに見つけ出したということを証明するものなのである。そのことを自覚する喜びなのだ。だが、スピノザは、注意しつつ少し後で、「魂と身体とに同時に関係する喜びの感情を、心地よさや快活さ」[*87]と呼ぶと言い直している。スポーツの実践は、もちろん精神的なものにとどまらない。それは同時に、身体的なものでもある。それは、魂と身体とを同時に含むのであり、ゆえにそれは、快活さや心地よさという特別な種類の喜びなのだ。スピノザは、これらを注意して区別した。「心地よさと苦しさとが人間に関係するのは、その人間のある部分が他の部分以上に作用を及ぼされる場合であり、快活さとメランコリーとが関係するのは、その人間のすべての部分が等しく作用を及ぼされている場合である」。われわれは、心から喜んでいる時に快活なのであり、一方、喜びが少し言いよどむようなものである時は単に心地よさを覚えているのである。これは、この喜びがその反対物、すなわち悲しさと混ざり合っているものの、それでも、ある種の内面の争いにおいて、喜びが悲しさを凌駕している向きがあるからなのかもしれない。自らに課した恐るべき試練を乗り越えることができるという自分たちの能力を証明することを、トライアスリートがうれしく思っていることにいかなる疑念もない。だが一方で、同じ瞬間に、一メートル進むごとに自分たちのパフォーマンスが衰えていくのを悲しく思っていることも間違いないのである。

そうして、自分の限界と対決するトライアスリートは、二つのカテゴリーに分けられる。すなわち、自分の経験から悲しみしか引き出さない、苦しむ者と、反対に、何よりも喜びを引き出す、心地よさを覚える者である。心地よさは、身体がもはや客観的に苦しんでいない場合であれ、この苦痛が依然存在しているが、何だか分からない心身相関的な秘密によってもはや感じられなくなった場合であれ、痛めつけられた身体に起因する悲しさが消え失せた時、快活さに変わるのかもしれない。快活さは、身体がこうむった試練を魂が完全に忘れ、身体の行動能力における利得のみを、また獲得したより大きな完全性のみを考えることができるようになった時に純粋な喜びに変化するのかもしれない。つまり、あたかも身体をもはや持たないかのように、また、われわれの精神が媒介なく親密に、直接的に現実と関わりを持っているかのように、魂のみによって泳いでおり、ペダルをこいでおり、走っているという感情を抱く場合である。スポーツをする者が自分の人生においてほんのわずかしか遭遇することのない恩寵についての奇跡的な印象である――私の場合はおそらく半ダースもなく、アイアンマンレース後の例のリヨンマラソンがその一つである。これは、典型のない経験である。なぜなら通常は、感じている喜びの中にやはり苦しさが存在しているのだから。

なぜ喜びに苦しさが混じっているのだろうか。スピノザによれば、苦しさは、活動によって得られた喜びが度を越した結果であるのだが、結局、生じた快楽に照らすと取るに足りないものなのである。トライアスリートに苦しみたいと思わせるものは、苦しむことそれ自体への欲望ではなく、ただ単に、より完璧に、より力強くなったと感じることの喜びなのである。おそらく苦痛それ自体は求められないのだ。それは単に快活さを求めるプロセスで必然的に生じる結果にすぎないのだろう。要するに、スピノザ的なトライアスリートは、苦しさを感じているにもかかわらず喜びを感じているのである。つまり、この苦しさは存在してはいるのだが、彼の快楽を損なうにはまだ十分でないのだ。この苦しさは、なくてもよい。すなわち、それは偶然的なものなのである。スピノザ的なトライアスリートは、マゾヒストと言うには程遠く、苦しさのために苦しさを求めているとはとても言えない。彼はその苦しさがなくと

保守的自由主義の可能性 —知性史からのアプローチ—

佐藤光・中澤信彦編　バーク、オークショットから新渡戸、柳田まで、偉大なる保守主義者たちの思想を現代に蘇らせる。　**A５判　3000円**

資本主義の新たな精神　上・下

ボルタンスキー=シャペロ/三浦直希他訳　新自由主義の核心に迫り、資本主義による破壊に対抗するための批判の再生を構想する。**A５判各巻5500円**

他者論的転回 —宗教と公共空間—

磯前順一・川村覚文編　排除された者の公共性はいかにして可能か。他者と共存する複数性の領域としての公共性を模索する。　**A５判　3800円**

昭和天皇をポツダム宣言受諾に導いた哲学者 —西晋一郎、昭和十八年の御進講とその周辺—

山内廣隆　尊皇の哲学者は、なぜ敗戦を見据えた御進講を行ったのか？新史料を基に、講義の内容と終戦の決断への影響を解明。**四六判　1800円**

時間と空間の相克 —後期ティリッヒ思想再考—

鬼頭葉子　特定の空間への執着を批判し、時間における新たなものの到来を待ち望んだ神学者、ティリッヒの歴史哲学を読解。　**A５判　5400円**

ハイエクを読む

桂木隆夫編　ハイエクは本当に新自由主義の元祖なのか。ハイエク思想の総体をキーワード別に解説する格好のハイエク入門。**四六判　3000円**

21世紀に生きる資本論 —労働する個人・物質代謝・社会的陶冶—

鈴木敏正・高田純・宮田和保編　労働する諸個人、物質代謝論、将来社会への社会的陶冶の観点から『資本論』の可能性を再考。　**A５判　3800円**

シュタイナー教育思想の再構築 —その学問としての妥当性を問う—

衛藤吉則　人智学的認識論を考察の軸に、その教育思想の全体構造と学理論的な妥当性を明らかにし、実践へと架橋する。　**A５判　4800円**

われわれはどんな「世界」を生きているのか —来るべき人文学のために—

山室信一・岡田暁生・小関隆・藤原辰史編　歴史修正主義が跋扈し、人文学の危機が叫ばれるなか、あえて「世界」とは何かを問う。**A５判　4200円**

人文学宣言

山室信一編　人文系学部の危機、大学の危機が声高に喧伝される時代において、人文・社会科学の存在意義とは何か。　**四六判　2200円**

(220320)

倫理学としての政治哲学―ひとつのレオ・シュトラウス政治哲学論―
石崎嘉彦　叢書〈フロネーシス〉　シュトラウスの政治哲学の核心に迫り、知恵と節度の徳を蘇らせる政治哲学の復権を図る。　A５判　4800円

人間〈改良〉の倫理学―合理性と遺伝的難問―
マッティ・ハユリュ／斎藤仲道・脇 崇晴監訳　遺伝子操作をはじめとした七つの科学的手段を巡る哲学者達の主張・議論を整理。A５判　2700円

技術の倫理―技術を通して社会がみえる―
鬼頭葉子　狭い意味での技術者のみならず「高度な技術を利用する者」である全ての現代人に向けた「技術倫理学」の入門書。A５判　2300円

看護のための生命倫理〔改訂三版〕
小林亜津子　30の臨床的実践例で学ぶ、看護倫理入門の定番書。最新の医療事情に合わせバージョンアップした改訂三版。　四六判　2400円

看護が直面する11のモラル・ジレンマ
小林亜津子　性別適合手術、内部告発、デザイナー・ベビー等、誠実な医療者こそ悩む難問に挑み、最善の道を探る倫理学。　四六判　2400円

フランスの生命倫理法―生殖医療の用いられ方―
小門穂　生命倫理について包括的な規則を法で定めるフランス方式は有効か。その実態を明らかにし今後の展望をうらなう。　四六判　3800円

スポーツ哲学の入門―スポーツの本質と倫理的諸問題―
S.B.ドゥルー　川谷茂樹訳　フェアな競争・ドーピング・男女の関係など、スポーツ哲学の主要トピック全てを自ら学べる一冊。A５判　2600円

功利主義の逆襲
若松良樹編　ロールズらによる批判の集中砲火のなかで、功利主義は打破されたのか？　気鋭の論者たちが逆襲の狼煙を上げる。A５判　3500円

未来創成学の展望―逆説・非連続・普遍性に挑む―
山極壽一・村瀬雅俊・西平直編　生命・物質・心の世界、社会・教育・経済を貫く普遍法則、創発原理を探究する壮大な知的冒険。A５判　3500円

ハーバーマスを読む
田村哲樹・加藤哲理編　現代の政治哲学・社会哲学に多大なる影響を与え続ける多様かつ壮大な理論体系の全貌を明らかにする。A５判　3600円

その問いは誰のものか —先住民の科学・西洋科学・科学教育—
D.L. メディン、M. バング／山田嘉徳訳　ネイティブアメリカンやフェミニズムの世界観も取り入れた新たな科学への扉を開く。 **A 5 判　3600円**

ベジタリアン哲学者の動物倫理入門
浅野幸治　畜産、動物実験、ペットなど、身近な動物の境遇を倫理的に問いつつ、「種差別」を乗り越えた新しい関係性を考える。 **四六判　2300円**

フランス・バカロレア式　書く！哲学入門
曽我千亜紀・松井貴英・三浦隆宏・吉田寛　バカロレアの手法を取り入れた、自分で考え、書く、実践形式の新しい哲学入門。 **B 5 判　2200円**

作動する法／社会 —パラドクスからの展開—
林田幸広・土屋明広・小佐井良太・宇都義和編　根源的なパラドクスを抱えた法システムが動く時、社会・人・法はどう変わるか。 **四六判　2500円**

フェミニスト現象学入門 —経験から「普通」を問い直す—
稲原美苗・川崎唯史・中澤瞳・宮原優編　経験の記述から様々なテーマに接近し、「当たり前」と「規範」の問い直しを試みる。**A 5 判　2200円**

マルク・リシール現象学入門 —サシャ・カールソンとの対話から—

マルク・リシール／澤田哲生監訳　フランス現象学最後の巨人が、自身の哲学の全貌を嚙み砕いて語る大対談録。 **A 5 判　3600円**

社会科学の方法 —実在論的アプローチ—
A. セイヤー／佐藤春吉監訳　社会研究にいかに挑むべきかを批判的実在論の視点から考察。最適の研究方法を導くための方法論。**A 5 判　3200円**

食物倫理（フード・エシックス）入門 —食べることの倫理学—

R・L・サンドラー／馬渕浩二訳　フードシステム、貧困、動物福祉等、「食物問題」を根本から問うフード・エシックスを拓く。**四六判　2600円**

バイオグラフィーの哲学 —「私」という制度、そして愛—
入谷秀一　自伝（＝自分語り）の構造の検証を通じ、「自分を愛し、語ることを強いられる現代」の先に進む、「自分語り」の系譜学。**四六判　2400円**

哲学しててもいいですか？ —文系学部不要論へのささやかな反論—
三谷尚澄　哲学は力なり⁉ 大学改革という逆風の中、あえていま哲学する意味は何か。気鋭の哲学者による強力な哲学擁護論。 **四六判　2200円**

もおそらく問題はないのだが、苦しさとは、彼の快活さの必然的帰結であり、ゆえに、彼が能力を求めて楽しく活動する中で、それを受け入れる必要があるということが判明するのである。

だが、もっとよく探究してみるべきなのかもしれない。本当に苦痛そのものに快楽を覚えること、苦痛のさなかで快楽を得ることはできないものなのだろうか。これはまだ快楽なのだろうか。もしくは他のものなのだろうか。ベルクソンは慎重に、喜びと快楽とを区別する。「快楽は、生けるものが生命を保持することができるように自然が考え出した策略に過ぎません。快楽は、生命が進んでゆく方向を指し示すものではないのです。ですが喜びは常に、生命が成功したこと、地歩を得たこと、勝利をおさめたことを告げています。あらゆる大きな喜びには、勝ち誇るような調子があるのです[88]」。ここでは大変エピクロス的[89]〔エピクロスは古代ギリシアの哲学者（紀元前三四一ごろ－紀元前二七〇ごろ）。哲学の目的は、幸福で平和な生活と苦しみのなさに到達することであると説いた〕になっているベルクソンによれば、快楽とは、自分の生命維持のために充足される欲望への最も単純な報酬なのである。食べないこと、飲まないこと、眠らないこと、これらは同じ分だけ生命の欲求を生じ、それらを満足させないと死を招くことになる。生命やわれわれの種の生物学的進化が、それらを満足させるよう促すために、これら欠如と同じ分だけ苦痛が結び付けられていたかのように万事進行する。そして、それに屈することで、何らかの快楽を生じ、生命は継続することができるのであり、快楽とは、生命が存続するために作られた疑似餌だということである。

喜びは、これとはかなり異なる。ベルクソンにとっては、それは生が快適に進行していることだけでなく、その生が、事物に対する自分の支配力を拡大したことを示すしるしでもある。生が自分自身を展開したということだ。おそらく、ただ快楽のみが、労力を注ぐのを止めるようトライアスリートに命令することができるだろう。最後のマラソンの三八キロメートル地点前後において、灼熱の太陽の下にいるよりも、座ってビールとピザを飲み食いしていた方が良くはないだろうか。自分自身の限界と戯れあっている時、よく、この種の空想でトライアスリートの頭はいっぱいになる。ビッグマックと（砂糖入り）コカ・コーラが、ほとんど蜃気楼のように付きまとう。すべてを止めてしまうという快楽が、抗いがたい誘惑として立ち現れてくる。だが、トライアスリートは続けるのである。これは、彼らが別のことによって、快楽ではなく喜びによって動かされているからであり、それは生、彼らがその使者である一般的な生が、能力において事物に勝利したと感じる喜びなのである。彼らの生は、そこにおいて、快楽主義的でほとんど受動的な単なる休息という不動性に安らごうとせず、逆にとことん突き進んで、生の前に立ちはだかる試練を能動的に乗り越えるのだ。

ベルクソンの喜びは、スピノザのそれと一部でつながるところがある。つまり、同じようにその喜びは、行動能力への報酬、より大きな完全性の報酬となるものなのである。だが、ベルクソンに依拠すると、苦痛とは、スピノザがそう思わせかねないような、場合によっては喜んで厄介払いしてしまえるような単なる付随物ではなく、喜びにとって必要不可欠で不可避の段階なのかもしれないと考えることもできる。スピノザ的喜びにおいては、苦痛低減のための抗炎症薬や他の物質の使用は、それによって得られる喜びを最大化することができ、おそらく、よりいっそう力強く感じられるようにすることができるという意味で、それにふさわしい場所がある。こうした用法は、ベルクソン的喜びにおいては不可能となる。なぜなら、それは、自分自身によって障壁を乗り越えようと努める生の、また、遭遇する逆境に応じてのみ創造的でいられる生の試練の可能性そのものを禁じてしまうからだ。つまり、苦痛は、打ち勝たなければならない逆境のしるしなのだ。苦痛は大きいほど、喜びは大きくなる。そのようなものがあるとすればの話だが、ドーピングした者の喜びとは、行き過ぎてしまい、もはや自分の限界を感じることすらなく、超絶的に強力になったと思い上がっている者の歓喜でしかありえない。ドーピングした者には、喜びについてのあらゆる形而上学的・生命主義的経験が禁じられているのである。

ベルクソンの描く喜びは、生それ自体に固有の創造のプロセスへと向かう喜びである。「自身の思想を現実化した芸術家の喜び、発見や発明をした学者の喜びといった、特別な喜びを考えてみてください」。これらの人々は、「生命に何かを呼び込んだ」[*90]、創造をする人々である。このリストに、スポーツをする者、トライアスリートを加えるべきだろうか。自明のことだが、彼らが創造するものは同じではない。厳密に言えば、スポーツを行った後に残るものは何もないのである。完走したトライアスロンのレースは、企業でも、子供でも、絵画でも、定理でもない。それらは引き続き、子をなすことができたり、創造したりもできる自分自身の生を持ち続ける。隠喩的に表現される場合を除き、トライアスリートには、創造としては、このようなものは何もない。他者と自分自身にとってのスペクタクルがあるだけである。時にそれらは、あれこれのメディア（写真、ビデオ、体験談、その他）に具象化され、アーカイブされる。ある日において生に可能だったすべてのことが、そこに集中的なかたちで凝縮されているので、プルーストのマドレーヌのように改めてそれに触れた時、ノスタルジーで彩られた楽しく淡い思い出がよみがえってくるかもしれない。ついでに述べておくと、スポーツをする者が、素人であってさえも、ソーシャルネットで自分を前面に押し出すことには、おそらく単なるナルシシズムの文化とは別なものがある。それは、何よりもこの勝利をおさめた生を楽しく祝すことなのである。

創造は、時に生を象徴的なかたちで生み出すことができる。大衆にトライアスロンを始めさせるオリンピックのチャンピオンから、トライアスロンをすることが誇り高いことであることを望む平凡な家庭内の父親や母親に至るまで、インスピレーションを与え、ライバルを作り出すことによって。「フィニッシャー」というコンセプトは、この終わりについての、こうして自分自身を達成したこと、成就したこと、完成したことについての紛れもないしるしであり、それに付いてくるメダルは月並みな小物にすぎないなどとはとても言えない。大量生産され、何百・何千と作られた物であるが、実際は、それは唯一のものであり、各々の存在の喜ばしい自己性なのであり、そこに自分自身を投影することができるのである。「この日の日中、様々な点でなんと恐ろしいことかと感じていたとしても、そして、何度も止めたいと思っていたとしても、今や私は、すべてはその価値があったことを知った。なぜなら、ゴールラインを越える時に抱く気持ちは他に例えようがないからだ。観客は歓声を送ってわれわれを励ましてくれる。そして司会者が音響装置を通して叫ぶ……。「君はアイアンマンだ！[*91]」」。ブライデルは喜びをもってこのように回想している。そして実際に、非常によく耳にする通りに、「その価値はあった」のである。

「これらの走者たちは皆、わが身に苦痛を与える。これらのサッカー選手たちは皆、わが身に苦痛を与える。これらのボクサーたちは皆、わが身に苦痛を与える。至る所で、人間は快楽を求めるものだと目にするが、それは自明のことではない。むしろ、彼らは苦痛を求め、苦痛を愛しているように見えるのだ[*92]」と、すでにアランは指摘していた。この苦しみは、もちろんトライアスリートが求めるものである。これは快楽の源ではなく、アランにとっては「幸せ」の源であり、この幸せは、おそらくこれまでわれわれが喜びと呼んでいたものといささかも異なるものではない。苦しみは何に起因し、幸せは何に起因するのだろうか。アランにとっては、単に、幸せは受動的にこうむられるものではなく、アスリートが能動的に求めるものであるという事実に起因するのである。痛み、苦しさ、苦痛は、ここでは主体が自由を行使した成果なのであり、主体はそれを事物に刻み込むのだ。「ボクサーは、自分をとらえにやって来るパンチは好まない。だが、自分から与えようとするパンチは好む。戦いがわれわれ次第となるや、困難な勝利ほど快いものはない。結局、能力こそが好まれるのである。ヘラクレスは、自分が追い求め、そして倒していた怪物たちによって、自分の能力を自分自身に証し立てていたのである」[*93]。水・空気・地・火。ヘラクレスたるトライアスリートが喜びをもって追う怪物たちは、このようなものであり、彼の難行の数は一二ではなく三である。つまり、それだけ勝利をおさめるチャンスがあるということだ。これらすべての苦痛の渦中にあって、ついに彼は、マルクス・アウレリウスのように叫ぶかもしれない。「これは不幸などではなく、勇気をもってそれに耐えることが幸せなのである」[*94]。他の者たちはそれに飲み込まれてしまうことだろう。だが、それは彼ではなく、彼女ではなく――私ではない。トライアスロンは喜びを与える。なぜならそれは、苦しさを乗り越える力強い経験だからである。

悲しみを乗り越える喜びについてのスピノザ的で心地よさのあるこの経験はトライアスロンに固有のものではないと反論を受けることだろう。おそらくボクサーもまた、頭にパンチを食らって痛みを覚えるが、そこから回復するにしたがって、心地よさを覚えるのである。次から次へと首尾よく進んでゆく創造的生命についてのベルクソン的で生命主義的な経験もまた、おそらくトライアスロンに固有の経験ではない。ダーツ遊びをしていて、的を射た時には、どのような異論の余地もなく、全くうれしく感じるものである。選び取られ乗り越えられた苦痛を自分の礎とするアランの喜びは、おそらくさらにトライアスリートの独占物ではない。彼が言及しているボクサーや、あるいは「サッカー選手」でさえも、やはりそのような感情を強く持っているのだ。それならば、トライアスロンに固有の喜びというものはないのではないだろうか。

私には、この喜びは、トライアスロンの形而上学的特性の傍らに探し求めるべきものであるように思われる。自分自身の持久力の限界との対決という経験は、ボクシングやダーツ遊びやサッカーなど――それはそれで十全に尊重すべき楽しい経験ではあるが――からトライアスロンを区別するものである。全体論的な狙いをもって――すでに見たように、水・空気・地・火という――自然の諸元素に立ち向かう経験は、トレイルランや自転車競技、あるいはマラソンなどの他の持久競技からトライアスロンを区別するものである。複数の身体的専門能力を自在に駆使することに存する柔軟性の経験は、混成的ではないスポーツからトライアスロンを区別するものである。これらの特殊性により、トライアスロンの喜びには、三つの方向性が刻印されているのである。

そして、改めてスピノザに戻る必要があるかもしれない。トライアスロンに固有の自身の存在における粘り強さ《ペルゼベランス》=固執によって、――この粘り強さとは、ほとんどの持久スポーツが持っているものではあるが――おそらくかなり直接的なかたちで、トライアスロンは「コーナートゥス *conatus*」（「コナトゥス」とも称される。ラテン語で努力、奮闘を意味する。スピノザにおいては、人間を含む、あらゆる存在するものが持つ、自身の存在を保ちまた高めようとする固有の能力を指す）に近づく。「なぜ続けるのか」。トライアスリートはよく、抗いがたい隠れた力が彼を突き動かすように思われるまさにその瞬間に、そのように自分に問いかける。それは、あらゆる限界から自分を解き放つことができるように見える「コーナートゥス」の喜びなのである。様々な元素との対決についてはどうかと言えば、それは、おそらくトライアスリートを自然の輪郭にぴったりと当てはめるものである。彼らはこの自然の不変の法則の挑戦を受け、それを絶えず迂回しようとするという点において、確かにこの自然は所産的自然であるものの、それは能産的自然[*95]〔スピノザにおいては、神と自然とは一元化されており、「神即自然」の立場が取られる。そうした自然観において、彼は「産み出される自然」である「所産的自然 Natura naturata」と「産み出す自然」である「能産的自然 Natura naturans」があるとする。この二者は以下のようにとらえられる。「両者は、本質的に、あるいは実在的に区別されるものではなく、……自然における神の内在的原因と結果とが同一の自然において示されることを意味して、両自然は同一のもの、つまり神の二つの異なる面を示しているのである」（工藤喜作「『エティカ』をどう読むか」バルフ・デ・スピノザ『エティカ』中央公論新社、二〇一〇年、一二頁）〕、すなわち、時に神秘的で神聖ともなる直観においては万物の考古学的起源として現れるものでもある。つまり、生の起源との合一についてのほとんど汎神論的な喜びなのだ。最後に、この混成スポーツに固有の適応能力は、規範的であり、耐性を持ち、カンギレムが記していたように「環境の不正確さを許容する幅[*96]」である健康に満ちた生の定義を明らかにするものである。すなわち、トライアスリートは環境の不正確さというよりも環境の変化に精力的に耐え抜くことで喜びを得るのである。トライアスリートの喜びの独自性は、このように、生きているものの本質それ自体に直観的に触れることに由来するものなのかもしれない。つまり、その喜びは一つのコスミックな経験なのである。

5
トライアスロンの政治学
POLITIQUE DU TRIATHLON

トライアスロンが業績主義的《メリトクラティク》であるように思われること

多くの若いトライアスリートの男女が、自分はいつか偉大なチャンピオンになるのだと考えるのはなぜだろう。何リットルも汗を流したのに、チャンピオンになれる者がほとんどいないのはどうしてだろう。成功をすべて業績・作業によるものとする信仰は、歴史的にどのようにして形成されたのだろう。それは虚像なのだろうか。この虚像がもたらす倫理的、そして政治的とも言える帰結とはどのようなものなのだろうか。トライアスロンは、完全な業績主義《メリトクラシー》のおあつらえ向きの事例を提供してくれる。だが、業績《メリト》をどのように理解すべきだろうか。確かに、水泳を改善しようと苦労する筆者の私のように、苦労してもうまくいかない（「やってみたことだけが業績《メリト》である」）者も、そのスポーツを実践したことがないのに、マウンテンバイクの大会に参加して、最初の大会で勝利をおさめてしまったジュリアン・アプサロン[*1]のように、苦労せずとも成功する（「勝利に値する《メリテ》」）者も、賞賛に値する《メリタン》と言うことができる。この両極の間に、スポーツをする者全員が並べられ、彼らは、「ベストな者が勝つ」のであり、「大事なのは参加すること」であると確かに理解しつつも、同じくらい「作業には見返りがある」と確信しているのである。スポーツは、注がれた労力にあるべきかたちで報いることにしばしば失敗しつつも、後に見るように、やはり何かに成功しているのかもしれない。すなわち、自分の天分という王座に就いているチャンピオンを賞賛すること――あるいは、違反行為や買収行為、ドーピング行為などを行うこと――を余儀なくされる囚人たちを生み出すことに[*2]。

アラン・エランベールが述べているように、われわれの社会におけるスポーツの機能の一つに、業績の価値を例示することがある。エランベールは、すでに一九八〇年代に進めていた分析を再度取り上げ、トライアスロンの飛躍と時期を同じくする一九九〇年代のベストセラーとなった『パフォーマンス崇拝』にて以下のように指摘していた。スポーツは「競争と公正さとの調和という蜃気楼を、大衆的スペクタクルにおいて劇化して見せる唯一の社会活動であり、それは、業績の平等を示すような最も人気のあるイメージを演出する。人生が平等であるのなら、それがわれわれ各人にとってそうあるはずのものを、スポーツは形式化するのである。スポーツの近代性とその人気とを一斉に跳ね上げるばねとなるものは、平等であることへの情熱なのである」[*3]。これは、今日では広く共有されている考えであり、政治家たちは躊躇なくそれをもてあそぶ。二〇〇七年に、ニコラ・サルコジは、ためらいもせず、「スポーツは、機会の平等と業績についての観念とが非常に具体的な現実性を持っている稀有な領域の一つである」[*4]と述べている。ジョルジュ・ヴィガレロが指摘していたように、この元大統領は、こうした価値観に基づいて、自転車やジョギングなど（水泳のみが欠けていた）をして、自分をスポーツマンらしく見せることを好んでいた[*5]。それは、スポーツが、誇大に見せる一種の社会的な鏡として、また、「われわれのいる場とぴったり一致するものであるが、模範として奨励され、機会の平等や意志の不偏性、行為者たちの道徳など、われわれの社会の最も貴重な諸価値を保証するような組織的・集団的な場である理念的な随伴社会《コントルソシエテ》」[*6]として自らを提示することを好むからなのである。

このように、スポーツが根本において業績主義的であることはほとんどコンセンサスとなっており、これはわれわれの民主主義の祖型となる姿であるが、常にそうであったわけではない。スポーツは、何より注がれた労力と作業に報いるものであるということは、「三種のスポーツ」という競技が生まれた時期でもある一九世紀の終わりごろから二〇世紀初頭にかけてスポーツが誕生した時には、自明とは言いがたいことであった。ピエール・ド・クーベルタンの努力に反応を示してフランスにスポーツを導入した最初の一人であるガブリエル・コンペーレは、強い恐れをもって次のように指摘していた。「パリのわれわれのリセ〔フランスの教育制度における中等教育機関。現在では、ほぼ日本の高校に相当する〕では、筋力に関する一種の小さな貴族主義《アリストクラシー》が敷かれてしまった。アメリカにおいても同様であり、これはクーベルタン氏がわれわれに教えてくれたことである。〔……〕われわれがそうではないかと考えていることはまさに次のことだ。エリートの若者たちは、まさに彼らの強靭な体格のおかげで、身体訓練によって洗練される必要があまりなく、あらゆる種類のパレードに呼ばれる者たちである。一方で、同じころ、「凡人 *vulgum pecus*」たちはなおざりにされ犠牲となっているのである」[*7]。作業と注がれた労力とに報いる完璧に平等な業績主義を劇化して見せると言うには程遠く、スポーツは、「貴族主義」と比較されていたのだった。その「貴族主義」は、強化される必要はなく、ボーマルシェの言葉を借りるならば、「出生時の苦しみのみで、それ以上の苦しみは与えられていない」[*8]強者の先天的アドバンテージと、生まれついての特権とを承認していたのである。

スポーツの貴族主義的側面に対するこうした批判は、一九二〇年代に、ジョルジュ・エベールにおいて頂点に達した。「現在理解され、実践されている通りのスポーツは、生まれつき優秀な適性を受け継いでいる強者か標準的な者にしか役に立たない。これらの者たちは十分な才能を持っており、自分たちの持つ自然な力を活用するだけでよく、力を伸ばすための事前の長い作業は必要ない。弱者たちは、すぐにはパフォーマンスを上げられず、競技の準備に必要な努力を払うことができず、それに耐えることもできないので、過労によって断念するか脱落してしまう。彼らは自分を伸ばすこともできず、強靭になることもできない。こうしたことを考慮するだけでも、教育的見地からスポーツを弾劾するには十分である」[*9]。これに並行して、エベールは、いわゆる「自然体育法《メトード・ナチュレル》」という身体訓練に関する独自の方法を推進しており、スポーツの典型に反対して次のように述べていた。「二つの対立する命題があり、一方には貴族主義のエッセンスを持つものがあって、他方には明確に民主的なものがある。民衆組織は、この間で迷うことはない」[*10]。

当時の最も偉大な理論家の一人であり、彼を最も支持し、その宣伝もしていた一人であるピエール・ド・クーベルタンは、スポーツのこうした側面について目をつぶってはいなかった。しかしながら、同時代人たちの大半のようにそれを非難するどころか、彼はスポーツがそうした側面を持つことを要求したのだった。ピエール・ド・クーベルタンは、平等をテーマとしなければならなくなったため、著書『スポーツ教育学』において以下のように主張していたのである。「スポーツにおける協調は、社会的区分の価値を低くする。彼の持つ貴族としての肩書も資産家としての肩書も、それが何であれ、個人のスポーツ面での価値に何かを付け加えるものではない。だが他方で、人間が施した区分がそこから排除されてしまうと、スポーツにおいてグループ分けをする時に無慈悲な自然が課す区別というものを真摯に考えることができなくなってしまうだろう。おそらく（そして、まさにここにこそトレーニングにおけるすぐれて道徳的なものがあるのだが）、意志や粘り強さ、そしてエネルギーにあふれ熟慮されて注がれる労力によって、自然が決して与えることのないものをある程度補うことができるのであり、こうして、自然が決めたことをともかくも軽減し矯正することができる。だが、自然がしかじかのことが有利になるように一方的に決定したアドバンテージは、自然が人間に対して与えることを惜しまないあらゆる明確な不公正とともに、依然残り続けるのである。ゆえに、天然の不平等と社会的平等が、同じようにあからさまに組み合わされているケースは他のどこにもない。そして、そこから引き出される教訓を、受け止めて熟考しておいても良い」[*11]。

　受け止めて熟考しておいても良い教訓。それは、正確にはどちらのことなのだろうか。スポーツにおける社会的不平等の終焉をもって、不平等一般が終焉したと信じることができただろう。実際は、別種の不平等である天然の不平等が立ち現れるのであり、それはあらかじめ決められていたヒエラルキーを押し付けるのである。このヒエラルキーは天然の特権に基づくもので、その中で強い者と弱い者が、その出生に従い分別される。この特権は作業によって解消しうるものではある。しかしながら、それはある程度解消されるのみであって、初期の恣意的な秩序は、いかにそれが不当なものであっても、結局は維持されるのだ。スポーツは、社会的不平等を天然の不平等に変質させる以上のことをする。またそれは、作業によってそれらを乗り越えることができるという希望も保持し、ある地点まではそうであることを許す。だが、それは初めから、各人が注ぐ労力によっては根本的に覆ることはない自然の秩序を保持し続けているのである。結果的にスポーツは、一方で業績主義的・民主的・平等主義的でありつつ、他方で貴族主義的・封建的で不平等でもあるという力技を同時にやってのける。

・皆は社会的に異なっていても平等なので、スポーツは平等主義的である。
・皆に等しくルールが適用されるので、スポーツは民主的である。
・ヒエラルキーのなり立ちは各人が行う作業とトレーニング次第（部分的に）なので、スポーツは業績主義的である。
・だが、社会的不平等がなくなると、その不平等は天然の不平等と入れ替わるので、スポーツは不平等主義的でもある。
・カーストの中に閉じこもり、等しい身体的価値を持った選手たちだけが、互いに対決を行うことができるので、スポーツは封建的である。
・頂点に、良い体に生まれついた者が君臨するので、スポーツは貴族主義的である。

逆説的にも、近代社会の「等しき者 *Homo æqualis*」の背後に、まだ、「位階にある者 *Homo hierarchicus*」が隠れている。[*12]

クーベルタンが熟考するよう呼びかけたスポーツの教訓とは、出生の不平等を受け入れることを習得することである。同時に、その不平等を弱めるためにできる限り作業するよう呼びかけもするのだが、だからといってそれは消えることはない。自然の不平等な秩序を作業によって改めることができるという幻想を維持しつつも、それを受け入れるということである。スポーツは、フーコーが使用した意味において、「有益で従順な[*13]」主体の生産を狙いとする主体化のプロセスによって活性化される制度である

「権力装置」[14]として立ち現れるのだ。ジョルジュ・ヴィガレロは、かつての統制的・権威主義的な体操よりも開放的でリベラルな外見ではあるものの、スポーツが追い求める規律上の究極目的は同一であると指摘していた。[15]つまり、ピエール・ド・クーベルタンは、「厳格かつ超越的であり続ける秩序を創始すること――先行して、その秩序を全体化し包括化しておいてでも――が、主導権をよりいっそう残すことになる」[16]時代を表現しているのである。近代という時代は人間に自由を残す。だが、偏狭で常に秩序と結ばれており、すでに「平等-不平等というペア」[17]によって構成されているように見える自由である。

この近代という時代をたどっているトライアスリートとジャーナリストは、スポーツにおける成功は何よりもまず、作業に負っているという幻想を作り上げる者たちの最たる人々であり、この作業は、平等をもたらすもので、あらゆる不平等に打ち勝つことができるとされている。私の手元には、『トリアトレート』誌の二〇一七年五月号がある。この号に示されているトレーニングの諸計画では、各週において費やされるトレーニング時間数が、期待されるパフォーマンスと直接的に相関している。「ニースのアイアンマンレースで、単に「フィニッシャー」になるには、週に八時間から一三時間トレーニングを行い、一一、一二時間以内でゴールするには一二時間から一五時間トレーニングをしてください」[18]。あたかも、トレーニングに費やされた時間数が、到達することのできるレベルを保証するものであるかのようである。だが、ここにこそ幻想がある。ヴァンサン・ルイス[19]やカサンドル・ボーグラン[20]は、すさまじいトレーニングを集中して行うことがなければ、現在の彼らの素晴らしいレベルにいることはないだろうし、同様に、単に彼らのトレーニング計画に従うことで、彼らのようになれるわけでもないということにいかなる疑いもない。何だか分からない何ものか――才能だろうか、天分だろうか――によって、自然的・生来的なかたちで、凡人とヴァンサン・ルイスやカサンドル・ボーグランとが直ちに分かたれるのであり、同量の（また、そのような作業負荷に持ちこたえられるのであればそれ以上に）トレーニングをすることは十分可能だろうが、決して彼らのパフォーマンスのレベルには到達することはないのである。

チャンピオンである彼・彼女は生まれが良かったがために、出生時に恵まれていなかった者は彼らを称えなければならない。チャンピオンたちに追いつくためにできる限り作業することを彼らに強いる「スポーツ界の厳しい法則」の名のもとに。「クーベルタンにとって、スポーツとは、社会的平等の公式な代弁者となることで、民衆階級に社会的不平等を支持させる理想的な手段なのである」[*21]と、ジャン＝マリ・ブロームは正しく看取していた。彼は、社会的平等に基づくということを理由に、ヒエラルキーを正当なものとして差し出して、これを正当化しようとする傾向があるのだ。「オリンピズムの第二の特徴は、貴族主義であること、エリートであることである。だが、この貴族主義はもちろん完全な平等主義を起源とするものである。なぜなら、それは、トレーニングの意志によってある程度にまで高められた個人の身体的優越性と彼の筋肉組織の可能性によってしか規定されないからだ」[*22]と、一九三六年のベルリン・オリンピックの少し前のドイツのラジオ放送で、クーベルタンは解説していた。

ピエール・ド・クーベルタンの議論の進め方はすべて、業績の概念が両価的であることに基づいている。イヴ・ミショーの議論を追うことで、この概念の二つの大きな側面を区別することができる。[*23]業績とは、成功に関するその者の道義的責任とは無関係に、個人の成功を指し示しうるものである。まったく同様に、それは、成功とは無関係に、注がれた個人の労力を指し示しうるものでもある。初めの意味においては、選手は、彼がそのために作業したか否かにかかわらず、相手に勝てばその勝利に値するとされる（応報的業績であり、英語では、「〜に値する *to merit*」と表される傾向がある）。この原則は、すでにアリストテレスがはっきりと述べていた、諸個人の才能に対する「配分的公正」の原則と通じるものである。[*24] この意味では、たとえ勝者がその勝利を得るために労力をほとんど費やしていないか、全く費やしていなかったとしても、「ベストな者が勝つ」という名高い格言に沿うものであれば、業績があることになる。二番目の意味においては、勤勉な選手は、たとえ敗れたとしても、大会の最中やトレーニングの際に真剣に取り組んだのであれば、勝利に値するだろうとされるのである（道徳的業績であり、英語では「〜する価値がある *to deserve*」と表される）。やはりアリストテレスに倣うのであれば、業績のこの側面は、個人間の一種の「矯正的公正」[*25]として導入されるもので、この場合は、行為者が行った行為に関して、彼が注いだ労力に対し関心が示されるのである。このようなスポーツ選手は、大会中の対戦相手が獰猛であることによるものであれ、トレーニング中の怪我によるものであれ、あるいはそのスポーツにおいてどうしようもないほど弱いことによるものであれ、逆境に遭遇する。もし、彼がそのままにしておかず、逆に注ぐ労力を倍加することを決意するのであれば、彼が一貫して労力をつぎ込んでいるという見地からして、おそらく彼は勝利する価値があるのだ。一九六〇年代のフランスで、ツール・ド・フランスの有名な「万年二位」であるレイモン・プリドールは、「努力という業績」の完璧な事例として現れていた。一方で、彼の競争相手たちとして、まずジャック・アンクティル、そしてエディ・メルクスが挙がるが、彼らは、「才能という業績」を、独占的な優勢さをもって体現していたのである。

イザベル・クヴァルは、完成《ペルフェクシオン》という概念が持つ両価性の上にスポーツが成立しているのはどのような点においてなのかを見事に示した。[*26] この両価性は、業績を特徴づける両価性とつながりあうものである。完成ということを、あらゆる超越を禁ずる完結した概念という古代のパラダイムに従って考えるのであれば、たとえ十分には行えていないことを認めるにしても、自分のすべてを与えた者に対してそれ以上を要求することはできないので、業績は何よりもまず、固有の力量《コンペタンス》に依拠するように思われる。反対に、完成ということが無限で無確定の改善可能性を指す、近代の枠組みにおいては――そうした改善能力の出現は、少なくともルソーまでさかのぼるのだが（「自己完成能力《ペルフェクティビリテ》」の概念を参照のこと[*27]）――業績とはまず、注いだ労力に報いるものである。なぜなら、よりうまく行うことが常に可能であり、限界は常に一時的なもので、いつもそれを押しのけることができるからである。ジョルジュ・ヴィガレロは、近代スポーツは「可能な改善」についての甘美な夢を具象化するのであり、それは「模範を設置し、身体についての一つのビジョンを約束する。この身体は、数字で検定され、技巧によって承認を受け、トレーニングによってその価値を高められるのである[*28]」と指摘している。つまり業績とは、この生理学的潜在性の政治的帰結なのだ。

非常に一般的な意味において、今日「業績主義」と呼ばれているものは、応報的業績を道徳的業績に、固有の力量を改善可能性に対応させようとする――そしてまた、その逆を行おうとするのである。実際、業績主義は、自分のヒエラルキーは注がれる労力に従って指標付けが行われており、最も作業した者によく報いるようにしていると主張する。競技の順位（応報的業績）によって獲得される位階は、個人によって注がれた労力の結果（道徳的業績）として存在しているということだろう。固有の力量と労苦が、一つの結び目に絡み合っている。成功した者は当然のように大変よく作業した者ととらえられ、一方で、失敗した者は十分努力しなかった者と判断されるのである。これこそが、ヤン・フロデノやダニエラ・リフと、[29]私、すなわちラファエル・ヴェルシェールとの重要な違いである。チャンピオンたちは、自分たちの成功は競争相手よりも多くの作業をこなしたことによるものであると演出するチャンスを逃さない。「私は大きく力を伸ばしました。これはトレーナーが私に課した作業のおかげです」。リッチー・ポート〔オーストラリアの自転車ロードレースの選手（一九八五－）〕は、二〇一三年のパリ－ニース〔フランスで毎年行われる自転車ロードレース。文字通りパリとニース間を複数のステージに分けて走る〕のレースで優勝した翌日にこのように述べていた。[30]スポーツとそのチャンピオンは、成功は作業という業績のみに負っていると示そうとする。だが、そこにこそ錯覚があるのかもしれないのであり、それを除かねばならない。

トライアスロンが実際には貴族主義《アリストクラシー》であること

結局のところ、道徳的業績と応報的業績は、実際にはまれにしか相関しないということは容易に想像できる。ある程度までしか、自分の身体、性格、社会階級――レイモン・トマがすでに指摘していた通りの、スポーツにおける成功が基づいている成分[31]――を選ぶことはできない。一六七六年二月七日付のオルデンブルグへの有名な手紙において、スピノザは全く正当にも「健康な身体を持つことについても、健康な魂を持つことと同じくわれわれの力が及ぶことはなく、何者もそれを否定することはできないのです[*32]」と記していた。

だが、これこそが、どのようなレベルのものであろうと、スポーツがしばしば忘れていると見えるものである。友人に勝利する日曜トライアスリートから、競争相手に対して勝利をおさめるオリンピックのチャンピオンに至るまで、自分の成功の原因を、一万時間というあの法則——神話だろうか？——が強調するものに従って注いだ労力のみに求めることには、不当な簒奪のようなものがある。名演奏家たちについてのある有名な研究において、心理学者のエリクソンは、調査を受けた被験者の各人が練習に費やした時間数は、統計的には一万時間であるということを明らかにした[*33]。一万時間とは、一〇年間毎週たゆみなく約二〇時間練習するのに相当する。エリクソンには、こと音楽に関して優秀さに到達するために払うべき対価は、このようなものと思われた。さらに、彼によれば、生まれつき確定的なのはただ身長などの身体的特徴のみなので、「一万時間の法則」は一般化すらしうるものなのである。専門能力の分野全体について、それゆえにトライアスロンも含まれるのであるが、各人は、この一万時間もの間、作業に打ち込むことを認められさえすれば、優秀の域に到達することができるのである。こうして、アメリカのエッセイストのマルコム・グラッドウェルは、ベストセラーとなった著書『アウトライアーズ』〔邦訳『天才！　成功する人々の法則』講談社〕において、このエリクソンの研究を取り上げ、この法則を一般化してすべての成功のためのものとする。すなわち、ビル・ゲイツ、ビートルズ、モーツァルト、そして偉大なスポーツ選手たちの共通点として、彼らはがむしゃらに作業したということがまず挙げられるのであり、彼らの成功は決して生来持つものに起因するのではないとするのだ。

だが、エリクソンもグラッドウェルも間違いなく結論を急ぎすぎている。作業が成功の必要条件であることに間違いない。だが、それは十分条件ではないのである。スポーツの事実を注意深く検証する者に示されるのは、スポーツの作業における抵抗であり、それが、あらゆる困難の乗り越えを妨げているということである。競技場において甘美な業績主義のみを見ようとする言説があるにもかかわらず、スポーツにおける貴族主義は存続しているのである。

貴族主義の恣意性は、——少なくとも——三つの異なるタイプに区別することができる。[*34] まず、生理学面での恣意性がある。望むからチャンピオンになるのではなく、可能だからチャンピオンになるのである。ある種の生理学的特権は、目で見て分かる。他のものはすべて等しいとして、以下のことは明白であるように思われる。

・より大きな選手の方が、一番小さい者よりも、バスケットボールをするにはおそらく適している。
・体重が軽い選手の方が、一番体重の重い者よりも、自転車でヒルクライムをするにはおそらく適している。
・筋肉がついている選手の方が、一番貧相な者よりも、スプリントはおそらく速い。

だが、生理学的特権の大部分は、残念ながら見て分かるものではなく、このことによって、それらが存在しないものと錯覚されている。最近の調査では、トライアスロンのような持久スポーツにおいて、選手たちのヒエラルキーは、VO_2maxとも呼ばれる彼らの最大酸素摂取能力と密接にかかわっていることが示されている。[*35] マラソンでのパフォーマンスは、かなりの精度で、実験室で確定されるこの生理学的パラメーターのみで予測することができるのである。[*36] ところで、経験的には、VO_2max〔身体が摂取することのできる最大酸素量〕の値は、一卵性双生児においては相似的だが、二卵性双生児においてははるかにばらつくようになり、兄弟二人の間ではいかなる相関も存在しなくなるように見える。これは、持久スポーツにおける個人のキャリアは、大部分が生まれた時に——あるいは生まれる前から——すでに開始されているということを示唆するものなのだろう。ウィルモアとコスティルが次のようにまとめている通りに。「遺伝的要因は、酸素を取り込む潜在能力の主要な決定因であり、それはVO_2maxの変動量の五〇％に影響を与えるものとみられる。〔……〕おそらく遺伝的要因はVO_2maxの発達区域を固定するのであり、トレーニングによってこの区域の上極限に到達することができる」[*37]。こうした理由で、「チャンピオンになりたいと思う人は、両親を選ぶ際に大きな注意を払うべきである」[*38]という、持久スポーツの偉大な生理学者の一人であるペル＝オロフ・オストランドの皮肉めいたアドバイスが出てくるのである。これらの著者たちによれば、一般的にVO_2maxは二〇％ぐらいしか改善できない。通常三五ml/kg/min〔一分間あたり（/min）に、体重一キログラムあたり（/kg）で、酸素を最大何ミリリットル（ml）取りこむことができるかの単位〕から四五ml/kg/minの間でVO_2maxを授けられていると理解されている標準的な人は、一万時間トレーニングするとしても、ツール・ド・フランスの最も偉大なチャンピオンたち（例えば、グレッグ・レモン〔アメリカの自転車ロードレースの選手（一九六一－）。一九八〇年代の世界選手権やツール・ド・フランスでの活躍が知られる〕では、九二ml/kg/min）と並ぶことは不可能なのである。こうした事情は現在ではよく知られており、『スポーツの遺伝子』〔邦訳『スポーツ遺伝子は勝者を決めるか？――アスリートの科学』早川書房〕という本の著者であるデイヴィッド・エプスタインにより完璧にまとめられて世に広められている。[*39]

次に来るのは、心理面での恣意性である。遺伝学はただ、ある人物は可能態においてチャンピオンであるが、まだ現実態においてそうではないということを強調するだけである〔「可能態／現実態」はアリストテレスの哲学における生成を表す概念。「デュナミス／エネルゲイア」とも呼ばれる〕。もちろん、自然によって優遇されている個人は、一方で自分のポテンシャルを現実化させようと努力をしなければならない。だが、そこにも、この現実化の能力に関する個人間の不平等があることが見て取れる。ジョン・ロールズが指摘していたように、「われわれは、出生時に天賦の才能が配分された際の自分たちの場所について功績があるのではなく、これは、社会における最初の出発点についての功績がないということと同様である。ある優れた性格によって、天賦の才能を伸ばすために労力を注げるようになったことは功績になるのだろうか。こうしたこともまた問題である。なぜなら、そのような性格は大部分が、自分で能動的に身を置くことのできない幼少期の幸福な家庭の場や、社会環境によって決まるものだからである。功績という観念はここには当てはまらない」[*40]のであり、これは、依存の問題に関連して先に強調しえた通りである。確かに、チャンピオンは、初めは何事かが可能な者であるが、何事かを欲する者でもあるのだ。さて、スポーツをする者の意志の様態について考えておいた方が良い。日がな一日、膨大な時間を費やして苦しみながらトレーニングをすることのできるチャンピオンは、このライフスタイルを選んでいるのだろうか、それともそれを耐え忍んでいるのだろうか。われわれはここで、意志に関して、また、それが嗜癖の主題系との間で持つ関係について前に述べたことへと立ち戻るのだが、「何から何まで *in extenso*」ここで再度取り上げるのは無益なことだろう。トレーニングではなく、むしろ（例えば大会の休止や怪我、肥満などの理由により）トレーニングを断絶せざるを得ない時がつらいと告げる選手の体験談を読解すると、チャンピオンたちが（いずれにせよ、そのうちのある者が）トレーニングに出かけるために紛れもなく心理的に努力を払っているということが疑わしくなるということだけ心にとめておこう。逆に、チャンピオンはしばしばスポーツをすることへの嗜癖（ビゴレクシー）を育んでおり、そのために、不活動が彼には耐えがたいものとなって、身体活動が気持ちを解放させるものとなるのだと、あらゆる点からそう思わざるを得ないのである。[*41] 日曜のジョギングをするのに無理をしなければならないが、自分の家にいる分にはいかなる努力も必要ない標準的な人とは反対に、チャンピオンは不動の状態でいるためには無理をしなくてはならないが、トレーニングに行くのにいかなる動機も必要ないのである。

生理学的条件（通常生きている者が持つ規格からはポジティブなかたちで外れるような何かという意味での身体的怪物性）と心理的条件（嗜癖のある意志）がそろえば、スポーツ選手に残されているのは、自分の潜在能力を開花させるのに好都合な社会的領域と巡り合うことである。セバスチエン・フルーリエル[*42]やマニュエル・ショッテ[*43]のような社会学者たちは、ブルデューの「天賦の才能というイデオロギー」の批判に依拠しつつ、スポーツにおける成功は、天性の才を持って生まれたことと、次いで自分の能力を伸ばすために身体と魂を働かせたことにのみ起因するという考えを否定している。逆に、スポーツにおけるパフォーマンスは、筋肉だけに関係するとは言えないあるプロセスから生じているということを統計は示しており、それはまず社会的なものなのである。フルーリエルによると、例えば女性のフェンシング選手が、優秀さの域に到達するための第一の特質は、明らかに統合の進んだ社会環境の出身者であることなのだ。陸上競技の持久種目において、マグレブ出身者が多く登場していることについて言えば、ショッテにとって、それらは何よりも社会学的理由によって説明がつくものであり、不確かな「人種」が固有に持っている不確かな「天賦の才能」によって説明されるものではないのである。すなわち、それを説明するのは、労力を注ぐことや苦痛への関わり方が異なることや、「マクトゥーブ」〔アラビア語で「書かれた」を意味する。「定められた」、「確定した」という意味合いも持つ。「民間信仰においては、運命やあらかじめ定められた何かを指す」(J・L・エスポズィト編『オックスフォードイスラームの辞典』朝倉書店、二〇二〇年、二八五頁)〕の観念に基づく世界観なのであり、この考えは、ルター的観念における予定説〔個人が救済を受けられるか否かは、神によってあらかじめ決定されているというキリスト教の教説〕のそれと結び合うもので、マックス・ウェーバーがすでに示して見せた通り、労働の倫理的価値との親和関係を持つものなのである。*44

結局のところ、業績主義の外装はあまりに小さすぎて、スポーツはそれをまとうことができていないように見える。こうして、スポーツによって「民主主義社会の矛盾、つまり、原理としての平等と事実としての不平等との対立をより深く考えることができるのである」*45と、ジョルジュ・ヴィガレロは記している。もちろん、言葉と事物とを注意深く区別するという条件で。さて、そうであるならば、このような不平等なシステムの帰結とはどのようなものなのだろうか。このシステムは、それとは裏腹に、喜んで自分は平等だと信じ込みまた信じさせているというのに。アンヌ・バルレールが学業における成功について行った社会学的研究[*46]に従うことで、作業と成功とを関連付ける四つの「理念型」〔マックス・ウェーバーが使用したことで知られる、社会科学の方法における概念であり、「特徴的で特異な諸特性から構成された抽象モデルをさす」（ジル・フィレオル『社会学の基本用語』白水社、一九九七年、一三六頁）〕を抽出することができるだろう。すなわち以下の通りである。

・がり勉タイプ。作業をして、そして成功する。
・不真面目タイプ。作業をせず、成功もしない。
・旅行客タイプ。作業をしないが、成功する。
・囚人タイプ。作業をするが、成功しない。

がり勉タイプと不真面目タイプの二者のみが、努力と成功とを密接な関係に置くことができる。見かけ上、彼らの成功は、努力の面で彼らが行った投資と直接に比例している。それに対して、旅行客タイプと囚人タイプは、業績主義のモデルを破綻させる者である。自分の才能に無理をさせることなく成功する旅行客タイプのチャンピオンは、自分の成功を作業という装いで歪ませることを好むので、他者の目にそのようなものとして映ることはめったにない。囚人タイプの敗者はと言えば、彼らには汗を流し続けるより他の解決策がない――そうでなければ、成功に向かうもっと薄暗い別のルート、不正行為を認可するルートを取ることにしか解決策はないのである。

不正行為とは抵抗の行為かもしれないということ

「チャンピオンになるか、違反者として終わるか」[47]。マルコ・パンターニ〔イタリアの自転車ロードレースの選手（一九七〇－二〇〇四）。一九九八年のツール・ド・フランスで総合優勝〕ならそう言ったことだろう。スポーツ制度が不可侵とみなしているルールを迂回する誘惑は、その制度全体を貫く緊張や矛盾と同じくらいに大きなものである。チャンピオンか違反者か。生まれの良さという恩恵を受けられなかったが、それでも、ただ作業によってのみチャンピオンになることができるのだとするこのシステムの約束に忠実に従いながら、そうなることを目指す者にとっては、先に進むために法に背くか、もしくは、頂上から見下している者と同じくらい、もしくはそれ以上に作業をしながらも、ヒエラルキーの下位で押しつぶされたままでいることを決意するかしか選択肢はない。チャンピオンと違反者とを分ける境目は、しばしば大変薄く、選手たちのある者が開発する戦略の多くが、単なる生理的作業とは別のものによってスポーツにおける貴族主義を破壊することを狙いとしており、それらは、しょっちゅう禁止事項と戯れあっているのである。トレーニングのテクニック、テクノロジーを使用した発明物、身体のテクニック、反則行為によって競技をすること、さらにはドーピング。これらは、アスリートにとって可能だと思わせられているものと、実際に彼にとって可能なものとの差を埋めることのできる手段で取りうるもののほとんどすべてである。スポーツにおける法制は、認可されるものと禁止されるものとを分割し、フーコーの概念を借りるのならば、「非行性の産出」[*48]に逢着することになる。その役割は、選手たちの行動のあるものを周縁化することにより、「囚人」というモデルに従って主観性を規格化することである。個人は、権力装置によって押しつぶされ、ヒエラルキーの前に平伏し、そして作業しなければならないのである。

フーコーは、権力についての彼の分析学において、権力を、抵抗の結節点であるその具体的表出から分析することを提案していた。「出発点として、様々な種類の権力に対する抵抗の形態を考えてみること、[……]権力の諸関係を明るみに出し、それらが刻印されている場所を眺め、それらが適用される地点と使用する方法とを発見できるようにするための化学的触媒として、この抵抗を使用すること」[*49]が重要なのである。この権力の諸関係は、スポーツにおいては、どのような形態のもとに現れるのだろうか。一般的には、「抵抗者」にとっての抵抗とは、彼に望まれているのとは別の仕方で行動するということ、違ったやり方で振る舞うということである。権力は規範という形態を取り、抵抗はこの規範に背こうとする。あらゆる違反の先回りをして事前にというかたちであれ、あるいは事後的にというかたちであれ、大体の場合において法律やルールがほどなく出現し、規範化する権力を危機に陥れるものを禁止する。近代スポーツの誕生以来、スポーツ制度によって、法の埒外に置かれるものの大部分は、フーコー的な意味において理解されるこの抵抗というプリズムを通して見ることで解釈することができる。スポーツ界に最も広まった抵抗形態は、語の非常に一般的な意味において「違反行為」という名が与えられている。

ある時は認められ、またある時は非難されるこれらのテクニックで一番目に来るものとして、異なるトレーニング法がある。その究極目的は、作業を量的に増やす（もっとトレーニングをする）だけでなく、それを質的に改善する（よりうまくトレーニングする）ことで、身体への作業の効力を高めることにある。「私の隣人は、週に一〇時間トレーニングをしているのか。自分の知っている古典的図式に従えば、彼に勝とうとするなら一五時間トレーニングすることが必要だ。だが、時間当たりのトレーニングの生産性を増すことは可能だろうか。もしトレーニングがもっと効果的であるならば、同じトレーニング量で彼に勝つことができるだろう」、というわけである。

しかしながら、すべてのトレーニング法が、制度側から同じ反応を招くわけではない。世界アンチ・ドーピング規定では、禁止された成分と禁止された方法とがよく示されている。禁止された方法とは、外部からの製品の摂取を含まない化学・物理的操作を特に指すものだが、この中には、インターバルトレーニングは出てこないし、科学を駆使した合理的トラッキングも普通に出てこない。後者については、しばらくの間、その反自然的側面を批判し、それを違反行為の一形態と同一視する自然主義的立場の人々のためらいがあったものの、今日ではそれは完全に受け入れられている。また、この方法は、後に見るように、トライアスリートの「エートス *ethos*」のエッセンスそのものでもある。しかし、ある人々は、他のテクニックについて疑問を感じている。低圧・低酸素室、高度調整室は、人工的に高地の条件を作り出すことができ、さらには、（高度四〇〇〇メートルをシミュレートするなど）自然界には見られない、あるいは維持しえない条件までも作り出すことができる。これらは、身体が最終的に、赤血球やヘマトクリット値に関する決定的な適合状況を自分自身で作り出せるように、また、ＥＰＯ療法[*50]

を施した場合と同程度にVO_2maxを高められるようにするものである——だが、こうしたことは、「厳密には *stricto sensu*」規則では禁止されていないのだ。

これらのテクニックのステータスは、スポーツの当局者にとっても観察者にとっても同様に曖昧なままである。ジャン＝ピーエル・ド・モンドナール博士が以下のように記していたとおりに。「これらのテクニックは、身体を酸素欠乏状態に置き、装置内で「ホームトレーナー」を使用してトレーニングをすることで、効果的に赤血球を生産するよう刺激するものであるが、四〇〇〇メートル付近まで「高度を上げる分」、よりいっそうの刺激が行われる。ここでもドーピングについて語ることができるだろうか。この問題は未解決のままである」[*51]。ポール・ヨネにとっては、このようなことを行うこととドーピングとの間には本性上の違いはない。なぜなら、「自分のヘマトクリット値が上昇するように、高地での生活条件を再現する低圧区画で数週間生活するということは、ＥＰＯを注射することと根本的には違わない（人は高地で生活するようにできていないので、これは必ずしも、害が少ないということを意味するものでもない）。この準備のテクニックは、まさしく合法的ドーピング（または、同じことだが、禁止されていないドーピング）に属するものである」[*52]。陰圧テント〔内部の気圧を外気に対して低くすることができるテント。感染症対策のため医療現場で用いられるものがある〕は、世界アンチ・ドーピング規定では認可されてはいても、イタリアの場合のように、地域の法制度においては禁止されかねないものだった。これにより、フランク・シュレクは嫌疑を受けるに相当する者となったのであり、『レキップ』誌によれば、おそらく彼はそれを使用したのである[*53]〔フランク・シュレクは、ルクセンブルグの自転車ロードレースの選手（一九八〇－）。二〇〇八年にイタリアで開催された世界選手権自転車競技大会ロードレースにおいて、彼が所属するチームが、陰圧テントの使用の疑いで、イタリアの反ドーピング当局により捜索を受けた出来事を指す」。

スポーツ選手が使用する装備の技術改良は、身体の不平等を補い、生まれが良かった者と同一の平面上でプレイをするためのもう一つの手段である。自転車競技は、技術に任されている部分が大変大きなスポーツであるが、以下のように、技術改良が決定的となった多くの事例を提供してくれる。

・まずディレーラーの発明により、コース中の困難に適したギア比を選んで、身体組織をいたわれるようになった。
・トゥークリップ、次いでビンディングペダルの発明により、走者はペダルを持ち上げるフェーズにあっても、有用なパワーを加えることができるようになった。
・フレームの軽量化によって、より簡単に斜面を登れるようになった。
・機構面でより多くの恩恵をもたらすような品質を持つ機材類の使用によって、機械的エネルギーをより高い割合で伝達することができるようになる。
・まさにトライアスロンからもたらされたタイムトライアル・ハンドルによって、空気力学面の改善が加えられる。
・ディスクホイールや特殊な形状のヘルメットによっても、同様の改善が得られる。

このように自転車競技は、技術・テクノロジーを使用した発明物と共謀するものなのだ。パスカル・デュモンは、大変正当にも次のように指摘している。「自転車競技の歴史は、小さな発明物が大きな勝利をなし遂げたという話であふれている。一八八五年のボルドーでの一〇〇キロメートルレースにおけるジュザン（一八七九年に発明されたチェーン伝導機構の最初の使用者）〔ジョルジュ・ジュザン（一八四九－一九一二）。フランスの発明家。自転車に改良を加えると同時に、自身でレースにも出場した〕から、一九三二年のシルキュイ・ド・ルウェスト〔一九三一年から一九五九年までの間、フランス西部で行われていた自転車ロードレース〕でのスペシェ（一九二〇年に発明されたワイヤー駆動のディレーラーの最初の使用者。一九三〇年までこの仕組みは禁止された）〔ジョルジュ・スペシェ（一九〇七－一九七八）。フランスの自転車選手。一九三三年にツール・ド・フランスで総合優勝〕を経由して、一九八九年のツール・ド・フランスでのレモン（腕支えを装備したハンドルの最初の使用者）に至るまで、もはやチャンピオンのエネルギーを称えるべきなのか、そのメカニックの手腕を称えるべきなのか分からないほどである」[*54]。最先端の機材にトライアスリートが費やした何千ユーロもの金は、アスリートとしての天賦の才能の配分に際し十分に気前が良くなかった自然に対する献金か買戻し金のようなものとみなされている。つまり、「ここに何百ユーロかがある。そして、特殊形状のヘルメットがあれば、これを必要とせずとも私を引き離してしまうような他の者と同じくらい速く走れるようになるかもしれない。彼がそうできるのは、不当にも私よりも多く、生理学上の天賦の才能を与えられているせいなのだ」、というわけである。

テクノロジーを使用した発明物が不正と取られるかそうでないかは、しばしば、ほんのわずかのことで決まる。二〇世紀の初頭に発明されたリカンベント自転車〔自転車の一種類。通常の自転車のようにサドルをまたぎ、垂直にペダルを踏みこむのではなく、深く背をもたれかけるようにして座り、前向きにペダルをこぐ。その結果、通常の自転車と比べ、前面投影面積が小さくなる〕は、伝統的な自転車に対し、機械的・生体力学的・空気力学的に上回るアドバンテージを持つものだった——もっとも、ここで言う伝統的自転車はまだディレーラーを装備していなかったが。リカンベント自転車は、ジャーナリストのポール・ルーが報じている通り、「一九〇六年もしくは一九〇七年ごろのパリ－ルーヴィエ間レース」で良い成績をおさめた後、姿を消していたが、一九三〇年代になって、天才発明家のシャルル・モシェは、彼の幼い息子でも楽にペダルをこげるようにと、新しいタイプのリカンベント自転車を思いついたのだった。思いがけない結果であった。この乗り物は、明らかに他の自転車よりも速いことが判明し、時によっては、レースのペースメーカーとして使用されるまでになった。この「ヴェロカー」は、まだ四つの車輪を備えており、流線型の自転車ではあるものの、スピードを出した際に不安定であった。一九三〇年に、モシェはそこから二本の車輪を取り除いた。その恩恵はすぐに知られるところとなった。一九三二年、「重さ二〇キログラムの、非常に無骨な作りのこの器具によって、ある平凡なサイクリストが、ロンシャンでのロードレースを四分五五秒で完走し、スペシャリストたちのベストパフォーマンスに並んだ[*55]」のである。シャルル・モシェは、サイクリストのフランシス・フォールに、このマシンで走ることを提案し、その結果は決定的なものだった。すなわち、彼は一九三三年に、二〇年の長きにわたりオスカー・エッグが保持していたアワーレコードの記録を塗り替え、二キロメートル近く向上させて、四五・〇五三キロメートルまで伸ばしたのである。標準的な走者であったフランシス・フォールは、水平にペダルをこぐこの自転車により、最も羨まれる世界記録、ペーサーなし〔サイクリストの前方に、風よけのためのオートバイの伴走を付けるのではないタイプのレースを指す〕のアワーレコードの世界記録の保持者となったのである。こうして、新しい自転車により、普通の走者でも偉大なチャンピオンになれることが証明されたのであった」[*56]と、『マッチ・ラントラン』誌は報じていた。

一種の法の隙間を利用したこともあって、記録は公認を受けた。だが、UCI〔国際自転車競技連合。一九〇〇年にパリで設立される〕はリカンベント自転車の事例を検討するのに手をこまねいていなかった。この組織は、かなり平凡で標準的な他の走者が、偉大なチャンピオンとなり、スポーツの倫理とされていることを危機に陥れるままにさせておくことはまだできなかった。一九三三年八月一一日、UCI会議の投票結果によって、一九三四年二月一日より、専門家の意見を受けて記録の公認を保留とするか、もしくは特別カテゴリーにそれを分類することが僅差で決定された。さらに、「ヴェロカー」とあらゆるリカンベント自転車が、自転車を自称しうることを禁止する、より厳格な標準化基準を定義すると同時に、この組織は念を入れて、すべての「前進への抵抗を減少させる手段」[*57]を追放することで、空気力学を最適化するあらゆる将来の技術的発明への扉を閉じたのである。リカンベント自転車は、この法制により抑制を受けた後、一九七〇年代になってからようやく再出現し、UCIの枠の外に独自のスポーツ組織を作ったのだった。

グレッグ・レモンやグレアム・オブリーなどの例〔グレッグ・レモンが一九八九年にツール・ド・フランスの個人タイムトライアルにてエアロバーを使用したことや、「トライアスロンの心理学」で言及されているグレアム・オブリーが独特な形状の自転車を使用してレースに臨んでいたことを指す〕が示す通り、それでも、規則回避の試みは続いた。だがUCIの方も、装置一式を多少とも認めることで、スポーツ倫理についての自身の考えを保つよう気を払い、また努めている。ロードバイクには、最低重量制限があり（UCI競技規則条項一・三・〇一九で六・八キログラムと定められている——アマチュアレースや他のトライアスロンの地方大会でも規則は同じであるが、適用することは難しく、六キログラム以下の自転車と遭遇するのもまれではない。他の走者よりもあまりコンディションを整えられていない者は、より軽い機材で自分の身体的弱点の埋め合わせをしようと、規則の適用がゆるいことにつけ込んでいる)、それより下げることはできない。これは、公式には安全上の理由による――一八七〇年以来、安全性という論拠は、ホイールの大きさ制限を確定させるためにこれ見よがしに使用されていたのだった。[*58] 非公式には、選手たちが公平な武器を手にできるようにするため、また、より軽い自転車のみによって勝利することができないようにするためである。実際に、次のように記されている。「UCI規則は、機械より人間が優位であることを主張する。すべての関係者による規則の厳守は競技中のスポーツの公正性と安全性を促進する」。[*59] 安全性、だが同時に、そして何より公正性なのだ。勝者は、彼の機械によってではなく、自身の人間的性質によってのみ勝利できなくてはならないのである。

トレーニングのテクニックとテクノロジーを使用した発明物の間に、同じスポーツの内部でアスリートが発明した、テクニックを駆使した新たな動作がある。マルセル・モースが理解していた意味における「身体のテクニック」[*60] である限りにおいて、これらの動作は、トレーニングのテクニックと似通ってはいるが、新たな機材の使用がもたらすように、それらは、時に新たなスポーツ、新たな種目、もしくは新たなサブジャンルの誕生のきっかけとなりかねないものである。水泳では、潜水状態でのドルフィンキックはクロールよりもはるかに有効であり、スポーツに固有と思われるものではあるがダーウィンのロジックに従うのなら、それは自然と、あらゆる他のテクニックに次第に取って代わるはずのものであった。バタフライにおいては、デニス・パンクラトフが、一九九六年のアトランタ・オリンピックの際に見せたように、長い潜水で勝利をおさめていたことが知られていた。同様に、女性泳者のミスティ・ハイマンは、いわゆる「フィッシュ・キック」というテクニックを好んでいた。それは、先述のものよりもいっそう有効であるかもしれないもので[*61]、変わらず全面的に潜水した状態で行うのであるが、今度は、もはや垂直に体を波打たせるのではなく、水平に波打たせるのである。そして、クロールが、これら変異的で分派的な泳者たちを前に何とか抵抗できているのは、潜水が一五メートルに制限されることで、彼らが制度的に単に法の埒外に置かれているからなのだ[*62]——トライアスロンにおいてはこの限りではなく、アスリートは自分の望み通りに自由に泳ぐことができる（だが、進行方向の維持や呼吸という制約により、この可能性からは遠ざけられる）。規制により、水泳は大部分を水面上で行うよう強制され、そして、水面上で泳ぐというこの環境においてのみ、クロールが最も有効であると分かっているのである。こうして、「自由形」と呼ばれているものは、呼び名においてしかそうではなくなるのだ[*63]。なぜなら、一見したところ「より速く、より高く、より強く *Citius, Altius, Fortius*」というスポーツ選手の精神において全く正当なものと見えようとも、何らかのテクニック上の発明を使用することを、それは禁止するからである。

最後に、逆説的なことだが、この読解に従うとドーピングは、もう一つの抵抗のポイントとして現れうる。ドーピングをエリートのスポーツだけが関係する問題であり、大衆スポーツは影響を受けないと考えることは間違っているだろう。ドーピングは、ハイレベルのスポーツだけに関係するのではなく、栄光や金に目がくらんだり、国民や連盟、賛美者たちや取り巻きたち、さらに自分自身にそそのかされたり、策略に頼るように命ぜられたり、あるいは必要に迫られるなどしたチャンピオンのみが、競技の簡便化のため、より早く、より高く、より強く突き進むため、予定表のリズムを中断せずに維持し、常に自分自身と他者とをさらに乗り越えるという目標を保ち続けるためだけに行うものではないのである。すでに見た通り、各個人のパフォーマンス能力には作業によって乗り越えることのできない限界がある。誰が見ても明らかなほどに猛烈なあらゆる労力を注いで、ポテンシャルの上限に到達してしまうと、残るのは他の手段によってそれを押し上げる可能性である。この手段一式が、ドーピングと呼ばれるものを多かれ少なかれ包み込んでいる。

表彰台にあろうと下位の順位にあろうと、マイヨ・ジョーヌ〔自転車ロードレースのツール・ド・フランスにおいて、個人総合順位で一位の者に与えられる黄色のジャージのこと〕を着ていようと最下位《ランテルヌ・ルージュ》であろうと、オリンピック選手だろうと日曜スポーツ選手だろうと、他の選手に挑むのであろうとただ自分のみに挑むのであろうと、自分自身の限界に直面したスポーツ選手たちはそれに頼ろうとするかもしれないのだ。スポーツをする者として全くのアマチュアである遺伝学者のアクセル・カーン[*64]は、全面的に私的かつ個人的な範囲のものではあるが、ドーピングに頼ったことがあることを勇敢にも告白した。打ち勝つべきものも、戦いを挑み、乗り越えるべき相手もいなかったのだが、彼にとってそれは自分自身だったのだ。「誘惑は大変強い。偽善的であることが多い言説にとらわれまいとするのなら、実践のあらゆるレベルにその誘惑があることを誰もが認めるだろう。人生のある時期、私はすっかりおなじみになっていた一周二六キロメートルのコースを定期的に走っていた。四〇歳になった日に、私はベストタイムを出した。だが、自分の誕生日をインパクトのあるものにするため、何でもやって良いことにしようと、走る前にコルチコステロイドを摂取したことの方が何より記憶に残っている。私は、それを繰り返しもした。だが、どの場合においても、私がただ一人の競争相手だったのだ[*65]」。

　ドーピングによって、個人のパフォーマンス能力に関して平等を取り戻すことができる。業績主義が行った約束、これは、作業することによっては果たされない約束であるが、ドーピングによって実現される約束である。ドーピングは、表象におけるスポーツの業績主義と、事実におけるスポーツの貴族主義的側面との乖離を埋める手段なのである。マイケル・サンデルは、彼の画期的な論文において、まことに正当にも次のように指摘していた。「遺伝子的に改良を施されたアスリートが、ドーピングによって改良を施されたアスリートと全く同様に、改良を施されていない競争相手に対して、不公平なアドバンテージを持つことになるだろうという反対があるかもしれない。だが、改良を施すことに反対するために公平性を持ち出す論法には、致命的な欠陥がある。すなわち、他の者よりも遺伝子的に優れた才能を与えられるアスリートは常に存在したのであり、われわれは、このことが競争を行うスポーツの公平性を損なうとは考えていない。公平性の観点からすると、無害であり誰でも利用可能であることを前提とするならば、遺伝子的な改良による相違は、生来的な相違よりも悪いものであるということはない。スポーツにおける遺伝子的な改良が、道徳的に非難されるべきだとしても、それは、公平性とは別の理由によってなされるのでなければならない[*66]」。高いVO_2maxを持って生まれるという特権を得ることはなかったが、持久スポーツのヒエラルキーを登ってゆけることを望む者にとっては、ＥＰＯの摂取は、少なくともヘマトクリット値についてだけでも、ライバルたちと対等になるための手段なのである。このようにして行われるドーピング行為は矯正的であり、諸個人の出生の不平等を埋めて、各人のパフォーマンス能力を平坦にならす手段として立ち現れる。つまり、パトリック・ロールが強調しているように、「諸個人の身体的そして／または知的不平等の解消に貢献する要因」[67]なのである。

特権廃絶の試みとしてのドーピングである。だが、空想的な平等回復の試みなのかもしれない。ドーピング行為を前にして、われわれはやはり平等ではいられない。旧東ドイツでは、スポーツの高い合理化を行う組織が君臨しており、それは、ドーピングに頼ることも恐れなかった。スポーツ選手の新米たちは、ごく若いうちからトレーニングセンターに集められ、ホルモン療法とアナボリックステロイド療法を受けなければならず、時にはたった九歳のころからそれを受けていたのだった。これは、最も弱く、一番ひ弱な者でもチャンピオンになれるようにしようという、全く民主的な能力の飛躍向上を図ってなされたものなのだろうか。実際には、この最若年層へのドーピング行為により、身体を変化させる前に、このやり方で変化を引き起こすことができる者を探し出すことができなければならなかったのである。人々に材料を与えて、新たなドーピングのテクニックを試し、そして洗練すると同時に、ホルモン療法に最もよく耐える個人を選別し、化学添加物とホルモン添加物に対し最も受容力のある性質を検出できるようにすることが目的だったのだ。[68] かくして、スポーツにおける貴族主義的秩序は、ドーピングを行っても存続するのであり、それは、平等を再発見しようとする空しい手段としてしかありえないだろう。いずれにせよ、貴族主義は約束されたものであり、不可避であって、スポーツにおけるヒエラルキーの原因であって結果でもあるように見えるのである。

6
トライアスロンの社会学
SOCIOLOGIE DU TRIATHLON

自分の持久力を試すこと

トライアスロンが――これは一九七〇年代にアメリカで誕生したものだけなく、より古い一九世紀終わりごろに誕生したフランスのトライアスロンも含まれるかもしれないが――近現代になって誕生して以来、この競技は大会《コンペティシオン》=競争試合という観念と密接に結び付いている。このスポーツが本当に生まれたのは、一九七八年に行われたハワイでの最初の大会においてであり、したがって、アイアンマン・ディスタンスで行われた大会においてである。[*1] ジョン・コリンズが提案した、この風変わりな「男らしさの競争」[*2]は新たなヒーローやヒロインを作り出し、彼らはすぐにライバル同士になったのだった。今日、商業ベースの「アイアンマン」ブランドを掲げるものだけでも約四〇以上のレースが存在し、二〇〇〇人以上がそれぞれの大会に参加している。最初がたった一五人であったことと比べると、もはや程遠いものとなっている。一九七〇年代以来、大きさはどのようなものであれ、トライアスロンのメディアへの露出機会が増えていることが、おそらく何らかのかたちで関係しているのだろう。

アイアンマン・トライアスロンは、あるロジックをたどって「アドベンチャー」の競技から「大衆」の競技となったように見えるのであり、このロジックは社会学者ポール・ヨネが詳述するものを思い起こさせる。[*3] まず初めに「エクストリーム・アドベンチャー」があり、そこでは、絶えず新しいもの、いまだ前例がないものを発見し発明することが重要になる。登山において、あらゆる人間の形跡がまだない手つかずの空間や頂上を征服せんとしようとする場合などである。次にやって来るのは、「エクストリーム・スポーツ」であり、それはしばしば、新しく発見できるもののストックが尽きてしまった時にやって来る。つまり、そのスポーツをする者たちは、以前の跡地にやって来るのであるが、実践の方式を変えるのである——登山で、酸素も補助もなく登ったり、できる限り続けて頂上を渡り歩いたりするような場合である。そして、同時に「マス・エクストリーム」が立ち現れ、昨日までは危険とされ他の者を寄せつけなかった場所や、極端で常軌を逸していると判断されていた実践が、各人が行ったり取り組めたりするように修正を施され、それが多数の支持を得て認められるようになるのである。一九八〇年代に究極の持久競技の役を務めていたマラソンは、今日ではもはや、新参者にも手の届く通俗的なジョギングにすぎなくなっている。今や、本物の自己超越とは、よりいっそうのことを要求しており、このマラソンの前置きとして、ちょっとした水泳のセッションと、それに続けて楽しく自転車で一回りすることを要求しているのである。

だが、あえて予後診断を下しておこう。ポール・ヨネの見解によれば、こうしたことは、すぐに古臭くなってしまうだろう。ロング・ディスタンスのトライアスロンはすでに時代遅れになってはいないだろうか。アイアンマンレースは、依然、持久スポーツのヒエラルキーの頂点に君臨しているのだろうか。連盟によって、アイアンマン・ディスタンスのレースは、衣服のサイズを参照するかたちでXXLというコードが与えられている。だが、多くの者にとって、この二つのXはまだあまりに少なすぎる。私の所属するクラブであるＡＳＶＥＬトライアスロン[*4]では、アイアンマンレースに出場するのは月並みなことなっている。最終的に同僚たちの尊敬を集められるようになるには、天文学的な高低差を備えているランブランマンの大会に少なくとも出場する必要がある。だが、このアンブランでの大会のみが究極の競技であって、それを越えた、より「エクストリームな」ものは全くないのだろうか。それも疑わしく思われるかもしれない。ノルウェーで開催されるノースマン・エクストリーム・トライアスロン（一四℃のフィヨルドでの三・八キロメートルのスイム、累積標高差が三〇〇〇メートル以上あり、二五キロメートルの登り坂や傾斜一〇％以上の坂を備えたコースでの一八〇キロメートルのバイク、四二キロメートルのトレイルランを行い、高度約二〇〇〇メートルでゴールすることになっている）や、さらに、ロンドンとパリの間で行われるエンデューロマン（ロンドンからドーバーまでの一四〇キロメートルのラン、ドーバー海峡を横断する少なくとも三三キロメートルはあるスイム、パリまでの二九〇キロメートルのバイク）[*5]など、さらに多くのことが要求される大会が存在するのだ。これらすべての極端さのエスカレーションは昨日に始まったことではない。今日までに確認された最も長いトライアスロン大会は、一九九八年にメキシコで行われた、名高い「ダブル・デカ・トライアスロン」であるように思われる。これは、七六キロメートルのスイム、三六〇〇キロメートルのバイク、八四四キロメートルのランを行うというものだった[*6]。だが、日常的にアイアンマン・ディスタンスのレースを行うという、現在ではありふれたものとなったアスリートの試みも数に加えるべきだろうか。二〇一五年にルドビック・ショルニョンは、アイアンマンレースを四一回継続して行ったと主張し[*7]、これは、メキシコでの大会の距離の二倍以上になる――そして彼は、五〇日間で五〇の州において五〇のレースを行ったアメリカ人のジェームス・ローレンスに取って代わられることになった[*8]。いずれ分かることとなのだろうが、もちろんこのセットリストも、暫定的に確定しているにすぎない可能性がある。

それでも、最も人気の高いトライアスロンの大会は、もっと穏当な距離で行われている。最も短い距離（フォーマットS）は七五〇メートルのスイム、二〇キロメートルのバイク、五キロメートルのラン――さらに短い距離で行われる大会も存在する（フォーマットXSが存在し、フォーマットSのほぼ半分の距離で行われる）――で行われるものであり、年少者向けであるが、しばしば初心者や年配者にも開かれている。ただし、いつもというわけではない。大部分の参加者にとって、注がれる労力は、ロング・ディスタンスにおいて注がれるものとは、概して大きく異なっている。短い距離で行われるものについては、競争はしばしば一時間ほど続き、これは注がれる労力が無酸素性であり、筋肉を焼きつかせる乳酸を生み出すということを意味している。一方、長い距離で行われるものについては、注がれる労力は、ほぼ有酸素的なものに限られ、また別の筋肉の痛みを生じさせる。だが、今参加しているのは短い距離のレースでも、いつかはアイアンマン・ディスタンスのレースを完走できるようになるということが、アスリートの皆が密かに（あるいは表立って）望んでいることなのである。[*9]『トリアトレート』誌の二〇一九年九月号では、次のように指摘されている。「トライアスロンのロジックはこのように作られている。あるステージをこなせたらすぐに、上位のフォーマットで自分を試したくなるのであり、その誘惑は常に強い。このように、いつかアイアンマンレースのスタートラインに並ぶことを夢見なかった者はめったにいない。多くのランニング走者は、地方の五キロメートル程度のレースでデビューし、もっと後でマラソンに乗り出す。トライアスロンについても同じなのである」。[*10]

多くのトライアスリートは、ささやかな距離から始めて、続けてより長い距離に移行し、そうすることで、彼らに合ったやり方で、ヤン・フロデノ（二〇〇八年北京オリンピックで優勝）やアリスター・ブラウンリー（二〇一二年のロンドン・オリンピックと二〇一六年のリオ・オリンピックで優勝）などのオリンピックのチャンピオンたちのような偉大なスターが同じように進んでいった軌跡をたどるのである――オリンピック・ディスタンスは控えめな距離のレースであり、一五〇〇メートルのスイム、四〇キロメートルのバイク、一〇キロメートルのランよりなる。注がれる労力が異なるからといって、本性上の違いがあるわけではなく、ただフォーマットの違いの間で程度の違いがあるというだけである。このスポーツをするすべての男女にとって、明らかに他にもまして重要事となっているのは、自分の限界を見つけ出すことである。[*11] 各人とも、現在の持久力の限界に相当する距離でトライアスロンを実践している。初めてXSディスタンスのレースを完走した初心者にとっては、あたかも自分ができる限りの高みに登ったかのごとく、万事が過ぎてゆくのであり、おそらくその者が感じる喜びは、初めてのアイアンマンレースを完走した者が感じるそれと似ている――そしてアイアンマンレースを初めて完走した者の喜びは、おそらく何度目かの継続アイアンマンレースを完走した者の喜びに似たものであり、こうして「無限に *ad infinitum*」続いてゆく。あるいは、むしろ「嫌になるほど＝吐き気を催すほど *ad nauseam*」続くのである（なぜなら、この吐き気は、生理学的観点からするとしばしば大変現実的なものだからであって、私もその苦しさを身をもって知っている）。こうしたことは、各回ごとに、「私は自分がやれる最大限のことをすることができた」ということを意味する。トライアスリートが自己改善を行うにつれて、彼はさらに長い距離を試そうとする。[*12] トライアスリートは、スポーツを引退（なぜなら、プロであろうとアマチュアであろうとそれは起こりうることであるから）した後も、自分の過去の偉業について満足感に浸り続けることができるだろう。二〇年経ったとしても、二〇キログラム太ったとしても、彼はいつも他者の視線で、将来もずっと一人のアイアンマンであると想像することだろう――「残りの人生ずっと自慢しよう！」。ジョン・コリンズは、このように賛辞を送っていたのだった。

ライフスタイルとしてのトレーニング

このように超越を絶えず追い求めている姿を見ると、なぜトライアスロンが多くのトレーニングを要求するあげく、それがライフスタイルにまでなっているのかが容易に理解できる。個別に行われる場合の水泳、自転車競技、ランニングも含め、多くのトレーニングをしなくとも喜びを得ることができる他のスポーツとは逆に、トライアスロンにおいてはそれなしに喜びを感じることはほとんど不可能である。その理由は大変シンプルである。トライアスロンを行う意味の一つは、自己の超越に由来するのであり、この自己の超越は、重い犠牲、トレーニングという代償を払うことによってしか得られないものなので、労力を注ぐことと作業とが、必然的に中心的な場所におさまるからなのだ。一つではなく三つの種目を行うのはそれだけ時間と専心とが求められるのであるから、なおのことである。

多くのトレーニング計画が示している通り[*13]、トレーニングの間、トライアスリートは、実際の大会時のやり方を繰り返して三つのスポーツを行うことはめったにない。プロやエリートのトライアスリートが、それぞれのスポーツについて一日に二度か三度トレーニングをすることはよくあっても、トライアスリートのほとんどは、一度に一つの種目についてトレーニングする。時には全員が、プロであろうとそうでなかろうと、「別種目を続けて行い」、「トランジション」をするトレーニングに取り組む。これは、トライアスリートが、スイムからバイクへ、バイクからランへ移行する瞬間である――これについて最もありふれたトレーニングは、自転車競技からランニングへ、水泳からランニングへ移行するというものである。だが、十種競技選手のケビン・マイヤー[*14]が決して（あるいはほとんど全く）一つのトレーニングセッションで一〇の種目をすることがないのと同様に、一つの同じセッションの間に、実際に三つのスポーツを続けて行うアスリートはほとんどいない。結果的に、アスリートが三つのスポーツを組み合わせることができる唯一の機会は、大会が開催されている時となる。トライアスリートが、一年を通してハードに辛抱強くトレーニングをするのは、このわずかな時のためであり、この時、彼らは本当に、また実際に自分たちのスポーツをするのであり、正真正銘の現実的なトライアスリートになるのだ。トライアスロンは、大会の期間中のみ真に存在する稀有なスポーツなのである。逆説的なことだが、残りの時間は、トライアスリートはトライアスロンを行わない。彼は泳ぎ、自転車をこぎ、走りはするし、これは結局普段通りのことである――だがほとんど、大会が提示する条件がそこにある場合にのみ、彼はトライアスロンをするのである。

　こうしたことは、少なくとも二つのことを意味する。まず初めに、トライアスリートを惹きつけるものは、広い意味における競争試合、つまりロジェ・カイヨワの言う「アゴン *agôn*」[*15]〔ロジェ・カイヨワは、フランスの文芸評論家・社会学者（一九一三－一九七八）。彼によれば、遊びは「競争」、「偶然」、「模擬」、「眩暈」のいずれかの役割が優位を占めている。「アゴン」は「競争」が優位を占める遊びを指す」という意味における競争試合だということである。トライアスロンは、競争試合という観念なくしては全く意味を持たない。クラブに所属するアマチュアのトライアスリートの中には、語の本来の意味における競争試合に全く参加しない者も時にはいる。だが、彼らは自己改善のためにトレーニングには参加するのであり、これは別のやり方で競争を行うことである。アスリートは自己改善に努めるものである。確かに他の者を打ち負かすのではあるが、前回の大会よりもレベルアップしようともするのである。アスリートは、自己の成就と超越というロジックをたどって、絶えず改善を追及するのであり、このロジックをイザベル・クヴァルは完璧に描き出している。[*16]

二つ目は、このように競争試合を中心に据えると、自己改善しようと望むのであれば、トライアスリートは、ハードにトレーニングするより他なくなるということである。トライアスリートでいるということは、まずもって自分の時間の大部分を（特に、プロでないすべての者にとっては、当然ながら自分の自由時間を）トレーニングに充てることができるということをしばしば意味する。「トレーニングは、トライアスリートにとって最も重要な点であり、それは彼の毎日のリズム、毎週のリズム、そして彼の人生のリズムを刻むものなのである」[*17]と、ヴァルトレは彼の教則本に書いている。「スポーツ計画を立てる前は、僕の人生は穏やかな長い大河に似ていた。今や、僕は完全にトライアスロンの方に向き直っている」と、彼のフィクションの主人公は宣言する。「僕はトライアスロンを眠り、トライアスロンを食べる。僕はインターネットで記事を読むか、アイアンマンレースのビデオを見るのに自分の自由時間を使う」[*18]。プロは、しばしば週に三〇時間から三五時間近くトレーニングする計画を準備しており、一方でアマチュアは、少なくとも六時間から七時間、平均では一五時間トレーニングをしている。[19] アマチュアにとっては、この時間を食いつぶす道楽は、ヴァルトレの小説がよく示しているように、自分の社会・家庭内の生活を破壊しかねない。[20] 話の筋を明かしすぎないようするために、この作品の主人公は夫婦間のちょっとした問題を抱えているのであるとだけ言っておく。[21]

避けようのないトライアスリートの宿命とは、時間の使い方に関して分刻みの計画を立てること、覇権的に様々な関心を独占してしまうこと、トライアスロンの活動が規定する目標に生活を完全に従属させることであり、半ば宗教的な性格を帯びてしまうことである。ほとんど宗教に入信するのと同じように、完全に、十全に、全面的にトライアスロンに足を踏み入れるのである。そしてトレーニングの初めの時間の長さは皆、聖なる洗礼の秘跡が持つあらゆる雰囲気をたたえている。だが、トライアスロンはどのような宗教の名で呼ばれることになるのだろうか。

トライアスリートの清教徒的倫理

苦痛・苦しさ・痛みを中心に据えるこのスポーツに、かくも多くの時間・エネルギー・資金を信心深く費やすこれらの人々にとっての、トライアスロンの社会的意義を理解することが問題である。ヴァルトレは、彼のユーモラスな教則本において、心理学的側面からこの問いにやすやすと答えている。「トトライアスリートはマゾヒストなのだろうか？　トライアスリートが、苦痛を通じてこのスポーツを行うことに快楽を覚えているのは明らかだ。それは、苦しみながら（苦しんでいるとはいえ）オーガズムに達するからというのではなく、この苦痛の向こうに、続けたいと思わせるポジティブな感覚を覚えるからなのである。トレーニングや大会の際、きつい時にあって、彼は自分の限界をはっきりと理解し、少しずつそれを押しのけようとするのだ。彼は自分の世界に入ってゆき、それまで認識していなかったリソースを見つけ出すのである」[*22]。こうしたトライアスロンの苦痛に満ちた側面は、すでに見た通り、ブライデルによってよく研究されている。ロング・ディスタンスのトライアスリートにインタビューを行ったところ、「トレーニング中やアイアンマンレース、あるいは同程度の距離のトライアスロンの大会に参加している間に体感された苦痛は、官能的な快楽の源として理解されている」[*23]ように彼には見えたのであり、われわれは、先に行った分析に連れ戻されることになる。

だが、この実践の社会的意義とは何なのだろう。図式化するならば、トライアスロンは二つの異なるタイプのスポーツの合流点にあるということができる。第一に、明らかにトライアスロンは、ランニングのような持久スポーツから生じたものである。現在のトライアスロンの大衆化は、一九八〇年代のランニングのそれをはなはだ思い起こさせる[*24]。フランスでは、二〇一二年にフランス・トライアスロン連盟（ＦＦＴｒｉ）のメンバーの数は八％上昇し、大会への参加者は二〇％増えた[*25]。ポール・ヨネによれば、一九八〇年代の間にランニングがよく行われるようになったのは、そうすることが時代の雰囲気と一致するようになったからである[*26]。経済危機が西洋社会を直撃し、人々は、マラソンがそうさせるように、大変厳しい状況に文字通り耐えねばならなかったのである。一方で、ランニングのスポーツ的価値は、エグゼクティブたちや他のCSP+〔フランスにおいて、社会的・経済的地位が高く、購買力も大きいとされる職業や社会層を指す語〕の人々が、自分たちの企業で守るべき振る舞い方（常に前進する、疲労に打ち勝つなど）とも完全に一致しており、ジャン＝ミシェル・フォールによれば、こうしたことが、なぜこれらの社会階級において特にこのスポーツが人気だったのかを説明しているのである。「経済的な行動と宗教的行動における歴史上の典型を特徴付けるために、マックス・ウェーバーが使用していたまさにその意味において、苦行の実践というイメージが顕著なのだ。［……］恵まれた環境にあるマラソン走者と対談してみると、そう考えられていなくとも、一つの倫理がそこににじみ出ている。活動が目的そのものなのであり、それは、義務が果たされたという満足感以外の報酬を与えるものではない。［……］この道徳は、マックス・ウェーバーが見事に分析していた企業家たちの倫理を、まさに想起させるものである」[*27]。長距離走者は、何があろうと自分のレースで完走しようと望む。（低血糖の場合のような）「燃料」不足であっても彼は続けなければならないのだ――一九七〇年代、八〇年代の西洋社会がそうしたように。また、この西洋社会は変わらず、そうし続けているのかもしれないが、まさにそれと同じように[*28]。マラソン走者の目的は、彼のエネルギーをすべて乱暴に費やしてしまうことではなく、完走することができるように、それを賢く節約することである。マラソンは、ゴールに到達するにはもはや複雑なこととなっており、このことが、なぜ初心者が「フィニッシャー」の派閥に加わることを大変誇らしく思うのかを説明している。水に浸かり自転車で周遊をした後では、ゴールに到達することはよりハードになる。トライアスロンは、このロジックに従い、これを強化し、さらにはそれを置き換えているだけなのである。

今日、こうした分析はおそらくトライアスロンの場合にも当てはまる。トライアスロンは、同じように経済情勢の厳しい時期に登場している。カナダのケースについてマイケル・アトキンソンが示しえたように、それは同様に、社会における中流・上流階級によって実践されている。[*29] だが、トライアスロンには明らかに一つの特性がある。単に走ることだけが重要なのではない。三つの種目が組み合わされ、これを全く一つのスポーツとしているのである。トライアスリートに対して、彼は同時に泳者であり、サイクリストでもあり、走者でもあるなどと言ってはならない。彼はトライアスリートなのである。トライアスリートの全体は、三つのパートの総計以上のものなのだ。ステファヌ・カスキュアが、彼のトレーニング教則本で指摘している通り、トライアスリートはこの点を強調する。「「トライアスロン」と呼ばれるこのスポーツは、三つのスポーツではない。これは「持久レース」なのであり、三つの異なる種目があって実践することができる単一のスポーツなのである」[*30]。トライアスリートは単に、泳ぎ、自転車をこぎ、走ることができるだけではない。彼・彼女は三つのことを同時に——あるいはより正確に言えば、継続的に——行うのである。このことは、明らかに、この経験の持久《アンデュランス》＝耐久的側面を強めている。ロング・ディスタンスの大会において、三・八キロメートル泳ぎ、一八〇キロメートルを自転車で走った直後に、マラソンをするのは、ヴァルトレの小説の主人公が経験した通り、やはりいっそう苦しいことである。「マラソンの最初の半分を終えるのに、二時間五〇分かかった。僕は内心苦笑した。これは僕にはたやすい種目のはずなのに。この瞬間、僕は指標を失い、自分がやれることがもはや分からなくなった。ランニングは僕の得意なものであるはずなのだが、レースのまさにこの瞬間、もはや走ることさえできていないという印象を持った」[*31]。ロング・ディスタンスの大会のフィニッシャーは、単なるマラソンの男女フィニッシャーよりも上位に位置する「アイアンマン」、「アイアンウーマン」の派閥に加わることをよりいっそう誇ることができる。アイアンマンレースは、マラソンのさらに難しいバージョンにほぼ似たものであり、自分の持久力を証明したいと思う人々を惹きつけるのである。

こうしたことは、なぜトライアスロンが、今日レジャー市場においてマラソンと競合関係にあるのかをおそらく説明するものである。オリビエ・ベッシーが解説している通り、「マラソン、一〇〇キロマラソン、トライアスロン、その他の耐久レース《レド》は、こうした自分自身との対決の探求を象徴するものである。ここでは、系統的に自分の力を使い切ること、自分を「突き破る」ことが重要となるのだ」[*32]。フランスにおいてトライアスリートは、スポーツ連盟間での合意により、マラソン、トレイルラン、耐久レース、自転車のスポーツ、オープンウォーター・スイミングなどに容易に参加することができる。（パリ、リヨン、マルセイユの大会などのように）フランス国内の大規模なマラソン大会だけでなく、（ツール・ド・フランスのステージの一つをコースとして、毎年何千もの人々を集めている「レタプ・デュ・ツール」のように）自転車スポーツの大会も開催しているASOチャレンジズ[*33]〔ASO（Amaury Sport Organisation）は、フランスのスポーツイベントの最大手。ツール・ド・フランスも主催するイベントの一つ〕が示しているように、スポーツイベントを組織する大手企業は、これらのスポーツの関係をはっきりと理解している。それぞれのレースで他の競技の広告が行われ、しばしば、それらのいくつか複数にエントリーすると割引が受けられるのである。ここには、一方のトライアスロンと、他方の苦痛のエートスとの間の「選択的親和関係〔マックス・ウェーバーの用語であり、文化・宗教・経済などの各面の事象において、特定のものが相互に引き合い、影響を与え合うことを指す〕」が存在するのである。

すべてにおいてベストであること

しかしながら、トライアスロンでは、泳ぎ、自転車をこいだ後に走れることだけが重要なのではない。三つのスポーツを意のままにできる「完全なアスリート」となることも重要なのであって、ここにこそトライアスロンの二つ目の源がある。すでに見た通り、この観点からすると、トライアスロンは、はるか以前に身体的実践の幾人かの理論家たちが共有していたある考えを刷新したのだった。二〇世紀の初頭においては、単に特定のスポーツのスペシャリストになるのではなく、逆にあらゆるものをマスターできるということが非常に重要な目的だった。改めて繰り返すが、これが、（少なくとも彼の人生の一定の時期における）ピエール・ド・クーベルタンと、彼の最大の反論者であるジョルジュ・エベールとの間の稀有な一致点である。ジョルジュ・エベールは、人は「歩行すること、走ること、ジャンプすること、登ること、持ち上げること、投げること、守ること、泳ぐこと」[*34]をマスターできなければならないことを絶えず擁護していた。ピエール・ド・クーベルタンの方は、スポーツ選手の専門化に反対していたわけではなかった。しかし、近代五種（フェンシング、水泳、馬術、射撃、ランニング）を発明したことが証明している通り、彼は、その名に値するスポーツ選手は、いくつかの種目においてパフォーマンスを示すことができなければならないと考えていた。[*35]クーベルタンにとって近代五種は、それ自体を時宜にかなったものとすることで、近代的兵士の戦闘面での専門能力を公認することをもっぱらの目的としていたのである。

大会におけるベストなトライアスリートとは、これら主要な三つのスポーツを組み合わせることにおいてベストであることを示して見せる者である。この理由から、トライアスリートは、トランジションもそれだけで全く一つのスポーツであると言うことを好むのである。[*36] スイムとバイクの間にある最初のトランジション（トライアスリートが使う技術的隠語では、これはT1と呼ばれる）では、バイクパークに向かって走りながら、ウェットスーツを脱げること（そして、私の場合しょっちゅう起こることだが、バイクパークで迷わないようにすること）が求められる。バイクとランの間の二番目のトランジション（T2）では、神経・筋肉に関する（円状に足を回転させるという）一つの図式から、（遠心性収縮と求心性収縮とを混在させられることが重要な点となる）大変異なる別の図式へと移行できることが必要になる。つまり、トランジションにおいて問題になっていることは、トライアスリートの適合能力なのである。このトライアスロンに独特の性質は、おそらく、なぜ多くのエグゼクティブたちがこのスポーツを高く評価しているのかを、よく説明するものである。それは、彼らの職業環境において日常的に求められている専門能力と呼応するものなのだ。それは、柔軟性、適合能力、可塑性、可鍛性などであり、大変独特な一つの仕事から、潜在的には非常に異なり、時には全く反対のものとなる別の仕事へと非常に速く移行できること――そして常に効果を上げられるということ――である。経験を積んだトライアスリートは、レース中のこの変わり身の早さのデモンストレーションをすることを大変好んでいる。ヴァルトレは、このことについて、次のように述べている。スイムの後、アマチュアのトライアスリートは「自分の自転車を手にして、飛び乗る瞬間にあやうく転びそうになる。というのも、プロがそうしているのを見て、その通りに彼はペダルに直接シューズを取り付けておくのだが、正しく履くことができない上に、一秒たりとも失うまいと一こぎで最大限進めるようギアを入れていたのだが、そのギア比でやっていけるほどの力が出ないからである」[*37]。

トライアスロンは、参加者たちがトランジションの技巧だけに限らず、それぞれの構成種目をマスターしなければならない新種の混成スポーツである。このように見ると、トライアスロンの躍進とその人気の高まりは、同じようにいくつかの種目においてベストな者を決めるという目標を持つ他のスポーツのそれと並行していることに気づくかもしれない。もちろん全く別の分野ではあるが、MMA（Mixed Martial Arts）〔総合格闘技〕やUFC（Ultimate Fighting Championship）〔アメリカ合衆国の総合格闘技団体〕も、やはり同じ究極目的を持っている——様々な実践がアプリオリかつ不均質に混ぜ合わされていることがまれではない、山岳スポーツ関連の分野のように、全く別の分野にも、同じような意図を共有するスポーツの混合《パナシャージュ》があるのだ。MMAが始まったころの理念は、すでに行われていたマーシャルアーツとは独立したかたちでベストな格闘技選手を決めるというものだった。「総合格闘技」によって、あらゆる格闘技の選手が、自分たち独自の技巧を使って競争をすることができるようになった。MMAのトーナメントは、単に特定のスポーツの観点からというのではなく、絶対的にベストな者を決定するよう努めている。同様に、トライアスロンの勝者は、同時に最良の泳者であり、最良のサイクリストであり、最良のランニング走者であるとほぼ言うことができる。アイアンマンレースの発明者であるジョン・コリンズの目標が、まさにその点にあったことを思い起こそう。それはまさしく、泳者とサイクリストとランニング走者で、絶対的にベストな持久スポーツのアスリートは誰なのかを探し当てることだったのである。したがって、トライアスロンは、持久系スポーツの場におけるMMAの同等物と見ることができるかもしれない。今日では、全く新しい混成スポーツであるクロスフィット〔アメリカ合衆国に拠点を持つフィットネス団体。様々な運動を混合して競争する「クロスフィット・ゲームズ」を毎年開催している〕が、スポーツに関わりなく絶対的にベストな者は誰かを見つけ出すという、やはり同じようなことを追及している。

エグゼクティブと「中産階級[38]」の間での人気の高まりを理解するために、MMAに関するマチュー・ドラランドルとマチュー・キデュの分析を、トライアスロンの場にも等しく当てはめることが間違いなく可能である。「将来のエグゼクティブたちは、そこで許されている行動の自由に惹かれているのである。この自由は、彼らの行く道のりの個人主義化《アンディヴィデュアリザシオン》や、効率・イニシアチブについてのリベラルな諸価値を制度面で奨励するのにうってつけのものなのである[39]」。この点にのみ関連することだが、フランス語圏のトライアスロンの参考サイトの一つである、オンラインマガジン『トリム[40]』の創設者アレクサンドル・サン＝ジャルムのインタビューは、全く典型的である。「私は、広告代理店ですれ違うことがあるかもしれないような古典的なワーカホリックだった。ある日、私は金の亡者たちの場で仕事にすべてを捧げることはもうできないと意を決した。仕事を変えてみたが、やることでいっぱいの日々を過ごしているという思いが欠落してしまった。これは逆説的なことだ。〔……〕トライアスロンをしながら、もはや自分の仕事では見つけられなかった競争力を私は探し求めていた[41]」。すでに見た通り、トライアスロンをすることは、容易に嗜癖的になりうる。なぜなら、三つのスポーツにおけるパフォーマンス向上のために、使用できる時間の大部分が占有されかねないからである。こうしたことは、自分で「ワーカホリック」と述べているアレクサンドル・サン＝ジャルムのように、何かをすることを抑えられない人々の欲望と合致することになる。結局のところ、ブライデルが解説したように、新自由主義に固有であり、とりわけ「健康、自己評価、苦しさの活用、余暇とレジャーの時間をトレーニングと大会のためにまず使用すること」[*42]などについて諸個人の責任が持つ価値と言いうるような諸価値を、トライアスロンは擁護しているように見えるのであり、これによって、過去数十年の間にトライアスロン、特にアイアンマンレースが、大きく人気を集めるようになったことが説明できるだろう。つまり、「アイアンマンレースの躍進は、レーガンによって政治が行われた時期と、健康や体調についての責任が公的なものから私的・個人的なものへとシフトしたのと同時期に起きている」[*43]のである。

男性と女性

「われわれは、オリンピックは男性のみが行うものでなければならないと考える」[*44]。一九一二年に書かれたこの文章の署名者は、ピエール・ド・クーベルタンである。これと同じ年の一九一二年に、クーベルタンは「近代五種」を考案した。この競技が、われわれの知るトライアスロンと何において似ており、同時に何において異なっているかは先に見た通りであるが、クーベルタンにとっては、スポーツとは、男性専用の猟場なのである。「より速く、より高く、より強く」というオリンピックのスローガンが本当に真剣にとらえられることは決してない。その創始者にとって問題となるのは記録を追い求めることであり、そして、「女性アスリートの野望がどのようなものであろうと、ランニングやフェンシング、馬術などにおいて男性に勝てるレベルに到達することができると思い上がらないことである……[45]」と、クーベルタンは考えるのである。クーベルタンのとらえる、スポーツにおける貴族主義のエッセンスを思い起こそう。スポーツは、エリートのみが行うものであり、このエリートは男性なのである――さらに、クーベルタンの計画にぴったり合致させるためには、若く、白人で、都会人であり、ヘテロセクシャルであり、ブルジョワであり、さらに貴族階級出身者であることを付け加えるべきだろう。「女性や青少年、つまり一言でいえば弱い者たちも参加可能な競技会について私に語りかけて来ないでいただきたい。彼・彼女らにとっては、第二の形態のスポーツ・身体訓練があり、こちらの方が彼らの健康には役立つだろう[46]」。スポーツ界において、女性はスポーツ実践者としての場を持たない――あるいは、悪意に満ちた視線のない競技場で、密会形式で行うしかないのだ。その代わり、夫の補助しかしないと約束するのであれば、女性配偶者の出場は認められた。これは母親も同様であり、自分の息子のスポーツ教育に限定するのであれば、出場が認められた[47]。女性は委任によってしかスポーツを体験することが認可されていない――あるいは、穏やかな体操や、身体の保護と子供を作るという使命への準備となるような聖なる身体訓練を行うことしか認可されていないのである。「女性は戦うようには作られてはおらず、子供をなすように作られているのである[48]」。紛れもなく最初のスポーツドクターの一人であるモーリス・ボワジェイは、一九四二年の自身の著書であり長く参考書となっていた『トレーニング』においてこのように明言していた。

スポーツは、認可を受け、女性の本性とされているものに適合させられるのであり、その他のものは禁止されるのである。「女性テニスプレイヤーや女性泳者しかいないというわけではない。女性フェンシング選手や女性騎手もおり、アメリカには女性ボート選手もいた。ひょっとすると明日には、女性ランニング走者や女性サッカー選手までもが登場するかもしれない」[*49]と、クーベルタンは心配していた。今日、女性のトライアスリートは、泳ぎ、自転車をこぎ、そして走っている。だが、これらの競技をすることは、長く条件付きだったのだ。女性は水泳に熱意を注ぐことはできたのであり、クーベルタンでさえ、ほとんどそれを認めようとしていた。だが、慎重に取り組む必要があった。どのような動きをしても良いというわけではなく、泳ぎ方は何でも良いということはあり得なかったのである。二〇世紀初頭、クロールの発明[*50]とともに、人間は、当時までの他の泳ぎ方にはなかったほどの速い泳ぎ方を扱えるようになった。だが、それが女性にこうむらせるリスク、特に生殖器官へのリスクがすぐに懸念されるようになった。前世紀初頭のオリンピック泳者であり、さらに作家で映画作家でもあるアンリ・ドコワンは、一九二〇年代に次のように解説していた。「女性と女性の身体は、いくつかの例外を別とすれば、クロールの荒々しい動きを行えるようには作られていない」[*51]。女性の泳ぎは、単なる平泳ぎにとどめておかねばならなかったのである。たとえ、一九二六年にガートルード・エダールがこの泳ぎ方で、女性として初めてドーバー海峡を横断し、それまで——それゆえに——男性（エンリコ・ティラボスキ）が保持していた記録を二時間以上縮めて一四時間三〇分というタイムで泳ぎ切ったとしても。なお、この記録は一九五〇年まで保持されたのである。

自転車競技の方はどうかと言えば、それはトライアスロンの中心にあるものだが、こちらは長く女性には禁じられていた。二〇世紀初頭に自転車が大衆化すると、女性がこれを使用するのは不道徳の源であるとみなされるようになった。正しく股の部分で座れていないのではないのだろうか。常にこすれることで——もっともこれは男性にも心配されることだが[*52]——ほぼ性感帯と言いうる部分に不健全な感覚をもたらしかねないのではないだろうか。自転車とは、この上ないマスターベーション用の物品なのだ。一九〇〇年に『自転車と性器』という節度あるタイトルを持った書物の著者であるオフォローウェル博士は、ヴェルシェール博士の発言——これは私のでっちあげではない——を、次のように報告している[*53]。「事実はこうである。ヴェルシェール氏は、ある自転車乗りの若い女性を知っており、彼女は、好きな時に、望んだ間隔で二度か三度、自転車の上でオーガズムにまで達するマスターベーションをしていたことを告白したのである[*54]」。これで、女性が自転車に乗る資格を奪うのに十分だった。

ランニングについては、女性の生殖器官にダメージを与えすぎるとされ、長距離のものについては特にそうだとされた。「衝突・衝撃・振動を伴う運動はすべて子宮にとって危険である。「トータ・ムリエル・イン・ウテロ *Tota mulier in utero*」というラテン語の古い格言を思い起こそう[*55]」と、ボワジェイは断言している。これは、ヒポクラテスの時代にまでさかのぼるラテン語の慣用句であり、文字通り「女性の全ては子宮にあり」を意味する。陸上競技界は、女性による実践にわずかに門戸を開いた後も、長い間八〇〇メートルという距離が越えられない限界と考えていた。これは、一九二八年のアムステルダム・オリンピックの際、女性の競技で多くの体調不良者が出たらしく、ゴールに難があったことを口実としたものであった[*56]。女性が自分たちの注ぐ労力を一五〇〇メートルまで伸ばす権利をようやく得たのは、一九七二年のミュンヘン・オリンピックにおいてである。次いで、一九八四年のロサンゼルス・オリンピックで、三〇〇〇メートル走とマラソンの権利を手にした。「女性は、単なる陸上競技の入門指導《イニシアシオン》で止めておかねばならない。現行のオリンピック規定に従い、陸上競技が競争試合の形態で行われる場合、そのすべてにおいて、その競技をしないよう彼女たちに勧告しなければならない。そのような条件下において必要となる労力は、概して女性の持つ生理学的リソースを超過してしまっている」[*57]と、「医学における著名人」のモーリス・ボワジェイは記している。

クーベルタンも、彼の時代において例外でないことは想像がつく。むしろ、彼がルールなのである。ティエリ・テレの表現を借りるならば、この世紀の初めごろにあって、スポーツは「男性の城砦[*58]」なのだ。一九世紀の終わりごろは、少々の貴族階級出身者や大ブルジョワの女性冒険家たちだけが、馬術、フェンシング、射撃、テニス、あるいは登山をなんとか行うことができていた。だが、女性の大多数は、スポーツの実践からは排除されていたままだったのである。クーベルタンが創設し、一八八七年から一九一九年の間、覇権を持っていたスポーツ機関のフランススポーツ競技者連合（ＵＳＦＳＡ）は、女性のスポーツ実践の場を作ることを望んではいなかった。女性の進出は、まず公式とされるスポーツの枠外で行われた。第一次大戦の間、この男性たちがアルザス＝ロレーヌ奪回《ルヴァンシュ》のため不在としていたので、女性たちは、依然彼女たちには多くが禁止されていた社会的作業をたしなむようになった。一方で彼女たちは、いくつかのレジャーに手をつけるようになり、その中にわずかばかりのスポーツがあった。フランス女子スポーツ連盟（ＦＳＦＳＦ）が一九一六年に設立されたが、もちろんあらゆる男性の支持とは無縁であった。一九一九年に連盟の長に就任した、シンボル的存在のアリス・ミリア[*59]は、男性が行っているのと全く同一の競争スポーツを女性が行えるようにすることを決定した。クーベルタンの国際オリンピック委員会に熱心にロビー活動を行ったものの、もちろん一貫して拒否された。アリス・ミリアは、対抗して、「女性オリンピアード」と「国際女子競技大会」を立ち上げた。このうち後者は、大変幸福なことに、一九三〇年代の半ばまで定期的に開催され、ある程度の成功をおさめたのだった。

こうした成功により、男性のスポーツは女性に対して門戸を開かざるを得なくなった。だが、これは条件付きだった。女性たちを受け入れた連盟において、陸上競技の場合のように、彼女たちが参加することのできる競技は、彼女たちの本性とされていることに適合するようにと手を加えられた。「男性は障害物競争で一一〇メートル走るのか。それなら女性は一〇〇メートルまでとしておこう（修正の必要があれば、ハードルの高さも低くしよう）。男性は七キログラム以上の砲丸を投げるのか。彼女たちは四キログラムのものだけで挑戦するようにしよう」、という具合である。女性の存在論的劣等性とされるものを演出する、ブルデューが使用した意味における「象徴的暴力」[*60]である。スポーツが、いっそう女性に対して開かれ始めたのは、ようやく第二次大戦後のことである。今日、大部分のスポーツ連盟は、男性のものとほぼ一致した方式で女性がスポーツをすることを認可している。だが、よくあるように、権利上の平等は事実としての不平等を隠すものである。統計[*61]が示すところでは、競争形式のスポーツのいくつかのものは、主として男性によって行われており（サッカー、モーターサイクル競技、クレー射撃、釣りなど）、他のものは主として女性が行っている（馬術、氷上スポーツ、体操、ダンス、バトントワリングなど）。ビリー・エリオット[*62]にとっては、ボクシングをするよりもダンスをすることの方が難しかった。一方で、女性にとっては、ダンスをするよりもボクシングをすることの方が依然難しいのである。

全体的に見て、あらゆるスポーツを含めると、今日フランスにおけるスポーツ登録証の約三八％が女性に対して発行されている。トライアスロンにおいては、登録証の二五％が女性に発行されている。これは、三重の労力を一つのものとする実践が、他のものよりもいっそう男性化されているということであって、奇妙なことに、四五％まで女性化が進んだ五種競技よりもいっそう男性化されているのである。女性がトライアスロンをすることを阻むものは、ひょっとすると自転車競技なのだろうか。自転車競技は、トライアスロンにおいて、五種競技に含まれないただ一つの実践であり、（登録証の数だけ見れば）ほとんど女性化されていないスポーツ活動であり続けている。そこでは、女性の登録証所持者の数は、約一〇％で停滞しており、陸上競技よりはるかに少ない。陸上競技では、登録証所持者の四八％が女性であるが、それでもこれは水泳より低く、水泳の場合は、女性の登録証所持者の割合は五五％にまで上昇する。

このように女性トライアスリートの割合である二五％という数字は控えめではあるが、だからと言って、このスポーツの実践で女性が周縁化されていると結論すべきではない。数字の上では圧倒されているものの、彼女たちは、男性的と評されている他のスポーツを行う女性たちにはない境遇を知っている。男性のトライアスリートは、ゆるぎない性差別的男性主義を堅持している他のスポーツを行う男性よりも、女性・男性の平等の問題や、一般的な反差別の戦いに対してよりオープンであるように思われる。トライアスリートには、そうした性差別的男性主義の価値は、ほとんど全くないのである。すでに見た通り、社会的には、トライアスリートは上位の社会カテゴリーから集められている。すなわち、このスポーツを行う者は概して上位の学位・資格（高度な文化資本）の保持者であり、一般的に暮らし向きがとても良い（高い経済資本を持つ）。ところで、この同じ社会カテゴリーは、実際にこうした平等化の問題に最も敏感なのである――これは必ずしも、トライアスロン界はどのような差別もないということを意味しない。

こうして、トライアスロンは、勝利の褒賞の同等性が存在する数少ないスポーツの一つとなっているのである。二〇一七年において、フローラ・ダッフィー（バミューダ出身のトライアスリート（一九八七-）。二〇一六年、二〇一七年の世界トライアスロン選手権において、女性部門で総合優勝している）は、男女区別なく見た時に、「賞金」について最も褒賞を得たプロのトライアスリートであり、ダニエラ・リフがこれに続いた――男性で第一位だったハビエル・ゴメス・ノヤ（スペインのトライアスリート（一九八三-）。二〇〇〇年代後半から、世界トライアスロン選手権の男子部門で何度も総合優勝を果たしている）は、この順位において三位でしかなかった。[*63] もちろん、「賞金」はアスリートの収入のすべてではなく、特にスポンサー収入によって補完されるのであるが、こちらには不平等な点がある。つまり、この額は市場によって固定されており、完全にマーケティングのロジックによって、よりよく、よりうまく売ることができる者の方に多くの額が支払われる。だが、あちこちで散見できる見積もりによるならば、これについてもトライアスロンはむしろ平等主義的であるように見えるのであり、ダニエラ・リフは男性と同程度の包括的収入を得ている。一九七九年にハワイで行われた二回目のアイアンマンレースでは、出場者の中に、初のアイアンウーマンであるリン・ルメイアがいたことを思い起こそう。また、シドニー・オリンピックでトライアスロンが初めてオリンピック種目として行われる少し前に、キャサリン・デイビーズが『オリンピック・レビュー』誌上で、トライアスロンはおそらく「男性と女性の全くの平等に基づいている」[*64]と発言していたことを思い起こそう。おそらくその平等は全面的なものではないのだろうが、少なくとも理念上の狙いとして存在しており、漸近線の曲線のように、そこに近づこうと試みられているのである。

この平等は、ジェンダー一般の問題系にまで、また特に同性愛嫌悪の問題系にまで広げられる。フィリップ・リオタールが見事に明らかにして見せたように、この後者が、いかに大部分のスポーツにおいて構造的なものになっており、また、いかにある種の「男らしさの製造所」の基礎となっていて、残念なことに、いかに災いのもとになっているかは知られているところである。

こうして、スポーツにおける同性愛嫌悪は、少なくとも四つの点に分別されるのである。

・セクシャリティや外見、行われている実践を理由とした個人・集団の差別。
・価値を剥奪されたセクシャリティを割り当てることによる個人・集団の価値の剥奪（ののしり、危害、嘲弄、はやし立てなど）。
・社会的規範に合わないセクシャリティやそれが必然的に生む結果への恐れと、社会的規範として夫婦間のヘテロセクシャリティを肯定すること。
・暴力、侮辱、疎外。[*65]

トライアスロンは、こうした因習を比較的逃れているように思われる。ジェシカ・ハリソンとキャロル・ペオンは、代表的なフランスのトライアスロンのエリートであり、また同様にカップルでもあった。

「精神がオープンであるとはあまりみなされていないスポーツ界にあって、彼女たちはいかなる時においても同性愛嫌悪に苦しむことはありませんでした」[*66]。彼女たちを扱った『レキップ・マガジン』誌の記事において、メラニー・ヴィーヴはこのように語っている。「キャロル・ペオンとジェシカ・ハリソンは、平等の諸価値がもたらした種目のただ中にいる穏やかな二人のカミングアウト者の完璧な事例です。二つの性にとっての混成的な競争試合の実施とレースの平等な褒賞を確立している点において、国際トライアスロン連合は前衛的なのです。フランス・トライアスロン連盟（ＦＦＴｒｉ）はと言えば、この連盟は、二〇一〇年に前国務長官のラマ・ヤドが打ち出した、スポーツにおける同性愛嫌悪に反対する憲章の調印者です。トライアスロンはゲイ・フレンドリーなのでしょうか。［彼女たちのコーチである］ステファニー・デアナズは同意してこう述べています。「全く心配はない」、「精神はオープンである」、「アプリオリなものはない」、と」[*67]。同様に、特に二〇一六年のデュアスロンの大会など、国際大会で競争することが可能となった初のトランスジェンダーのアスリートであるクリス・モージャーもこれを証明している。

そこに、二〇一八年の大きな場のとらえ違いの出来事があったのであり、国際トライアスロン連合（ＩＴＵ）は、規則改正の際、奇妙なことに、あらゆる「政治的、宗教的、性的志向や人種に関する」表現を禁止することを決定したのだった――ワールド・トライアスロン・シリーズの一大会がアブダビで開催されることになっており、おそらくこれは、アラブ首長国連邦に対して配慮してみせたものであった[*68]。ＩＴＵは予告なしにＬＧＢＴの旗を禁止したのである。これは、王以上に王政主義的な振る舞いであり、この場合の王たる国際オリンピック委員会もここまで極端なことはしなかった[*69]。トライアスリートのジャック・ブリストーはオンライン請願を立ち上げ[*70]、これによりITUは、ほとんど直ちに計画を取り消した。ITUは次のように述べなければならなかった。連合は「依然、平等と包含性と尊厳を擁護するものであり、自分自身を表現する諸個人の権利・自由を侵害することにつながるような、またレインボーフラッグを掲げることを禁止するような決定を故意に行ったのでは決してない。［……］ITUは創立以来、完全にインクルーシブな組織であることを誇りとしており、将来もそうであり続けるだろう」。この包含性のロジックからすれば、この件は、トライアスロンの道のりにおける事故だったのである。

ジェンダーにおける混乱

クーベルタンから見て、女性をスポーツの実践の外に置くことを正当化していたものは、陸上競技に関して女性は存在論的に劣るとされていたことであった。女性の身体は、男性の身体と同じ原木からはできていないことは一見して明らかだった。関心を集めるためには、パフォーマンスが格別でなければならず、ただ男性のみがそれを生み出すことができるのである。そして、確かに大半のスポーツにおける様々なヒエラルキーをよく眺めると、統計的見地に立てば、毎回男性は女性に大差をつけているように思われる。エリートのスポーツに関しては、記録はいずれにおいても女性の記録とあまり大きく離れてはいない一方で、大衆スポーツに関しては、上位の順位は概して女性よりも男性が占め続けている。

だが、こうしたことは大雑把に描かれた絵にすぎない。なぜなら、スポーツと種目に応じて、女性と男性のパフォーマンスの開きが常にあるわけではないことが確認されるからである。ある場合では、その差は小さくなる。さらに行くと、いくつかの場合では、それはなくなるばかりか、逆転する。優雅さ、柔軟さ、敏捷性などを要求するような、全くの偏見から女性のものとされている種目の中に女性の優越性を探しに行く必要は全然ないのである。女性たちは、同じように全くの偏見から男性のものとされている種目において、全く同様に不動とされているジェンダーのヒエラルキーを押しのけることができるようになっているのである。これは、――男性至上主義の男性諸君は気をしっかり持っておくように――あらゆるウルトラ級の持久競技について当てはまる。それを示すように、二〇一九年八月に、サイクリストのフィオナ・コルビンガーはヨーロッパすべてを横断して四〇〇〇キロメートル以上を走るレースであるトランスコンチネンタルレースで、二二〇人の男性を差し置いて優勝している。また、二〇〇六年には、トレイルラン走者のコリーヌ・ファーブルが、クールマイユール－シャンペクス－シャモニの一一〇キロメートルレースで、すべての男性を差し置いて優勝している。

スポーツ生理学の研究者であるギヨーム・ミエは、このヒエラルキーの逆転を説明できる生理学上の理由に関心を抱いた。[*71] その理由は多岐にわたった。エネルギー効率に優れていること、糖分・脂肪をうまく使用できていること、ふくらはぎや大腿四頭筋における筋力の喪失が小さいこと、神経・筋肉面での疲労があまり大きくないこと、大きな苦しさへの耐性があることなどが挙げられている――おそらくこのリストは決定済みのものではない。距離が延びるほどに、男女間の相違は小さくなり、男性の方が早くに力尽きるのだ。ただ、問題がある。女性ではまだウルトラ級の持久競技に取り組んでいる者が大変少なく、一般的には、取り組んでいる人々の一〇%以下しかおらず、統計上の現れが少ないために大きなバイアスを生むことになっているのだ。このことから、男女混合順位における女性の勝者はいっそう別格とみなされるのである。だが、取り組む人々の同等性が達成されれば、間違いなく女性の勝者は多勢になることだろう。

ロング・ディスタンスのトライアスロンでは、ウルトラトレイルランよりもさらに多くの女性選手がいる。しかも、順位を調べてみると、彼女たちが非常によく健闘していることに気づかされる。突出した人々だけを取り上げるが、八時間二六分一六秒という、アイアンマン・ディスタンスにおけるダニエラ・リフの世界記録は、ヤン・フロデノの持つ七時間五一分一三秒という記録にはまだ及ばない。だが、女性の棒高跳び記録は男性よりも一八%低く、走り幅跳びでは一六%低いことと比較してみると、この記録上の遅れは、時間にして八%以下にすぎない。私の場合、ダニエラ・リフに二八%の遅れを取っているのであり、リフとフロデノの間の差は、彼女と私の差よりも小さいことが分かる。

これらの例外はほとんど基準にならないという反論があるだろう。二時間一四分四秒というブリジット・コスゲイ〔ケニアの長距離走選手(一九九四–)〕が二〇一九年に打ち立てたマラソン界における世界記録は、エミール・ザトペック〔旧チェコスロバキアの陸上選手(一九二二–二〇〇〇)。一九五二年のヘルシンキ・オリンピックのマラソンで金メダルを獲得している〕(二時間二三分三秒)とアラン・ミムン(二時間二五分〇秒)のかなり先を行くものであり、彼らの記録は一九五〇年代には更新不可とされていたものの、今日のオリンピックにおける女性選手の最低ラインとなることができるだけだろう。だが、それは重要なことではない。これらの例外にもかかわらず、男性は女性よりも統計的に強いままなのであり、それら例外は、男性主義的覇権主義者にとっては、統計上の偏差にすぎない。それら例外は、女性がそうあるべきもの、つまり「劣っている」ということを変性させることすらある。男性に打ち勝つ女性は、統計的に常軌を逸しているのに加え、存在論的にも規範から外れている。すなわち、彼女は、彼女の本質とされることに対してもはや不適切なのである。

ここから、例外的な女性アスリートの女性らしさについての、絶えることのない疑念が生まれるのであり、スポーツ連盟の中には、女性の参加者の正常かつ良好な女性らしさを保証するために、侮辱的な手段を用意しているものもある。これら女性のチャンピオンは、おそらく女性ではなく、半男性であって、その正体を暴く必要があるのだ。しかし、半男性だが、全く男性というわけでもない。こうしたことを示し出すものとして、近年の陸上競技のシーサーペント〔伝説上の巨大海洋生物〕たるキャスター・セメンヤ〔南アフリカ共和国の陸上競技選手（一九九一－）。二〇一二年のロンドン・オリンピックと二〇一六年のリオデジャネイロ・オリンピックの女子八〇〇メートルで金メダルを獲得〕のケースを思い起こして欲しい。彼女はインターセックスであり、彼女の体は、温和な医療科学が女性として正常とするものに比べると過剰にテストステロンを作り出す。彼女は、女性と競争するには十分に女性ではないと判断され、また男性と競争するにはあまりに女性であると判断され、最終的に排除されて、医学そのもの（の一部）によってこの上ない恥辱を受けたのである。「不調和の五つの性」というタイトルの文章で展開された、ジャン＝ピエール・ド・モンドナール博士の激烈な批判[*72]はこれを示すものであり、それは思いつきが良いものとされたのだった。彼によれば、

・男性はテストステロンを産出し、女性はエストロゲンとプロゲステロンを産出する。
・男性はＸＹ染色体で特徴づけられ、女性はＸＸ染色体で特徴づけられる。
・男性は睾丸を持ち、女性は卵巣を持つ。
・男性には筋肉とひげがあり、女性には乳房がある。
・男性は女性に魅了され、女性は男性に魅了される。

ということである。気の毒なことにセメンヤは、あまりにも多くのテストステロンを生み出し、乳房はそれほど発達しておらず、腰は細く、さらにはレズビアンなのだ——なんということだろう。

だが、人間というものは単なるテストステロンの割合に還元すべきなのだろうか。セクシャリティや性的器官に還元しなければならないのだろうか[*73]。単なる染色体にまで還元しなければならないものだろうか。男性らしさ／女性らしさについてのこれら様々なしきいは皆、「規範」として提示されるのであり、これらが、受け入れられるものと、まさしく「規格外」のものを裁定することを可能とするのである。さて、ジョルジュ・カンギレムがまさに指摘したように、規範とは、定義することが特に難しい概念である。自然は常に規格外のものを産出することができる。進化の原動力とは紛れもなく、正規分布の弱点を突く個体の産出、動植物群の大多数と比較して異常な個体の産出であるが、それらの個体は時に、それを取り巻く環境が与える条件に対し、最終的に他のものよりもよく適合するのである。スポーツ界は、遺伝子の偶然によって、型にはまった道から飛び出すことができるような存在の出現を回避することはできない。カンギレムが指摘したように、「規範的な人間――規範をぐらつかせたり規範を新たに設けたりすることが正常であるような人間[*74]」から、それは生じるのであり、ゆえに規範的な女性についても同じである。「生物は、それらが種の型から遠ざかる程度に応じて、種の形態を危険にさらすという点で、異常なものなのだろうか、それとも新しい形態の手がかりを与える創造者なのだろうか[*75]」と、カンギレムは問うている。セメンヤを新たな形態の創造者ととらえるよりも、スポーツ制度は、彼女は危険であると判断することを選んだ。これは、それらの制度が、規範的ではない男性のチャンピオンに関しては行うことを差し控えていた判断である。

男性チャンピオンと女性チャンピオンの規範性とは、規範的でないことである。クロスカントリー選手のエーロ・マンティランタは、赤血球を過剰生産するに至る病、すなわち、あらゆる点においてEPOの外部摂取と似た効果を持つに至る病（だが、結局これは病だったのだろうか？）である一次性赤血球増加症を患っていたが、彼は、医学的意味においては正常ではなく、完全に天然の一種の「ドーピング」の恩恵を受けていた。これは彼のゲノムにおける変異であり、おそらく一九世紀に彼の先祖に現れたのだった。エーロ・マンティランタは、（標高の高い山岳地帯のかなりの数のシェルパがそうであるように）「ミュータント」に属する者であり、おそらくキャスター・セメンヤと同様に、軽蔑的な意味においてではなく、規範を創り出す者というポジティブな意味においてそうなのであって、この規範は、ほぼカント的な意味において「天性の才」と呼びうるものなのである。つまりこれらの人々は、何か別のもの、オリジナルなものを生み出しているということだ。人間の生物学的規範の範囲内に正しくおさまっていないことを理由に、マンティランタが大会への参加を禁止されたのを見た者はいない。生まれつきヘマトクリット値が高いからといって、セドリック・ヴァスール〔フランスの自転車ロードレースの選手（一九七〇－）。二〇〇七年に競技を引退〕が自転車競技を禁止されていなかったことと全く同様に。だが、女性に対してはそれが許されてしまうのであり、彼女たちにとっては、テストステロンに関する違反行為が存在するのである。

正確性をもって男性と女性を区別することができるものを定義しようとすればするほど、それができなくなってしまうことが分かる。もう一度繰り返すが、あらゆる男性において包括的に割り当てられているものと、あらゆる女性におけるそれとの間の相違は、確かに統計的には、平均において、また時には明瞭に可視的であり、これについては、モンドナール博士の五つの性の基準も、極端に言えば一貫性を持つかもしれない――平均的には、だが。シモーヌ・ド・ボーヴォワール自身もそれを認めていた。「実際のところ、人類が、衣服、顔、身体、微笑み、足取り、興味、職業などが明らかに異なる二つの個人のカテゴリーに分かたれているということは、目を開き、視線をめぐらしてみれば分かる。このカテゴリーは消滅する運命なのかもしれない。確かなことは、現在のところそれは全く明瞭に存在しているということである[*76]」。

だが、カンギレムを思い起こそう。平均的なものとは規範のしるしではあるが、いかなる場合においても生けるものの規範性は平均的なものに還元されることはできない[*77]。集団から個人に移行する際、必然的に平均に対する偏差が現れるのであり、標準偏差は多少とも大きくなる。そして、男性のほとんどすべての属性を持っているが、それでも女性である女性を見つけ出すことはできるだろうし、その逆も然りである。なぜなら、結局のところ、男性と女性を生物学的に画するように見えるものは、単なる配偶子の形態なのだから。つまり、女性はそれを男性（精子）よりも大きなかたち（卵子）で生み出すのだ――だが、このことすら、まだ論争の種となるかもしれない。

いわゆる「両性具有」のアスリートのために別カテゴリーを設けることは、バスケットボール選手のために身長のカテゴリーを作ることや、ボクシングの体重のカテゴリーを作るのと同じように、おそらく不条理である（あるいは正当でもあり、場合によるのである）。あるものについては存在するし、他のものについてはそうでない。これは、スポーツ界がライバル性や、はらはらさせることを好むからである。それは比較することを好み、「等しくベストな者たち」[*78]が互いに優劣を決め合い、時に紙一重の差でそれが決せられるのを見ることを好むのである。ところで人は、「一方、他のものはすべて等しい *ceteris paribus sic stantibus*〔ラテン語の慣用句。特定の二つの事柄・要因を比較したりその関係を判定したりする際に、それ以外の他の事柄・要因はすべて変化せず一定のままであると仮定することを指す〕」として、比較しうるものしか比較しない。そのために、カテゴリーを設けることでライバル性が人工的に作り出される。競争相手をしのいでも良いが、あまり大差をつけすぎてはだめなのだ――特に、彼・彼女のジェンダーのステレオタイプからあまりにもかけ離れているのであれば。自分の区画にいるということ。もし、セメンヤの体つきが、女性的と考えられているものについての現在の理想的基準にもっと適合していたならば、彼女は喝采を受けたに違いない。いわんや、ヘテロセクシャルであったのならば。

スポーツはしばしば排除を必要とする。だが、インクルーシブなスポーツは可能かもしれない。大切なものは何よりも自分自身のためになされるパフォーマンスであって、他者を支配することを目指さないスポーツ。ジェンダー、年齢、障がい、体重、その他のあらゆる指標に分離を設けようとするのではなく、彼が誰であろうと、また彼女が誰であろうと、他者と一体となりながら、筋肉によって労力を注ぐことの喜びを単に分かち合わせようとするスポーツ。トライアスロンはそれであろうとしている。この姿勢によって、例えば男女混合リレーが誕生したのであり、フランスのチームはそこで優れた活躍をしている。

だが、オリンピックにおいて、また競争形態において行われている以上に、トライアスロンは、大部分の人々が熱中するその仕方において、ポール・ヨネが使用する意味での「大衆のスポーツ」なのであり、根源的に異なるものである。「一次的システムにおいては、半ば平等なエリートが、不確かな競争試合を通じて共同体の代表の役を務める。二次的システムにおいては、根本的に不平等な大衆が、大きな広がりを持つ諸価値や能力が配分された等級上で繰り広げられる身体的労力を通じて、純粋に個人的な目的の追求を披露するのである」*79。ある者は、彼・彼女が参加したレースの勝者の名に興奮するかもしれない（だが、それはそうとヴィシーの大会で優勝したのは誰だっただろうか）。だが、大半の者にとっての関心はただ一つのことにある。すなわち参加して——そして完走することである。

物事をなし終えるということ。これは誰もが目指していることではないだろうか。

訳者あとがき

本書はRaphaël Verchère, *Philosophie du triathlon*, Les Éditions du Volcan, 2020を訳出したものである。フランスのリヨン近郊に在住の著者、ラファエル・ヴェルシェール氏は、哲学の教授資格を保持されている方（アグレジェ）で、リセ（高校）の哲学教師として勤務されており、また、かつて、リヨン第一大学の「スポーツにおける脆弱性とイノベーション研究所 Laboratoire sur les Vulnérabilités et l'Innovation dans le Sport」にも参与されていた研究者である。哲学の視点からスポーツ・身体にアプローチする研究で、すでに多くの業績を上げられている。青春期に自転車競技で活躍した経験をお持ちのようで、本書において自転車競技の例が頻繁に取り上げられるのは、そうした氏の経験と関心が大きく作用していることによるのかもしれない。

本書は、著者の体験を出発点に、学問としての「哲学」をベースとしつつ、心理学、社会学などの知見も取り入れながら、トライアスロンという、時に「究極の持久競技」とされるスポーツに、多面的かつ分析的にアプローチしてみせた書物である。本書は、何よりアプローチの仕方という点において特異であるが、西洋哲学の偉人たちの説に度々立ち返りつつ議論を進める姿勢から、アメリカ生まれのこのスポーツを扱ってはいても、ヨーロッパの知的伝統を強く読者に意識させる内容となっている。

本書で参照される哲学者は、エンペドクレスら古代ギリシアの哲学者から、デカルトなど近代史に巨大な足跡を残す人々を経由して、フーコーやドゥルーズなどの現代の哲学者まで実に幅広い。扱われているテーマも、この競技の形而上学的意味づけ、テクノロジーの発達がもたらすトランスヒューマニズムの問題、依存や嗜癖の問題、ジェンダーの問題など実に多岐にわたっている。ある章は詩的であるかと思えば、他の章ではぐっとアカデミックになるという感じで、トライアスロンを構成する競技にそれぞれ固有の経験があるように、それぞれの章に固有の趣がある。中でも、「トライアスロンの政治学」は、おそらくヴェルシェール氏の研究作業における関心が強く表出していて、トライアスロンを含むスポーツ界における選手の評価をめぐる言説のありようについて非常に興味深い指摘がなされている。

ところで、本書で度々ほのめかされている通り、現代のスポーツにアプローチする際に、おそらく「近代」という視点は欠かすことができない。近代のスポーツは、身体的実践の意味や形態を大きく変えるとともに、同時期に飛躍的に発展した産業社会は、人間と自然との関係を大きく変容させた。進歩を止めないテクノロジーは、今や人間の自分自身の身体に対する関わり方も変えつつある。著者のヴェルシェール氏にとって、分析の端緒は「なぜこの競技を行うのか」という個人的なものでありつつも、氏は分析を進める中で、近代以降の人間を取り巻く様々な問題は、「トライアスロン」というこの一つの競技を通して実に多様なかたちで眺めることができるというのだということをわれわれに示してくれる。本書は、トライアスロンという特定のスポーツを題材としつつも、より包括的なスポーツ批評・社会批評の書物になっていると言えよう。

本書は、アカデミズムの手法に依拠する部分も多いものの、完全な研究者向けの学術書というわけではない。時折織り込まれるユーモアのある言い回しや個人的エピソードからもうかがえるように、幅広い読者を想定していることは明らかである。トライアスロンをよく知らない人々は、本書を通じて競技の全体像や現代性を知ることができるだろうし、この競技にすでに取り組んでいる人々は、時に新たな発見に驚き、時に手厳しい指摘に（あるいは時折挿入される戯画化されたトライアスリートの姿に）苦笑いしながらも楽しく読んでいただくことができるのではないかと思う。

本書で展開される議論は、文化的な背景の違いから、理解しがたいと感じられる部分があるかもしれない。特に、本書の通奏低音と言うべき四大元素論に基づく自然観は、日本におけるそれとは大きくかけ離れているために、本書の議論をさらになじみにくく感じさせる一因となっているかもしれない。だが、同じ競技をしていても、その背後に全く別の観念が存在することを知って驚き、強い好奇心を覚える方もいらっしゃることと思う。この体験こそ異文化に触れる醍醐味でもあり、さらなる交流と相互理解の端緒となるものである。訳者の作業がその一助になれば大変幸いである。

トライアスロンを構成する各種目については、フランス語では、「ナタシオン natation」、「シクリスム cyclisme」、「クルス・ア・ピエ course à pied」が対応する。本書では、基本的にそれぞれを「水泳」、「自転車競技」、「ランニング」と訳出し、特に強くトライアスロンの大会に関連する文脈において、「スイム」、「バイク」、「ラン」という語を使用するようにした。

原著にはフランス社会科学高等研究院（ＥＨＥＳＳ）に所属する歴史家・社会学者であるジョルジュ・ヴィガレロ氏による序文が掲載されているが、本書では割愛している。どうぞご了承いただきたい。

また、原著に存在するいくつかの誤りについては、著者のヴェルシェール氏と相談の上、訳文中では改めた。訳者のぶしつけな質問に、氏は大変快くかつ寛大に応じて下さった。この場をお借りして、氏に深くお礼申し上げるものである。

トライアスロンは、本来他人の力を借りず自分自身の力で完走することが厳しく求められるスポーツである。だが、本書は決して訳者一人の力で仕上げることはできなかった。

一橋大学大学院社会学研究科教授の中野知律先生は、ご多忙中にもかかわらずフランス語文献を扱う上での注意点などについて詳細にご指導くださった上、いくつかの訳語について訳者の質問に応じてくださっただけでなく、文献リストのチェックまでご協力くださった。また、たびたび大変温かい励ましの言葉をいただいた。

また、ナカニシヤ出版のスタッフの方々にも本書刊行にあたってお力をいただいた。特に、石崎雄高氏には、たびたび大変なご迷惑をおかけすることになってしまった。それにもかかわらず氏は、時に気折れして、文字通り力尽きそうになっている訳者に大変辛抱強くお付き合いくださった上、背を強く押してくださった。

これらの方々のご助力がなければ、本書は完成しなかったと言ってよい。ここに深い感謝の意を記したい。

二〇二〇年に始まった新型コロナウイルスの流行により、国内・国外を問わず多くのトライアスロンの大会がキャンセルされた。二〇二一年になっても依然多くの大会が開催の見送りを余儀なくされている。一日も早くこの災いが終息し、世界各所の大会が元の賑わいを取り戻すことをいちアマチュアトライアスリートとして心より祈るものである。

二〇二一年元日

加藤洋介

＊70　https://www.change.org/p/international-triathlon-union-the-itu-should-reconsider-banning-the-rainbow-flag
＊71　Guillaume Millet, « Ultra-endurance : les femmes plus résistantes que les hommes ? », *Université Jean Monnet Saint-Étienne*, 30 août 2019, [En ligne: https://www.univ-st-etienne.fr/fr/tous-les-faits-marquants/annee-2019-2020/zoom-sur/ultra-endurance-les-femmes-plus-resistantes-que-les-hommes.html].
＊72　Jean-Pierre de Mondenard, « Caster Semenya », *Site du docteur Jean-Pierre de Mondenard*, [En ligne : https://dopagedemondenard.com/tag/caster-semenya/].
＊73　さらに，いつも大変的確な指摘をするアルノー・ヴィヴィアンを引用するならば，極めて小さいペニスと大きなクリトリスとの間の境界は希薄なのである。
＊74　Georges Canguilhem, *Le normal et le pathologique [1943, 1966], op. cit.*, pp. 106-107.〔ジョルジュ・カンギレム，前掲書，144 頁。〕
＊75　*Ibid.*, p. 89.〔同書，120 頁。〕
＊76　Simone de Beauvoir, *Le deuxième sexe I [1949, 1967]*, Paris, Gallimard Folio, 2005, p. 15.
＊77　Georges Canguilhem, *Le normal et le pathologique [1943, 1966], op. cit.*, p. 86.
＊78　Paul Yonnet, *Huit leçons sur le sport, op. cit.*, p. 89.
＊79　Paul Yonnet, *Systèmes des sports, op. cit.*, p. 117.

変正直なご令嬢を知っており，彼女は，舗装状態がとても悪いカルーゼル広場を，バティニョルークリッシー－オデオン間を走る乗合馬車に乗って横断する際，性的オーガズムを必ず感じるのだった」。*Ibid.*, p. 72.

＊55　Maurice Boigey, *L'entraînement. Bases physiologiques, technique, résultats, op. cit.*, p. 319.

＊56　*Ibid.*

＊57　*Ibid.*, p. 302.

＊58　Thierry Terret, *Sport et genre (volume 1) : La conquête d'une citadelle masculine*, Paris, L'Harmattan, 2006. 以下も参照のこと。Philippe Liotard et Thierry Terret, *Sport et genre (volume 2) : Excellence féminine et masculinité hégémonique*, Paris, L'Harmattan, 2006. Jean Saint-Martin et Thierry Terret, *Sport et genre (volume 3) : Apprentissage du genre et institutions éducatives*, Paris, L'Harmattan, 2006. Anne Roger et Thierry Terret, *Sport et genre (volume 4) : Objets, arts et médias*, Paris, L'Harmattan, 2006.

＊59　アリス・ミリア（1884－1957）は，1917年にフランス女子スポーツ連盟（FSFSF）の創設に，また1930年には国際女性スポーツ連盟（FSFI）の創設に参与していた。彼女は，女性をスポーツの実践に加え入れることを目指していた，倦むことのない活動家であった。

＊60　Pierre Bourdieu, *La domination masculine*, Paris, Seuil, 2002, pp. 53-64.

＊61　Éric Cleron, « Femmes et sport », *STAT-INFO*, n° 15, septembre 2015.

＊62　2000年公開のステファン・ダルドリー監督による映画『ビリー・エリオット』〔日本語タイトル『リトル・ダンサー』〕を参照のこと。

＊63　« Which Triathletes Earned the Most Prize Money in 2017 ? », *Triathlete*, 2018.

＊64　Catherine Davies, « Le triathlon à l'aube d'une ère nouvelle », *op. cit.*

＊65　Philippe Liotard, « Les fonctions éducatives de l'homophobie dans le sport », in Philippe Liotard, (éd.). *Sport et homosexualités*, Montpellier, Quasimodo & Fils, 2008, p. 149.

＊66　Mélanie Vives, « Triathlètes, rivales et amoureuses », *L'Équipe magazine*, n° 1634, 9 novembre 2013, p. 46.

＊67　*Ibid.*, p.48.

＊68　« Pour l'ITU, le drapeau de la discorde », *Francs Jeux*, 2019.

＊69　« Des triathlètes condamnent l'interdiction du drapeau LGBT + dans les compétitions », *TÊTU*, 2019.

de Coubertin, « Le Pentathlon moderne », *op. cit.*, pp. 163-165.

＊36　Stéphane Cascua, *Triathlon. S'initier et progresser, op. cit.*, pp. 281-293.

＊37　Valtrés, *Manuel du parfait petit triathlète, op. cit.*, p. 40.

＊38　William Francis Bridel, *« Finish... Whatever it Takes » Considering Pain and Pleasure in the Ironman Triathlon : A Socio-Cultural Analysis, op. cit.*, pp. 96-97.

＊39　Matthieu Delalandre et Matthieu Quidu, « Art Martiaux Mixtes », in Bernard Andrieu. *Vocabulaire international de philosophie du sport*, Paris, L'Harmattan, 2015.

＊40　http://www.trimes.org/

＊41　Daniel Riou, « Alexandre Saint-Jalm se fait trimer », *Course à pied.ca*, 2013.

＊42　William Francis Bridel, *« Finish... Whatever it Takes » Considering Pain and Pleasure in the Ironman Triathlon : A Socio-Cultural Analysis, op. cit.*, p.iii.

＊43　*Ibid.*, p. 244.

＊44　Pierre de Coubertin, « Les femmes aux Jeux Olympiques », *Revue Olympique*, n° 79, juillet 1912, p. 109.

＊45　*Ibid.*, p. 110.

＊46　Fernand Lomazzi, « Comment M. de Coubertin conçoit ses Jeux Olympiques », *L'Auto*, 4 septembre 1936, p. 4.

＊47　Pierre de Coubertin, *Pédagogie sportive [1919], op. cit.*, p. 115.

＊48　Maurice Boigey, *L'entraînement. Bases physiologiques, technique, résultats*, Paris, Masson et Cie, 1942, p. 304.

＊49　Pierre de Coubertin, « Les femmes aux Jeux Olympiques », *op. cit.*, p. 110.

＊50　Thierry Terret, *Naissance et diffusion de la natation sportive*, Paris, L'Harmattan, 1994, pp. 112-115, 137-139.

＊51　以下に引用されている。Anne Velez, *Les filles de l'eau. Une histoire des femmes et de la natation en France(1905-1939)*, université d'Angers, 2010, p. 355.

＊52　Raphaël Verchère, « L'inqualifiable troisième testicule du cycliste », *L'INqualifiable*, Numéro moins que zéro, avril 2016, pp. 24-25.

＊53　才人であるフィリップ・リオタールと，この完璧な参照部分を奇跡的に発見した彼の素晴らしい注意力とに感謝したい。

＊54　Ludovic O'Followell, *Bicyclette et organes génitaux*, Paris, Baillière et Fils, 1900, p. 69. もちろん，このフェルナン・ベルシェール博士は，私とはいかなる血縁関係にもないと思うが，彼には驚くべき女性患者がいた。「私は大

pp. 195-251.

＊16 Isabelle Queval, *S'accomplir ou se dépasser. Essai sur le sport contemporain, op. cit.*, pp. 185-213.

＊17 Valtrés, *Manuel du parfait petit triathlète, op. cit.*, p. 25.

＊18 Valtrés, *Un triathlon... mais à quel prix ? op. cit.*, p. 33.

＊19 Veronica Vleck, David Bentley et Thomas Cochrane, « L'entraînement en triathlon : synthèse et perspectives de recherche », *Movement & Sport Sciences*, vol. 3 / 50, 2003.

＊20 Jason M. Simmons, Tara Q. Mahoney et Marion E. Hambrick, « Leisure, work, and family : How IronMEN balance the demands of three resource-intensive roles », *Leisure Sciences*, vol. 38 / 3, 2016.

＊21 Valtrés, *Un triathlon... mais à quel prix ? op. cit.*, pp. 94-102.

＊22 Valtrés, *Manuel du parfait petit triathlète, op. cit.*, p. 45.

＊23 William Francis Bridel, *« Finish... Whatever it Takes » Considering Pain and Pleasure in the Ironman Triathlon : A Socio-Cultural Analysis, op. cit.*, p. 164.

＊24 Alain Ehrenberg, *Le culte de la performance, op. cit.*, Olivier Mongin et Georges Vigarello, *Sarkozy. Corps et âme d'un président, op. cit.*

＊25 Fédération Française de Triathlon, *Dossier de presse*, Fédération Française de Triathlon, 2013, p. 10.

＊26 Paul Yonnet, *Jeux, modes et masses. La société française et le moderne. 1945-1985*, Paris, Gallimard NRF, 1985, pp. 91-140.

＊27 Jean-Michel Faure, « L'éthique puritaine du marathonien », *Esprit*, n° 4, avril 1987, pp. 37-38.

＊28 Paul Yonnet, *Jeux, modes et masses. La société française et le moderne. 1945-1985, op. cit.*, p. 122.

＊29 Michael Atkinson, « Triathlon, suffering and exciting significance », *Leisure Studies*, vol. 27 / 2, 2008.

＊30 Stéphane Cascua, *Triathlon. S'initier et progresser, op. cit.*, p. 46.

＊31 Valtrés, *100 conseils pour ne pas finir un marathon*, Amazon, 2016, p.143.

＊32 Olivier Bessy, « Sociologie des pratiquants de l'extrême. Le cas de figure des participants au Grand Raid de La Réunion », *STAPS*, n° 69, 2005, p. 62.

＊33 https://www.asochallenges.com/

＊34 Georges Hébert, *Le Sport contre l'Éducation physique [1925], op. cit.*, p. 12.

＊35 Pierre de Coubertin, « À propos du pentathlon », *op. cit.*, pp. 19-22. Pierre

6 トライアスロンの社会学

＊1 Bernard Andrieu, *Bien dans l'eau. Vers l'immersion, op. cit.*, p. 65.

＊2 William Francis Bridel, « From bar bet to fitness craze for weekend warriors : a genealogical analysis of the Ironman® triathlon », *Leisure/Loisir*, vol. 39/1, 2015.

＊3 Paul Yonnet, *Systèmes des sports*, Paris, Gallimard, NRF, 1998, pp. 221-246. Paul Yonnet, *Huit leçons sur le sport, op. cit.*, pp. 163-182.

＊4 名高い「ヴィユールバンヌ・エヴェイユ・リヨネ・スポーツ協会 Association Sportive de Villeurbanne Éveil Lyonnais」のことである。伝説的なバスケットボール部門が特に知られている。

＊5 2017年，イギリス人のダグラス・ウェイマークがこの競技の途上，ドーバー海峡横断中に体調不良に陥った後，死亡した。

＊6 Reto Lenherr, Beat Knechtle, Christoph Alexander Rüst [et al.], « From double Iron to double deca Iron ultra-triathlon – a retrospective data analysis from 1985 to 2011 », *Physical Culture and Sport. Studies and Research*, LIV, 2012, pp. 55-67.

＊7 Ludovic Chorgnon, « J'ai couru 41 Ironman en 41 jours : malgré la canicule, j'étais sûr d'y arriver. C'est fait », *L'Obs. Le Plus*, 16 août 2015, [En ligne : http://leplus.nouvelobs.com/contribution/1407417-j-ai-couru-41-ironman-en-41-jours-malgre-la-canicule-j-etais-sur-d-y-arriver-c-est-fait.html].

＊8 Megan DiTrolio, « 50 Ironmans in 50 Days in 50 States », *Runner's World*, En ligne [https://www.runnersworld.com/news/a20847747/50-ironmans-in-50-days-in-50-states/].

＊9 Stéphane Cascua, *Triathlon. S'initier et progresser, op. cit.*, p. 310. Valtrés, *Manuel du parfait petit triathlète, op. cit.*, p. 11.

＊10 Benoît Valque, « Comment passer à la distance supérieure dans de bonnes conditions ? », *Triathlète*, n° 386, 2019, p. 16.

＊11 Stéphane Cascua, *Triathlon. S'initier et progresser, op. cit.*, pp. 7-8.

＊12 *Ibid.*, p. 310.

＊13 例えば，以下を参照。pp. 140-145, 148-152, 172-173, 248-252, 256-259, 334-335. Fred Hurlin, « Passez à la distance supérieure », *Trimag*, n° 68, juin 2016, pp. 58-61.

＊14 ケビン・マイヤー（1992－）は，フランスの十種競技の選手である。彼は，この種目で9126点を獲得し，現在，世界記録保持者となっている。

＊15 Roger Caillois, *Les jeux et les hommes [1958]*, Paris, Gallimard Folio, 2006,

＊51　Jean-Pierre de Mondenard, *Dopage. L'imposture des performances*, Paris, Chiron, 2000, p. 263.

＊52　Paul Yonnet, *Huit leçons sur le sport*, Paris, Gallimard NRF, 2004, pp. 210-211.

＊53　« F. Schleck sous surveillance », *L'Équipe*, 27 septembre 2008.

＊54　Pascal Dumont, « Le cyclisme : le mécanisme refoulé », *op. cit.*, p. 5.

＊55　Paul Roux, « Faites donc du cyclotourisme à deux », *Match, l'Intran*, octobre, 1932, p. 6.

＊56　René Bierre, « Pédalerons-nous dans la position couchée ? », *Match, l'Intran*, mai, 1934, p. 15.

＊57　*Bulletin officiel de l' Union cycliste internationale*, 1934.

＊58　Pascal Dumont, « Le cyclisme : le mécanisme refoulé », *op. cit.*, p. 5.

＊59　*Règles techniques de la bicyclette : guide pratique d'application*, éd. Union Cycliste Internationale, 2009, p. 2.〔国際自転車競技連合編「ＵＣＩ技術規則の明確化ガイド 19.09.2019 Version」『国際自転車競技連合 定款および規則 2019』日本自転車競技連盟訳，2019 年，1 頁，https://jcf.or.jp/wp2012/wp-content/uploads/downloads/2019/09/Clarification-Guide-of-the-UCI-Technical-Regulation-ver20190919-ej-JCF....pdf 閲覧日：2021 年 2 月 14 日。〕

＊60　Marcel Mauss, « Les techiniques du corps [1934] », in *Sociologie et anthropologie*, Paris, PUF, 2004, pp. 365-386.

＊61　Luc Collard, Emmanuel Auvray et Ivan Bellaunay, « Why have swimmers neglected the "fish kick" technique ? », *International Journal of Performance Analysis in Sport*, vol. 8 / 3, novembre 2008, p. 18-26.

＊62　Luc Collard, *La cinquième nage, natation et théorie de l'évolution*, Paris, Atlantica, 2009, p. 11.

＊63　*Ibid.*, p. 51.

＊64　アクセル・カーン（1944－）は，フランスの医師・遺伝学者であり，1992 年から 2004 年までの間，倫理諮問委員会のメンバーを務めた。今日まで彼は，抗がん国民連盟の会長を務めている。

＊65　Gilles Goetghebuer, « Elle court, elle court la génétique ! », *Sport et Vie*, n° 106, janvier, 2008, p.19.

＊66　Michael J. Sandel, « The Case Against Perfection », *The Atlantic Monthly*, Avril 2004.

＊67　Patrick Laure, *Éthique du dopage*, Paris, Ellipses, 2002, p. 49.

＊68　*Ibid*, p. 52.

＊34　より突き詰めた分析については以下を参照のこと。Raphaël Verchère, *Travail, ordre et discipline : la société sportive et ses tensions, op. cit.*, pp. 224-275.

＊35　Jack Wilmore et David Costill, *Physiologie du sport et de l'exercise*, Bruxelles, De Boeck, 2002, p. 300.

＊36　Luc Léger et Daniel Mercier, « Prédiction de la performance en course à pied à partir de la Puissance Maximale Aérobie », *STAPS*, n° 14, décembre, 1986.

＊37　Jack Wilmore et David Costill, *Physiologie du sport et de l'exercise, op. cit.*, p. 299.

＊38　Per-Olof Astrand, « Influences of Biological Age and Selection », in *Endurance in Sport*, John Wiley & Sons, Ltd, 2008, p. 400, [En ligne : https://onlinelibrary.wiley.com/doi/abs/10.1002/9780470694930.ch27].

＊39　フランス語訳がおぞましい出来なので，オリジナルの英語版をおすすめする。そちらの方が快適に読める。David Epstein, *The Sports Gene : Talent, Practice and the Truth About Success*, Yellow Jersey, 2014.

＊40　John Rawls, *Théorie de la justice [1971], op. cit.*, p. 134.

＊41　Dan Véléa, « L'addiction à l'exercice physique », *op. cit.*

＊42　Sébastien Fleuriel, *Le sport de haut niveau en France : Sociologie d'une catégorie de pensée*, Grenoble, PUG, 2004.

＊43　Manuel Schotté, « Réussite sportive et idéologie du don. Les déterminants sociaux de la "domination" des coureurs marocains dans l'athlétisme français (1980-2000), *STAPS*, n° 57, 2002.

＊44　Max Weber, *L'éthique protestante et l'esprit du capitalisme [1905]*, Paris, Plon Pocket, 2007.

＊45　Georges Vigarello, *Du jeu ancien au show sportif, op. cit.*, p. 120.

＊46　Anne Barrère, « Le bosseur, le fumiste, les touristes et le forçat. Formes de travail lycéen et pratiques d'évaluation », *Correspondances – SAIO Créteil*, n° 11, juin 2001.

＊47　Philippe Brunel, *Vie et mort de Marco Pantani*, Paris, Grasset, 2007, p. 64.

＊48　Michel Foucault, *Surveiller et punir [1975], op. cit.*, pp. 333-342.

＊49　Michel Foucault, « Le sujet et le pouvoir [1982] », in *Dits et Écrits II*, Paris, Gallimard Quarto, 2001, p. 1044.

＊50　EPO は，フェスティナチームやランス・アームストロングの事件が問題になった時期に不気味なほど広まったホルモンで，酸素を体に循環させる赤血球を生み出す役割を負っている。

＊16　*Ibid.*, p. 174.

＊17　*Ibid.*, p. 219.

＊18　*Triathlète*, vol. 360, 2017, p. 16.

＊19　ヴァンサン・ルイス（1989－）は，才能にあふれたフランスのトライアスリートの一人であり，2019 年の世界選手権のショート・ディスタンスの部門で優勝している。

＊20　カサンドル・ボーグラン（1997－）は，フランスのトライアスロンのエリートの一人であり，様々なフランス国内の大会の優勝者であり，2018 年の世界選手権の一戦における勝者である。

＊21　Jean-Marie Brohm, *Pierre de Coubertin, le seigneur des anneaux*, Paris, Homnisphères, 2008, p. 44.

＊22　Pierre de Coubertin, « Les assises philosophiques de l'olympisme moderne (message radiodiffusé à Berlin le 4 août 1935) », *Bulletin du Comité international olympique*, n° 13, janvier 1949, p. 12.

＊23　Yves Michaud, *Qu'est-ce que le mérite ?* Paris, Bourin Éditeur, 2009, p. 58.

＊24　Aristote, *Éthique à Nicomaque*, Paris, GF Flammarion, 2004, pp. 1131a-1132a.

＊25　*Ibid.*, pp. 1132a-1132b.

＊26　Isabelle Queval, *S'accomplir ou se dépasser. Essai sur le sport contemporain*, Paris, Gallimard NRF, 2004. Isabelle Queval, « Axes de réflexion pour une lecture philosophique du dépassement de soi dans le sport de haut niveau », *Science et Motricité*, n° 2, 2004.

＊27　Jean-Jacques Rousseau, *Discours sur l'origine et les fondements de l'inégalité parmi les hommes [1755]*, Paris, GF Flammarion, 1991, p. 183.

＊28　Georges Vigarello, *L'ésprit sportif aujourd'hui*, Paris, Universalis, 2004, p. 9.

＊29　ダニエラ・リフ（1987－）は，アイアンマン・ディスタンスのスペシャリストであり，特に 2014 年から 2018 年の間，世界チャンピオンになっている。

＊30　Gilles Le Roc'h, « Cyclisme : option pour Porte dans le Critérium international », *Le Nouvel Observateur*, 23 mars 2013.

＊31　Raymond Thomas, *La réussite sportive*, Paris, PUF, 1975.

＊32　Baruch Spinoza, *Traité politique. Lettres*, Paris, GF Flammarion, 1966, p. 347.

＊33　K. Anders Ericsson, Roy W. Roring et Kiruthiga Nandagopal, « Giftedness and evidence for reproducibly superior performance : an account based on the expert performance framework », *High Ability Studies*, vol. 18 / 1, juin 2007.

については、以下を参照。Baruch Spinoza, *Éthique [1677], op. cit.*, liv. I, prop. XXIX, scolie.

＊96　Georges Canguilhem, *Le normal et le pathologique [1943, 1966]*, Paris, PUF, 2007, p. 130.〔ジョルジュ・カンギレム『正常と病理』滝沢武久訳，法政大学出版局，1987 年，176 頁。〕

5　トライアスロンの政治学

＊1　ジュリアン・アブサロン（1980－）は，フランスの最も才能あるマウンテンバイクのサイクリストの一人である。フランスの選手権で 14 回，ヨーロッパの選手権で 5 回優勝している。また，ＵＣＩマウンテンバイクワールドカップで 7 回にわたり 1 位となり，世界選手権自転車競技大会では 5 回，オリンピックでは 2 回優勝している。

＊2　こうした問題すべてについては，2012 年に審査を受けた，私の哲学の博士論文において分析している。Raphaël Verchère, *Travail, ordre et discipline : la société sportive et ses tensions*, Université Jean-Moulin-Lyon 3, 2012, 516 p.

＊3　Alain Ehrenberg, *Le culte de la performance*, Paris, Hachette, 1991, p. 28.

＊4　Nicolas Sarkozy, « Convention pour la France d'après, oser le sport », 2006.

＊5　Olivier Mongin et Georges Vigarello, *Sarkozy. Corps et âme d'un président*, Paris, Perrin, 2008.

＊6　Georges Vigarello, *Du jeu ancien au show sportif, op. cit.*, p. 189.

＊7　Gabriel Compayré, *Études sur l'enseignement et sur l'éducation*, Paris, Hachette, 1891, pp. 35-37.

＊8　Pierre-Augustin Caron de Beaumarchais, *La folle journée, ou le mariage de Figaro [1778]*, 1785, p. 107.

＊9　Georges Hébert, *Le Sport contre l'Éducation physique [1925], op. cit.*, p. 36.

＊10　Georges Hébert, « L'Éducation physique des Masses », *L'Éducation physique*, n° 43, juillet, 1926, p. 6.

＊11　Pierre de Coubertin, *Pédagogie sportive [1919], op. cit.*, pp. 140-141.

＊12　Louis Dumont, *Homo æqualis. Tome I : Genèse et épanouissement de l'idéologie économique [1977]*, Paris, Gallimard Tel, 2008.

＊13　Michel Foucault, *Surveiller et punir [1975]*, Paris, Gallimard Tel, 2007, pp. 256-257.

＊14　*Ibid.*, pp. 333-342.

＊15　Georges Vigarello, *Le corps redressé*, Paris, Armand Colin, 2004, p. 173.

Paris, Les Éditions de Minuit, 2002, p. 185.〔ジル・ドゥルーズ「神秘家とマゾヒスト」『無人島』宇野邦一訳，河出書房新社，2003 年，282 頁。〕

＊81　Gilles Deleuze et Félix Guattari, *L'anti-Œdipe : capitalisme et schizophrénie, op. cit.*, p. 468.

＊82　Gilles Deleuze et Félix Guattari, *Mille plateaux : capitalisme et schizophrénie, op. cit.*, p. 192.〔ジル・ドゥルーズ，フェリックス・ガタリ『千のプラトー　資本主義と分裂症』宇野邦一他訳，河出書房新社，1994 年，179 頁。〕

＊83　*Ibid.*〔同書，179 頁。〕

＊84　Baruch Spinoza, *Éthique [1677], op. cit.*, liv. III, 2, scolie.

＊85　スピノザに関して以下で展開するすべての議論について，マチュー・トリクロが提示してくれた説明に感謝するものである。その説明については，三千年紀の間は必ず次のアドレスで参照できるであろう。https://twitter.com/RaphaeIVerchere/status/1168995537695191040〔2021 年 12 月 25 日現在，マチュー・トリクロ氏の当該ツイートは削除されている模様。〕

＊86　Baruch Spinoza, *Éthique [1677], op. cit.*, liv. III, 11, scolie.

＊87　「心地よさ chatouillement」は、シャルル・アピューンが『エチカ』の翻訳をした際に，ラテン語の「ティーティッラーティオ *titillatio*」〔「くすぐること」,「快い刺激」の意〕にあてた語である。私が平凡なラテン語学習者であることは，その無能力さにおいて，私が平凡な泳者であることに匹敵しているが，これに他の訳語をあてることは差し控えたい。それでもあえて，まさにそのものである「快楽 plaisir」という語をあてたり，ほとんど性的な意味において「刺激 stimulation」や「興奮 excitation」をあてたりする者もいる。

＊88　Henri Bergson, « La conscience et la vie [1911] », in *L'énergie spirituelle*, Paris, PUF, 2005.

＊89　エピクロスからメノイケウスに宛てた大変有名な手紙を参照のこと。Diogène Laërce, *Vies et doctrines des philosophes illustres, op. cit.*, liv. X, 128.

＊90　Henri Bergson, « La conscience et la vie [1911] », *op. cit.*

＊91　William Francis Bridel, *« Finish... Whatever it Takes » Considering Pain and Pleasure in the Ironman Triathlon : A Socio-Cultural Analysis, op. cit.*, p. 2.

＊92　Alain, *Propos sur le bonheur*, Paris, Gallimard Folio, 1928, chap. XLII.

＊93　*Ibid.*

＊94　Marc Aurèle, *Pensées pour moi-même*, Paris, Arléa, 1995, liv. IV, Paragraphe 49.

＊95　「能産的自然 Nature Naturante」と「所産的自然 Nature Naturée」の区別

＊57　*Ibid.*, p. 151.

＊58　*Ibid.*, p. 15.

＊59　Michel Foucault, «Naissance de la biopolitique [1979] », in *Dits et Écrits II*, Paris, Gallimard Quarto, 2001. Michel Foucault, *Naissance de la biopolitique [1979]*, Paris, Gallimard Seuil 2004.

＊60　William Francis Bridel, *« Finish… Whatever it Takes » Considering Pain and Pleasure in the Ironman Triathlon : A Socio-Cultural Analysis, op. cit.*, p. 237.

＊61　Leopold von Sacher-Masoch, *La Vénus à la fourrure*, Pocket, 2013, p. 69.〔レオポルド・リッター・フォン・ザッヘル＝マゾッホ『毛皮を着たヴィーナス』種村季弘訳，河出書房新社，2013 年，79 頁。〕

＊62　Richard von Krafft-Ebing, *Psychopathia sexualis*, Paris, Georges Carré, 1895, p. 121.

＊63　Sigmund Freud, *Trois essais sur la théorie sexuelle [1905]*, Paris, Gallimard Folio, 2007, pp. 87/112, 99/129.

＊64　*Ibid.*, p. 57/69.

＊65　*Ibid.*, p. 57/70.

＊66　*Ibid.*, p. 59/71.

＊67　Sigmund Freud, *Du masochisme*, Paris, Payot, 2011, p. 169.

＊68　*Ibid.*, p. 173.

＊69　*Ibid.*, p. 176.

＊70　Sigmund Freud, *Trois essais sur la théorie sexuelle [1905], op. cit.*, p. 104/136.

＊71　例えば，次を参照せよ。Manon Garcia, *On ne naît pas soumise, on le devient*, Paris, Climats, 2018, p. 39.

＊72　Sigmund Freud, *Du masochisme, op. cit.*, p. 174 .

＊73　*Ibid.*, p. 182.

＊74　*Ibid.*, p. 186.

＊75　*Ibid.*, p. 157.

＊76　Gilles Deleuze et Félix Guattari, *L'anti-Œdipe : capitalisme et schizophrénie*, Paris, Les Éditions de Minuit, 1972, pp. 60-162.

＊77　*Ibid.*, pp. 7-59.

＊78　Gilles Deleuze, *Présentation de Sacher-Masoch : le froid et le cruel*, Paris, Les Éditions de Minuit, 2007, pp. 114-115.

＊79　*Ibid.*, p. 67.

＊80　Gilles Deleuze, *L'île déserte et autres textes : textes et entretiens 1953-1974*,

2002, liv. III, 18.

＊36　*Ibid.*, liv. III, 17.

＊37　Gilles Goetghebuer, « Avocat de la défonce », *op. cit.*, p. 21.

＊38　Emil Cioran, « Glossaire », in *Œuvres*, Paris, Quarto Gallimard, 1995, p. 1738.

＊39　Aristote, *Problème XXX*, *op. cit.*, p. 18.

＊40　William Francis Bridel, *« Finish... Whatever it Takes » Considering Pain and Pleasure in the Ironman Triathlon : A Socio-Cultural Analysis, op. cit.*, p. 1.

＊41　*Ibid.*, p. 3.

＊42　*Ibid.*, p. 115.

＊43　ゴールシーンは，例えばここで見られる。https://www.youtube.com/watch?v=nVKqFAPdjIA

＊44　William Francis Bridel, *« Finish... Whatever it Takes » Considering Pain and Pleasure in the Ironman Triathlon : A Socio-Cultural Analysis, op. cit.*, p. 116.

＊45　https://www.youtube.com/watch?v=g_utqeQALVE

＊46　William Francis Bridel, *« Finish... Whatever it Takes » Considering Pain and Pleasure in the Ironman Triathlon : A Socio-Cultural Analysis, op. cit.*, p. 8.

＊47　Gilles Deleuze et Félix Guattari, *Mille plateaux : capitalisme et schizophrénie*, Paris, Les Éditions de Minuit, 1980, p. 285sq.

＊48　« Héraclite », in Jean-Paul Dumont, (éd.). *Les écoles présocratiques*, Paris, Gallimard Folio, 1991, p. 87 (XCI).

＊49　William Francis Bridel, *« Finish... Whatever it Takes » Considering Pain and Pleasure in the Ironman Triathlon : A Socio-Cultural Analysis, op. cit.*, p. 124.

＊50　*Ibid.*, p. 130.

＊51　*Ibid.*, pp. 133-134.

＊52　Frédéric Baillette et Philippe Liotard, *Sport et virilisme*, Montpellier, Association Osiris, 1999.

＊53　William Francis Bridel, *« Finish... Whatever it Takes » Considering Pain and Pleasure in the Ironman Triathlon : A Socio-Cultural Analysis, op. cit.*, p. 233.

＊54　Simone de Beauvoir, *Le deuxième sexe II [1949, 1967]*, Paris, Gallimard Folio, 2003, p. 7.

＊55　*Ibid.*, p. 29.

＊56　William Francis Bridel, *« Finish... Whatever it Takes » Considering Pain and Pleasure in the Ironman Triathlon : A Socio-Cultural Analysis, op. cit.*, pp. 31-35.

＊15　Carol Lee Chapman et John Manuel De Castro, « Running addiction : measurement and associated psychological characteristics », *The Journal of Sports Medicines and Physical Fitness*, vol.30 / 3, 1990, p. 283.

＊16　*Ibid.*, p. 285. フランス語の翻訳については，次のものを参照。Dan Véléa, « L'addiction à l'exercice physique », *Psychotropes*, vol.8 / 3-4, 2002, p. 44.

＊17　Dan Véléa, « L'addiction à l'exercice physique », *op. cit.*, pp. 43-44.

＊18　スポーツ実践の「離脱症状」と，終了した自分のキャリアに対するチャンピオンの困難な「喪の作業」の問題については，次を参照。Patrick Bauche, *Les héros sont fatigués. Sport, narcissisme et dépression*, Paris, Payot, 2004, pp. 121-127, 153-160.

＊19　Denis Moreau et Pascal Taranto, « Introduction », in Denis Moreau, Pascal Taranto, (éd.). *Activité physique et exercices spirituels*, Paris, Vrin, 2008, pp. 30-32.

＊20　John Rawls, *Théorie de la justice [1971]*, Paris, Seuil, 1999, p. 134.

＊21　Aristote, *Problème XXX*, Paris, Allia, 2004, p. 7.

＊22　Allen Guttmann, *From Ritual to Record : The Nature of Modern Sports, op. cit.*, pp. 21-22. Sophie Pabel-Imbaud, *Jeux Olympiques et sport en Grèce antique*, Paris, Musée du Louvre, 2004, p. 7.

＊23　Éric Loonis, *Théorie générale de l'addiction*, Paris, Publibook, 2002, pp. 54-65.

＊24　Graeme Obree, *Flying Scotsman*, Boulder (Colorado), VeloPress, 2005, p. XII.

＊25　*Ibid.*, p. 2.

＊26　*Ibid.*, p. 236.

＊27　*Ibid.*, p. 237.

＊28　Laurent Karila, *Dépression et addictions. op. cit.*, pp. 7-8.

＊29　Patrick Bauche, *Les héros sont fatigués. Sport, narcissisme et dépression, op. cit.*, pp. 81-82.

＊30　Raymond Thomas, *Psychologie du sport*, Paris, PUF, 2002, p. 61.

＊31　Dan Véléa, *« L'addiction à l'exercice physique », op. cit.*, pp. 41-42.

＊32　Blaise Pascal, *Pensées [1670]*, Paris, GF Flammarion, 1976, paragr. 139-136.〔ブレーズ・パスカル「パンセ」『世界の名著 24　パスカル』前田陽一・由木康訳，中央公論社，1966 年，121 頁。〕

＊33　Emmanuel Kant, *Réflexions sur l'éducation [1803]*, Paris, Vrin, 2004, p. 57.

＊34　*Ibid.*, p. 148/471.

＊35　Friedrich Nietzsche, *Généalogie de la morale [1887]*, Paris, GF Flammarion,

＊32　*Ibid.*, paragr. 43.

＊33　Jean-Paul Sartre, *L'Être et le Néant [1943]*, Paris, Gallimard, 1976, p. 384.

4　トライアスロンの心理学

＊1　Ernst Haeckel, *Generelle morphologie der organismen*, Berlin, G. Reimer, 1866, p. 55.

＊2　Stéphane Cascua, *Triathlon. S'initier et progresser, op. cit.*, p. 158.

＊3　Aristote, *Métaphysique, op. cit.*, pp. 983b-984a.

＊4　Valtrés, *Un triathlon... mais à quel prix ? op. cit.*, p. 144.

＊5　Yohan Roblin, « On n'est jamais trop vieux pour finir un Ironman : demandez à ce Japonais de 83 ans », *LCI*, [En ligne : https://www.lci.fr/sport/video-on-n-est-jamais-trop-vieux-pour-finir-un-ironman-demandez-a-ce-japonais-de-83-ans-2007393.html].

＊6　Valtrés, *Manuel du parfait petit triathlète, op. cit.*, p. 44.

＊7　Pierre de Coubertin, *Pédagogie sportive [1919]*, Paris, Vrin, 1972, p. 7.

＊8　Emmanuel Kant, *Critique de la raison pure [1781]*, Paris, GF Flammarion, 2001, p. 496/A 534/B 562.

＊9　*Ibid.*

＊10　Laurent Karila, *Dépression et addictions*, Paris, Phase 5, 2006, p. 12.

＊11　Gilles Goetghebuer, « Avocat de la défonce », *Sport et Vie*, n° 106, septembre 2008, pp. 20-21.

＊12　Gilles Goetghebuer, « Quel bonheur ! », *Sport et Vie*, n° 155, mars 2016, pp. 24-31.

＊13　例えば次を参照。Olivier Paradis-Lemieux, « D'ancienne toxicomane à Ironman », *Radio-Canada.ca*, 17 août 2019, [En ligne : https://ici.radio-canada.ca/sports/1263161/triathlon-ironman-tremblant-christine-piche-ancienne-toxicomane]. L'info du Nord, « Jean-François Duquette: de toxicomane à Ironman », *L'info du Nord Mont-Tremblant*, 31 août 2016, [En ligne : https://infodunordtremblant.ca/sports/2016/08/31/jean-francois-duquette-de-toxicomane-a-ironman/].

＊14　Le Point, « Nice : arrestation d'un baron de la drogue permet de démanteler un réseau », *Le Point*, 30 septembre 2016, [En ligne : https://www.lepoint.fr/societe/un-baron-de-la-drogue-presume-triathlete-et-fan-de-voitures-de-sport-arrete-a-nice-30-09-2016-2072472_23.php].

している。
＊12　https://www.instagram.com/p/B2qEHpal-rs/
＊13　ヤン・フロデノ（1981－）は，2008年の北京オリンピックのトライアスロンのチャンピオンであり，以後アイアンマン・ディスタンスでのキャリアを積んでいる（2014年，2015年，2016年，2019年の世界チャンピオン）。
＊14　AFP, « En confinement, Jan Frodeno réalise un Ironman de 226km chez lui », *HuffingtonPost*, 11 avril 2020 [https://www.huffingtonpost.fr/entry/confine-jan-frodeno-realise-un-ironman-de-226km-chez-lui_fr_5e92087bc5b69d65062a7a2b].
＊15　Jean Baudrillard, *La guerre du Golfe n'a pas eu lieu*, Paris, Galilée, 1991.
＊16　Georges Vigarello, *Une histoire culturelle du sport, techniques d'hier et d'aujourd'hui*, Paris, Revue EPS et Robert Laffont, 1998, p. 103.
＊17　*Ibid.*, pp. 58, 89-93.
＊18　Charles Scott Sherrington, *The Integrative Action of the Nervous System*, New Haven, Yale University Press, 1920, pp. 316-356.
＊19　Isabelle Queval, *Le corps aujourd'hui*, Paris, Flammarion, 2008, p. 60.
＊20　Maurice Merleau-Ponty, *Phénoménologie de la perception*, Paris, Gallimard, 1945, pp. 106-179.
＊21　Jean Baudrillard, *Simulacres et simulation, op. cit.*, p. 17.
＊22　Frédéric Grappe, *Cyclisme et optimisation de la performance, op. cit.*, p. 83.
＊23　René Descartes, *Méditations métaphysiques [1641-1647]*, Paris, GF Flammarion, 1979, p. AT 64.
＊24　Henri Bergson, *Introduction à la métaphysique [1903]*, Paris, PUF, 2011, p. 6.〔アンリ・ベルクソン「形而上学入門」『世界の名著64　ベルクソン』坂田徳男訳，中央公論社，1979年，69頁。〕
＊25　*Ibid.*, p. 35.
＊26　René Descartes, *Correspondance avec Élisabeth et autres lettres [1637-1649]*, Paris, GF Flammarion, 1989, p. 73.
＊27　René Descartes, *Les passions de l'âme [1649], op. cit.*, paragr. 31.
＊28　*Ibid.*, paragr. 34.
＊29　Mathieu Triclot, *Le moment cybernétique. La constitution de la notion d'information*, Seyssel, Champ Vallon, 2008, pp. 19-99.
＊30　Raymond Ruyer, *La cybernétique et l'origine de l'information [1954]*, Paris, Flammarion, 1967, p. 36.
＊31　René Descartes, *Les passions de l'âme [1649], op. cit.*, paragr. 41.

＊77　René Descartes, *Les passions de l'âme [1649], op. cit.*
＊78　« Empédocle », *op. cit.*, p. 146.
＊79　Bernard Andrieu, *En plein soleil. Vers l'énergie, op. cit.*, p. 37.
＊80　Valtrés, *Manuel du parfait petit triathlète, op. cit.*, p. 13.
＊81　Claire Duncan, « 4 Indoor triathlons in 2016 », *Triathlon Magazine Canada*, 6 janvier 2016.
＊82　http://www.xterraplanet.com/
＊83　William Francis Bridel, *« Finish... Whatever it Takes » Considering Pain and Pleasure in the Ironman Triathlon : A Socio-Cultural Analysis*, Queen's University, 2010, p. 195sq.
＊84　René Descartes, *Discours de la méthode [1637]*, Paris, GF Flammarion, 2000, p. 99.

3　トライアスロンの認識論

＊1　https://zwift.com
＊2　https://www.apple.com/
＊3　https://tacx.com
＊4　https://www.zwiftpower.com/
＊5　https://www.strava.com/
＊6　クリストファー・フルーム（1985－）は，何をおいても，ツール・ド・フランスでの4回を含めグランツールで7回の優勝をおさめたサイクリストである。恐ろしい転落事故によって，2019年に一時的に活動を停止した。2016年のモン・ヴァントゥの登りで，メカトラブルのあと，偶然にも自転車競技／ランニングの混成競技を試みたことが記憶されている。
＊7　https://chrisfroomelookingatstems.tumblr.com/
＊8　Jean Baudrillard, *Simulacres et simulation*, Paris, Galilée, 1981, p. 10.
＊9　2019年8月に行われた東京オリンピックの「テストイベント」では，フランス人のトライアスリートは体内温度を測るセンサーを飲み込んだ。http://www.bodycap-medical.com/fr/produit/ecelsius を参照のこと。
＊10　Georges Vigarello, « Le premier mouvement corporel mécanisé », in *Anthologie commentée des textes historiques de l'éducation physique et du sport*, Paris, Revue EPS, 2001, pp. 18-19.
＊11　ライオネル・サンダース（1988－）はアメリカのアスリートであり，22歳の時にトライアスロンに出会い，アイアンマンレースの数々の大会で優勝

Rennes-2, 2009, p. 78.
＊53　*Ibid.*, p.247.
＊54　Bernard Andrieu, *Un goût de terre, Vers la cosmosensation, op. cit.*, p. 23.
＊55　Bruno Cavelier, *Running Attitude. Le guide complet de l'entraînement, op. cit.*, pp. 56-57.
＊56　William Francis Bridel, « Not fat, not skinny, functional enough to finish : interrogating constructions of health in the Ironman Triathlon », *Leisure/Loisir*, Vol.37/1, 2013, pp. 37-56.
＊57　Solarberg Séhel, *Courir léger. Light Feet Running*, Vergèze,Thierry Souccar Éditions, 2015.
＊58　Cyrille Gindre, Ralph Hippolyte et Bertrand Théraulaz, « Êtes-vous terrien ou aérien ? », *Sport et Vie*, n° 156, mai 2016, pp. 14-23.
＊59　Albert Camus, *Le mythe de Sisyphe*, Paris, Gallimard, 1942.
＊60　Gaston Bachelard, *La terre et les rêveries de la volonté, op. cit.*, p. 194.
＊61　*Ibid.*, pp. 10-11.
＊62　*Ibid.*, p. 194.
＊63　*Ibid.*
＊64　Isabelle Queval, *Philosophie de l'effort*, Paris, Éditions Cécile Defaut, 2016.
＊65　Pierre Maine de Biran, *Mémoire sur la décomposition de la pensée*, Paris, Vrin, 2000, p. 138.
＊66　Guillaume Le Blanc, *Courir. Méditations physiques*, Paris, Flammarion, 2015, p. 108.
＊67　René Descartes, *Les passions de l'âme [1649]*, Paris, GF Flammarion, 1996, paragr. 30, 31.
＊68　Guillaume Le Blanc, *Courir. Méditations physiques, op. cit.*, p. 107.
＊69　Valtrés, *Un triathlon... mais à quel prix ? op. cit.*, p. 148.
＊70　Baruch Spinoza, *Éthique [1677]*, Paris, GF Flammarion, 1965, liv. 3, XI, scolie.
＊71　Gaston Bachelard, *La psychanalyse du feu, op. cit.*, p. 40.
＊72　Bernard Andrieu, *En plein soleil. Vers l'énergie, op. cit.*, p. 117.
＊73　Aristote, *Métaphysique*, Paris, GF Flammarion, 2008, p. 985b.
＊74　« Empédocle », *op. cit.*, pp. 131-132.
＊75　Gaston Bachelard, *La psychanalyse du feu, op. cit.*, p. 43.
＊76　Fernand Lagrange, *Physiologie des exercises du corps*, Paris, Félix Alcan, 1889.

＊30 Gilles Deleuze, « Cours 12 du 17/03/1981 sur Spinoza », *La voix de Gilles Deleuze*, [En ligne : http://www2.univ-paris8.fr/deleuze/article.php3?id_article=151].

＊31 Emmanuel Kant, *Critique de la faculté de juger [1790], op. cit.*, paragr. 23.

＊32 Valtrés, *Un triathlon... mais à quel prix ?* Amazon, 2015, p. 136.

＊33 Gaston Bachelard, *L'eau et les rêves. Essai sur l'imagination de la matière, op. cit.*, pp. 218-219.

＊34 Scott Tinley, *Finding Triathlon : How Endurance Sports Explain the World*, New York, Hatherleigh Press, 2015, chap. 14, p. 121.

＊35 Valtrés, *Manuel du parfait petit triathlète, op. cit.*, p. 17.

＊36 Gaston Bachelard, *L'eau et les rêves. Essai sur l'imagination de la matière, op. cit.*, p. 227.

＊37 Frédéric Grappe, *Cyclisme et optimisation de la performance, op. cit.*, pp. 269-312.

＊38 Stéphane Cascua, *Triathlon. S'initier et progresser*, Paris, Amphora, 2015, p. 271.

＊39 *Ibid.*, pp. 158-161.

＊40 Valtrés, *Manuel du parfait petit triathlète, op. cit.*, p. 18.

＊41 Bernard Andrieu, *Prendre l'air. Vers l'écologie corporelle, op. cit.*, pp. 134, 157-161.

＊42 Solarberg Séhel, *Le guide du crawl moderne, op. cit.*, pp. 38-52.

＊43 Valtrés, *Un triathlon... mais à quel prix ?, op. cit.*, p. 136.

＊44 *Ibid.*, p. 137.

＊45 Bernard Andrieu, *Prendre l'air. Vers l'écologie corporelle, op. cit.*, p. 29.

＊46 Gaston Bachelard, *L'air et les songes. Essai sur l'imagination en mouvement, op. cit.*, p. 25.

＊47 *Ibid.*, p. 156.

＊48 *Ibid.*, p. 159.

＊49 Pascal Dumont, « Le cyclisme : le mécanisme refoulé », *Cités*, vol. 7/3, 2001, p. 79.

＊50 Michel Bouet, *Signification du sport [1968], op. cit.*, p. 191.

＊51 *Ibid.*, p. 190.

＊52 Stéphanie Chanvallon, *Anthropologie des relations de l'Homme à la Nature. La Nature vécue entre peur destructrice et communion intime*, Université

＊12　Emmanuel Kant, *Critique de la faculté de juger [1790]*, Paris, GF Flammarion, 1995, paragr. 23.

＊13　Michel Bouet, *Signification du sport [1968]*, Paris, L'Harmattan, 2000, pp. 493-509. Raphaël Verchère, « Le sport est-il un art ? », *Médiations philosophiques*, n° 9, juin 2015, pp. 48-50.

＊14　Michel Bouet, *Signification du sport [1968]*, *op. cit.*, p. 33.

＊15　Didler Chollet, *Nager un crawl performant*, Paris, Amphora, 2015, pp. 89-93.

＊16　Frédéric Grappe, *Cyclisme et optimisation de la performance,* Bruxelles, De Boeck, 2005, pp. 365-366.

＊17　Bruno Cavelier, *Running Attitude. Le guide complet de l'entraînement*, Paris, Éditions Riva, 2007, pp. 54-55.

＊18　Raphaël Verchère, « Les innovations technologiques dans le sport enrichissent-elles l'expérience corporelle ? », *Corps*, n° 14, 2016, pp. 115-122.

＊19　Valtrés, *Manuel du parfait petit triathlète*, Amazon, 2014, p. 23.

＊20　Bernard Andrieu, *Bien dans l'eau. Vers l'immersion*, Biarritz, Atlantica, 2010, p. 67.

＊21　Michel Bouet, *Signification du sport [1968], op. cit.*, p. 495.

＊22　Bernard Andrieu, *Prendre l'air. Vers l'écologie corporelle*, Biarritz, Atlantica, 2009. Bernard Andrieu, *Bien dans l'eau. Vers l'immersion, op. cit*. Bernard Andrieu, *Un goût de terre. Vers la cosmosensation*, Biarritz, Atlantica, 2011. Bernard Andrieu, *En plein soleil. Vers l'énergie, op. cit.*

＊23　Gaston Bachelard, *l'eau et les rêves. Essai sur l'imagination de la matière*, Paris, Librairie José Corti, 1942. Gaston Bachelard, *L'air et les songes. Essai sur l'imagination en mouvement*, Paris, Librairie José Corti, 1943. Gaston Bachelard, *La terre et les rêveries de la volonté*, Paris, Librairie José Corti, 1948. Gaston Bachelard, *La psychanalyse du feu, op. cit.*

＊24　Bernard Andrieu, *Bien dans l'eau. Vers l'immersion, op. cit.*, p. 59.

＊25　Solarberg Séhel, *Le guide du crawl moderne*, Vergèze, Thierry Souccar Éditions, 2013, pp. 26-46.

＊26　Gaston Bachelard, *L'eau et les rêves. Essai sur l'imagination de la matière, op. cit.*, pp. 226-227.

＊27　*Ibid.*, p. 224.

＊28　*Ibid.*

＊29　*Ibid.*, p. 225.

ディとともに，1977年にこの地で初めてのアイアンマン・ディスタンスのトライアスロンを行うことを提案した。

＊32　John Collins, «Tri Sports History Timeline (1902-2008) », *This Was Triathlon !* [En ligne: http://thiswastriathlon.org/a-long-narrative/].

＊33　Jack Johnstone, « Triathlon – The Early History of the Sport », *Story of the First Triathlon*. [En ligne: https://web.archive.org/web/20200122035005/http://www.triathlonhistory.com/].

＊34　Didier Lehenaff et Didier Bertrand, *Votre sport : le triathlon*, Paris, Chiron Sports, 1987, p. 18.

＊35　Yves Cordier et Max Malaurent, *Triathlon, la techinique, la tactique, l'entraînement, op. cit.*, p. 27.

＊36　Catherine Davies, « Le triathlon à l'aube d'une ère nouvelle », *Revue Olympique*, n° 12, décembre 1996, p. 20.

＊37　Gilles Deleuze, « Les intercesseurs [1985] », in *Pourparlers*, Paris, Les Éditions de Minuit, 2003, p. 165.〔ジル・ドゥルーズ「仲介者」『記号と事件 1972-1990年の対話』宮林寛訳，河出書房新社，2007年，244頁。〕

＊38　Catherine Davies, « Le triathlon à l'aube d'une ère nouvelle », *op. cit.*, p. 20.

2　トライアスロンの形而上学

＊1　Didier Lehenaff et Didier Bertrand, *Votre sport : le triathlon, op. cit.*, p. 208.

＊2　« Empédocle », in Jean-Paul Dumond, (éd.). *Les écoles présocratiques,* Paris, Gallimard Folio, 1991, p. 181.

＊3　Diogène Laërce, *Vies et doctrines des philosophes illustres*, Paris, Le Libre de Poche, 1999, liv. VIII, paragraphe 76.

＊4　« Empédocle », *op. cit.*, p. 148.

＊5　Gaston Bachelard, *La psychanalyse du feu*, Paris, Gallimard, 1949, pp.154–155.

＊6　Georges Vigarello, *Du jeu ancien au show sportif, op. cit.*, p. 79.

＊7　Bernard Andrieu et Nicolas Burel, « La communication directe du corps vivant. Une émersiologie en première personne », *Hermès*, n° 68, 2014.

＊8　Bernard Andrieu, *En plein soleil. Vers l'énergie*, Biarritz, Atlantica, 2011, p. 14.

＊9　Bernard Jeu, *Analyse du sport*, Paris, PUF, 1992, p. 17.

＊10　*Ibid.*, p. 181.

＊11　Allen Guttmann, *From Ritual to Record : The Nature of Modern Sports, op. cit.*, p. 47sq.

187.

＊17　« Les sports », *Le Populaire*, 20 avril 1932, p. 3.

＊18　« Une épreuve d'athlétisme complet : le "triathlon" », *Ce soir,* 22 avril 1937, p. 4.

＊19　Paul Mourlon, « À propos des compétitions organisées à l'intention des jeunes », *L'Athlétisme*, avril 1940, p. 2.

＊20　René Moyse, « Sports féminins », *L'Intransigeant*, 1er juillet 1929, p. 4.

＊21　Pierre de Coubertin, « Les premières épreuves de gymnastique utilitaire », *Revue Olympique*, n° 3, mars 1906, pp. 39-40.

＊22　Pierre de Coubertin, *Une Campagne de vingt-et-un ans*, Paris, Librairie de l'Éducation Physique, 1909, p.216, [En ligne : https://fr.wikisource.org/wiki/Une_Campagne_de_vingt-et-un_ans].

＊23　Pierre de Coubertin, « Une expérience sportive », *Revue du Touring-Club de France*, 15 avril 1901, pp. 4-6.

＊24　Pierre de Coubertin, « Les premières épreuves de gymnastique utilitaire », *op. cit.*, p. 41.

＊25　Fernand Legouge, « L'athlète Avisseaux est champion des "débrouillards" », *Le Miroir des sports*, 11 août 1941, p. 11.

＊26　Yves Cordier et Max Malaurent, *Triathlon, la technique, la tactique, l'entraînement*, Paris, Robert Laffont, 1986, p. 19.

＊27　*Ibid.*, p. 20.

＊28　ジョルジュ・ブローブル（1944－）は，フランスにおけるトライアスロンのパイオニアの一人であり，ショート・ディスタンスでのフランスの最初の優勝者（1985年）である。彼は，トライアスリートのフレデリック・ブローブルの父であり，ポワッシーのクラブを主宰する，フランスにおける最重要人物の一人である。

＊29　Jean-François Brisson, « L'Olympisme peut-il sauver le sport de ses excès ? », *Revue Olympique*, n° 78-79, juin 1974, p. 221.

＊30　Christian Pociello, « "Nouvelles pratiques, nouvelles valeurs" : essai sur la transformation de quelques "milieux de culture" sportifs après les années 1980 », *Staps*, n° 107, octobre 2015, pp. 13-31.

＊31　ジョン・コリンズ（1936－）は，当時アメリカ海軍の士官であり，1975年以来ハワイを拠点としていた。彼は，1974年のサンディエゴでの最初の現代トライアスロンへの参加時に強い感銘を受け，彼のパートナーのジュ

原　　注

1　トライアスロンの歴史

＊1　豊富にある文献のうち，特に以下を参照。Georges Vigarello, *Du jeu ancien au show sportif*, Paris, Seuil, 2002. Roger Chartier et Georges Vigarello, « Les trajectoires du sport », *Le Débat*, n° 19, février 1982. Thierry Terret, *Histoire du sport*, Paris, PUF, 2007. Allen Guttmann, *From Ritual to Record : The Nature of Modern Sports*, New York Columbia University Press, 1979.

＊2　Roger Chartier et Georges Vigarello, « Les trajectoires du sport », *op. cit.*, p. 37.

＊3　Pierre de Coubertin, « À propos du pentathlon », *Revue Olympique*, n° 26, février 1902, p. 19.

＊4　Pierre de Coubertin, « Le Pentathlon moderne », *Revue Olympique*, n° 71, février 1911, p. 163.

＊5　Georges Hébert, « Le Sport contre l'Éducation physique [1925] », Paris, Revue EPS, 1993, p. 134.

＊6　« La vie sportive », *La Presse*, 15 mai 1905, p. 4.

＊7　« Les trois sports », *Le Journal amusant,* 2 avril 1904, p. 14.

＊8　« La vie sportive », *Le Matin*, 5 septembre 1910, p. 5.

＊9　« Résultats sportifs du 30 août au 4 septembre », *La Vie au grand air*, 10 septembre 1910, p. 676.

＊10　« Les trois sports », *La Vie au grand air*, 9 juin 1905, p. 470.

＊11　Georges Hébert, *Le Sport contre l'Éducation physique [1925]*, *op. cit.*

＊12　Georges Hébert, *L'éducation physique, ou l'entraînement complet par la méthode naturelle,* Paris, Vuibert, 1913, p. 82.

＊13　Georges Hébert, *Guide pratique d'éducation physique*, Paris, Vuibert, 1916, pp. 41, 541.

＊14　« La journée sportive aujourd'hui », *Le Petit Journal*, 19 juin 1921, p. 4.

＊15　« Les sports du dimanche », *Le Petit Journal*, 19 juin 1922, p. 4.

＊16　Roger Peyronnet de Torres, « Léon Beauchamps gagne l'épreuve des trois sports réservée aux rameurs parisiens », *Le Miroir des Sports*, 26 août 1925, p.

シェリル・ベルクマン・ドゥルー『スポーツ哲学の入門――スポーツの本質と倫理的諸問題』川谷茂樹訳，ナカニシヤ出版，2012 年.
レイモン・トマ『スポーツの歴史』蔵持不三也訳，白水社，1993 年.
フリードリヒ・ニーチェ『ツァラトゥストラかく語りき』佐々木中訳，河出書房新社，2015 年.
ヒュギーヌス『ギリシャ神話集』松田治・青山照男訳，講談社，2005 年.
ジル・フィレオル『社会学の基本用語』山下雅之訳，白水社，1997 年.
ジークムント・フロイト『フロイト全集 18』本間直樹他訳，岩波書店，2007 年.
ホメロス『オデュッセイア』上・下，松平千秋訳，岩波書店，1994 年.
スーザン・P・マターン『ガレノス――西洋医学を支配したローマ帝国の医師』澤井直訳，白水社，2017 年.
アントワーヌ・レオン『フランス教育史』池端次郎訳，白水社，1969 年.

4．外国語文献

DHERS, Gilles, « 1915-1935 : Alice Milliat, militante du sport féminin », *Libération*, 11 mai 2019, [En ligne : https://www.liberation.fr/sports/2019/05/11/1915-1935-alice-milliat-militante-du-sport-feminin_1725909].
PHILIPPE-MÉDEN, Pierre, « Georges Hébert : un pionnier de l'écologie corporelle ? », *Corps*, n° 15, 2017, [En ligne : https://www.cairn.info/revue-corps-2017-1-page-57.htm].
SANDEL, Michael J., *The Case Against Perfection*, Harvard University Press, 2007.
SOURDEL, Dominique et SOURDEL-THOMINE, Janine, *Vocabulaire de l'islam*, PUF, 2002.
THOMAS, Raymond, *Histoire du sport*, PUF, 1991.

著参考文献一覧にも同タイトルの文献の記載があるが，媒体が異なることを特に考慮し，別記するものである。

1．辞典など

廣松渉他編『岩波哲学・思想事典』岩波書店，1998 年.
粟田賢三・古在由重編『岩波 哲学小辞典』岩波書店，1979 年.
日本社会学会社会学事典刊行委員会編『社会学事典』丸善，2010 年.
濵嶋朗・竹内郁郎・石川晃弘編『社会学小辞典』有斐閣，2005 年.
J. L. エスポズィト編『オックスフォードイスラームの辞典』八尾師誠監訳，菊地達也・吉田京子訳，朝倉書店，2020 年.

2．日本語文献（翻訳文献を除く）

伊藤貞夫『古代ギリシアの歴史――ポリスの興隆と衰退』講談社，2004 年.
上垣豊『規律と教養のフランス近代――教育史から読み直す』ミネルヴァ書房，2016 年.
生松敬三他編『西洋哲学史の基礎知識――西洋哲学の形成と展開』有斐閣，1977 年.
梶田昭『医学の歴史』講談社，2003 年.
近藤良享『スポーツ倫理』不昧堂出版，2012 年.
清水重勇『フランス近代体育史研究序説』不昧堂出版，1986 年.
多木浩二『スポーツを考える――身体・資本・ナショナリズム』筑摩書房，1995 年.
野口雅弘『マックス・ウェーバー――近代と格闘した思想家』中央公論新社，2020 年.
廣川洋一『ソクラテス以前の哲学者』講談社，1997 年.

3．日本語訳された外国語文献

ガレノス『ヒッポクラテスとプラトンの学説（1）』内山勝利・木原志乃訳，京都大学学術出版会，2005 年.
マイケル・J・サンデル『完全な人間を目指さなくてもよい理由――遺伝子操作とエンハンスメントの倫理』林芳紀・伊吹友秀訳，ナカニシヤ出版，2010 年.
バルフ・デ・スピノザ『スピノザ往復書簡集』畠中尚志訳，岩波書店，1958年.
ルネ・デカルト『デカルト全書簡集第 5 巻』山田弘明他訳，知泉書館，2012 年.

L'INqualifiable, Numéro moins que zéro, avril 2016, [En ligne : http://linqualifiable.com/linqualifiable-troisieme-testicule-cycliste/].
VERCHÈRE, Raphaël, *Travail, ordre et discipline : la société sportive et ses tensions*, Université Jean-Moulin-Lyon-3, 2012, [En ligne : http://www.theses.fr/2012LYO30051].
VIGARELLO, Georges, *Du jeu ancien au show sportif*, Paris, Seuil, 2002.
VIGARELLO, Georges, *L'esprit sportif aujourd'hui*, Paris, Universalis, 2004.
VIGARELLO, Georges, *Le corps redressé*, Paris, Armand Colin, 2004.
VIGARELLO, Georges, « Le premier mouvement corporel mécanisé », in *Anthologie commentée des textes historiques de l'éducation physique et du sport*, Paris, Revue EPS, 2001.
VIGARELLO, Georges, *Une histoire culturelle du sport, techniques d'hier et d'aujourd'hui*, Paris, Revue EPS et Robert Laffont, 1998.
VIVES, Mélanie, « Triathlètes, rivales et amoureuses », *L'Équipe magazine*, n° 1634, novembre 2013.
VLECK, Veronica, BENTLEY, David et COCHRANE, Thomas, « L'entraînement en triathlon : synthèse et perspectives de recherche », *Movement & Sport Sciences*, vol. 3 / 50, 2003.
WEBER, Max, *L'éthique protestante et l'esprit du capitalisme [1905]*, Paris, Plon Pocket, 2007.〔マックス・ウェーバー「プロテスタンティズムの倫理と資本主義の精神」『世界の名著 61　ウェーバー』梶山力・大塚久雄訳，中央公論社，1979 年.〕
WILMORE, Jack et COSTILL, David, *Physiologie du sport et de l'exercice*, Bruxelles, De Boeck, 2002, [En ligne : http://books.google.fr/books?id=SS_R61fNzbwC].
YONNET, Paul, *Huit leçons sur le sport*, Paris, Gallimard NRF, 2004.
YONNET, Paul, *Jeux, modes et masses. La société française et le moderne. 1945-1985*, Paris, Gallimard NRF, 1985.
YONNET, Paul, *Systèmes des sports*, Paris, Gallimard NRF, 1998.

以下は，先に示したもの以外に本書の訳出に際して訳者が参照したものを示す。なお，下記に含まれるマイケル・J・サンデルの英文書籍については，原スピノザ『エチカ』上・下，畠中尚志訳，岩波書店，1975 年 ;『エティカ』工藤喜作・斎藤博訳，中央公論新社，2007 年.〕
SPINOZA, Baruch, *Traité politique. Lettres*, Paris, GF Flammarion, 1966.
TERRET, Thierry, *Histoire du sport*, Paris, PUF, 2007.
TERRET, Thierry, *Naissance et diffusion de la natation sportive*, Paris, L'Harmattan, 1994.
TERRET, Thierry, *Sport et genre (volume 1) : La conquête d'une citadelle masculine*, Paris, L'Harmattan, 2006.
THOMAS, Raymond, *La réussite sportive*, Paris, PUF, 1975.
THOMAS, Raymond, *Psychologie du sport*, Paris, PUF, 2002.
TINLEY, Scott, *Finding Triathlon : How Endurance Sports Explain the World*, New York, Hatherleigh Press, 2015.
TRICLOT, Mathieu, *Le moment cybernétique. La constitution de la notion d'information*, Seyssel, Champ Vallon, 2008.
« Une épreuve d'athlétisme complet : le "triathlon" », *Ce soir*, 22 avril 1937, [En ligne : http://gallica.bnf.fr/ark:/12148/bpt6k76334356].
VALQUE, Benoît, « Comment passer à la distance supérieure dans de bonnes conditions ? », *Triathlète*, n° 368, septembre 2019.
VALQUE, Benoît, « L'arrivée des séances clés », *Triathlète*, n° 360, mai 2017.
VALTRÉS, *100 conseils pour ne pas finir un marathon*, Amazon, 2016.
VALTRÉS, *Manuel du parfait petit triathlète*, Amazon, 2014.
VALTRÉS, *Un triathlon... mais à quel prix ?* Amazon, 2015.
VÉLÉA, Dan, « L'addiction à l'exercice physique », *Psychotropes*, vol. 8 / 3-4, 2002, [En ligne : https:www.cairn.info/load_pdf.php?ID_ARTICLE=PSYT_083_0039].
VELEZ, Anne, *Les filles de l'eau. Une histoire des femmes et de la natation en France (1905-1939)*, Université d'Angers, 2010, [En ligne : https://hal-lirmm.ccsd.cnrs.fr/UNIV-ANGERS-THESE/tel-00608847].
VERCHÈRE, Raphaël, « Le sport est-il un art ? », *Médiations philosophiques*, n° 9, juin 2015, [En ligne : http://lesmediationsphilosophiques.fr/mediaphi/mediaphi-9-le-present-de-lart].
VERCHÈRE, Raphaël, « Les innovations technologiques dans le sport enrichissent-elles l'expérience corporelle ? », *Corps*, n° 14, 2016, [En ligne : https:www.cairn.info/revue-corps-2016-1-p-115.htm].
VERCHÈRE, Raphaël, « L'inqualifiable troisième testicule du cycliste »,

ROUX, Paul, « Faites donc du cyclotourisme à deux », *Match, l'Intran*, n° 319, octobre 1932, [En ligne : http://gallica.bnf.fr/ark:/12148/bpt6k55076844].

RUYER, Raymond, *La cybernétique et l'origine de l'information [1954]*, Paris, Flammarion, 1967.

SACHER-MASOCH, Leopold von, *La Vénus à la fourrure*, Pocket, 2013.〔レオポルド・リッター・フォン・ザッヘル＝マゾッホ『毛皮を着たヴィーナス』種村季弘訳，河出書房新社，2013 年.〕

SAINT-MARTIN, Jean et TERRET, Thierry, *Sport et genre (volume 3) : Apprentissage du genre et institutions éducatives*, Paris, L'Harmattan, 2006.

SANDEL, Michael J., « The Case Against Perfection », *The Atlantic Monthly*, avril 2004, [En ligne : http://www.theatlantic.com/magazine/archive/2004/04/the-case-against-perfection/2927/].

SARKOZY, Nicolas, « Convention pour la France d'après, oser le sport », 2006, [En ligne : http://www.u-m-p.org/site/index.php/ump/s_informer/discours/convention_ump_sur_le_sport_mardi_30_mai_2006__1].

SARTRE, Jean-Paul, *L'Être et le Néant [1943]*, Paris, Gallimard, 1976.〔ジャン＝ポール・サルトル『存在と無――現象学的存在論の試み』上・下，松浪信三郎訳，人文書院，1999 年.〕

SCHOTTÉ, Manuel, « Réussite sportive et idéologie du don. Les déterminants sociaux de la "domination" des coureurs marocains dans l'athlétisme français (1980-2000) », *STAPS*, n° 57, 2002, [En ligne : http:www.cairn.info/revue-staps-2002-1-page-21.htm].

SÉHEL, Solarberg, *Courir léger. Light Feet Running*, Vergèze, Thierry Souccar Éditions, 2015.

SÉHEL, Solarberg, *Le guide du crawl moderne*, Vergèze, Thierry Souccar Éditions, 2013.

SHERRINGTON, Charles Scott, *The Integrative Action of the Nervous System*, New Haven, Yale University Press, 1920, [En ligne : https://archive.org/details/integrativeactio00sheruoft].

SIMMONS, Jason M., MAHONEY, Tara Q. et HAMBRICK, Marion E., « Leisure, work, and family : How IronMEN balance the demands of three resource-intensive roles », *Leisure Sciences*, vol. 38 / 3, 2016, [En ligne : http://dx.doi.org/10.1080/01490400.2015.1092402].

SPINOZA, Baruch, *Éthique [1677]*, Paris, GF Flammarion, 1965.〔バルフ・デ・

PEYRONNET DE TORRES, Roger, « Léon Beauchamps gagne l'épreuve des trois sports réservée aux rameurs parisiens », *Le Miroir des Sports*, 26 août 1925, [En ligne : http://gallica.bnf.fr/ark:/12148/bpt6k9788162n].

POCIELLO, Christian, « "Nouvelles pratiques, nouvelles valeurs" : essai sur la transformation de quelques "milieux de culture" sportifs après les années 1980 », *Staps*, n° 107, octobre 2015.

« Pour l'ITU, le drapeau de la discorde », *Francs Jeux*, 2019, [En ligne : https://www.francsjeux.com/2019/01/22/pour-litu-le-drapeau-de-la-discorde/49712].

QUEVAL, Isabelle, « Axes de réflexion pour une lecture philosophique du dépassement de soi dans le sport de haut niveau », *Science et Motricité*, n° 2, 2004, [En ligne : http:www.cairn.info/load_pdf.php?ID_ARTICLE=SM_052_0045].

QUEVAL, Isabelle, *Le corps aujourd'hui*, Paris, Flammarion, 2008.

QUEVAL, Isabelle, *Philosophie de l'effort*, Paris, Éditions Cécile Défaut, 2016.

QUEVAL, Isabelle, *S'accomplir ou se dépasser. Essai sur le sport contemporain*, Paris, Gallimard NRF, 2004.

RAWLS, John, *Théorie de la justice [1971]*, Paris, Seuil, 1999.〔ジョン・ロールズ『正義論』川本隆史・福間聡・神島裕子訳，紀伊国屋書店，2010 年.〕

Règles techniques de la bicyclette : guide pratique d'application, éd. Union Cycliste Internationale, 2009, [En ligne : http://www.uci.ch/includes/asp/getTarget.asp?type=FILE&id=NTI0MDU].

« Résultats sportifs du 30 août au 4 septembre », *La Vie au Grand Air*, 10 septembre 1910, [En ligne : http://gallica.bnf.fr/ark:/12148/bpt6k9604842m].

RIOU, Daniel, « Alexandre Saint-Jalm se fait trimer », *Course à pied.ca*, 2013, [En ligne : https://courseapied.ca/2013/01/23/alexandre-saint-jalm-se-fait-trimer/].

ROBLIN, Yohan, « On n'est jamais trop vieux pour finir un Ironman : demandez à ce Japonais de 83 ans », *LCI*, 12 octobre 2016, [En ligne : https://www.lci.fr/sport/video-on-n-est-jamais-trop-vieux-pour-finir-un-ironman-demandez-a-ce-japonais-de-83-ans-2007393.html].

ROGER, Anne et TERRET, Thierry, *Sport et genre (volume 4) : Objets, arts et médias*, Paris, L'Harmattan, 2006.

ROUSSEAU, Jean-Jacques, *Discours sur l'origine et les fondements de l'inégalité parmi les hommes [1755]*, Paris, GF Flammarion, 1991.〔ジャン＝ジャック・ルソー『人間不平等起源論』坂倉裕治訳，講談社，2016 年.〕

Paris, PUF, 2004.
MERLEAU-PONTY, Maurice, *Phénoménologie de la perception*, Paris, Gallimard, 1945.〔モーリス・メルロー＝ポンティ『知覚の現象学』中島盛夫訳，法政大学出版局，1982 年.〕
MICHAUD, Yves, *Qu'est-ce que le mérite ?* Paris, Bourin Éditeur, 2009.
MILLET, Guillaume, « Ultra-endurance : les femmes plus résistantes que les hommes ? », *Université Jean Monnet Saint-Étienne*, [En ligne : https://www.univ-st-etienne.fr/fr/tous-les-faits-marquants/annee-2019-2020/zoom-sur/ultra-endurance-les-femmes-plus-resistantes-que-les-hommes.html].
MONDENARD, Jean-Pierre de, « Caster Semenya », *Site internet du docteur Jean-Pierre de Mondenard*, [En ligne : https://dopagedemondenard.com/tag/caster-semenya/].
MONDENARD, Jean-Pierre de, *Dopage. L'imposture des performances*, Paris, Chiron, 2000.
MONGIN, Olivier et VIGARELLO, Georges, *Sarkozy. Corps et âme d'un président*, Paris, Perrin, 2008.
MOREAU, Denis et TARANTO, Pascal, « Introduction », in Denis Moreau, Pascal Taranto, (éds.). *Activité physique et exercices spirituels*, Paris, Vrin, 2008.
MOURLON, Paul, « À propos des compétitions organisées à l'intention des jeunes », *L'Athlétisme*, avril 1940, [En ligne : http://gallica.bnf.fr/ark:/12148/bpt6k64235486].
MOYSE, René, « Sports féminins », *L'Intransigeant*, 1er juillet 1929, [En ligne : http://gallica.bnf.fr/ark:/12148/bpt6k792605w].
NIETZSCHE, Friedrich, *Généalogie de la morale [1887]*, Paris, GF Flammarion, 2002.〔フリードリヒ・ニーチェ『道徳の系譜』木場深定訳，岩波書店，1964 年.〕
OBREE, Graeme, *Flying scotsman*, Boulder (Colorado), VeloPress, 2005.
O'FOLLOWELL, Ludovic, *Bicyclette et organes génitaux*, Paris, Baillière et Fils, 1900, [En ligne : https://gallica.bnf.fr/ark:/12148/bpt6k9792210p].
PABEL-IMBAUD, Sophie, *Jeux Olympiques et sport en Grèce antique*, Paris, Musée du Louvre, 2004.
PASCAL, Blaise, *Pensées [1670]*, Paris, GF Flammarion, 1976.〔ブレーズ・パスカル「パンセ」『世界の名著 24　パスカル』前田陽一・由木康訳，中央公論社，1966 年.〕

pied à partir de la Puissance Maximale Aérobie », *STAPS*, n° 14, décembre 1986, [En ligne : http://visio.univ-littoral.fr/revue-staps/pdf/88.pdf].
LEGOUGE, Fernand, « L'athlète Avisseaux est champion des "débrouillards" », *Le Miroir des Sports*, 11 août 1941, [En ligne : http://gallica.bnf.fr/ark:/12148/bpt6k9797144p].
LEHENAFF, Didier et BERTRAND, Didier, *Votre sport : le triathlon*, Paris, Chiron Sports, 1987.
LENHERR, Reto, KNECHTLE, Beat, RÜST, Christoph Alexander [et al.], « From double Iron to double deca Iron ultra-triathlon - a retrospective data analysis from 1985 to 2011 », *Physical Culture and Sport. Studies and Research*, LIV, 2012, [En ligne : https://www.degruyter.com/downloadpdf/j/pcssr.2012.54.issue-1/v10141-012-0013-4/v10141-012-0013-4.xml].
« Les sports », *Le Populaire*, 20 avril 1932, [En ligne : http://gallica.bnf.fr/ark:/12148/bpt6k8207869].
« Les sports du dimanche », *Le Petit Journal*, 19 juin 1922, [En ligne : http://gallica.bnf.fr/ark:/12148/bpt6k623386g].
« Les trois sports », *Le Journal Amusant*, 2 avril 1904, [En ligne : http://gallica.bnf.fr/ark:/12148/bpt6k55088399].
« Les trois sports », *La Vie au Grand Air*, 9 juin 1905, [En ligne : http://gallica.bnf.fr/ark:/12148/bpt6k9606864t].
LIOTARD, Philippe, « Les fonctions éducatives de l'homophobie dans le sport », in Philippe Liotard (éd.). *Sport et homosexualités*, Montpellier, Quasimodo & Fils, 2008.
LIOTARD, Philippe et TERRET, Thierry, *Sport et genre (volume 2 : Excellence féminine et masculinité hégémonique*, Paris, L'Harmattan, 2006.
LOMAZZI, Fernand, « Comment M. de Coubertin conçoit ses Jeux Olympiques », *L'Auto*, 4 septembre 1936, [En ligne : https://gallica.bnf.fr/ark:/12148/bpt6k4629639h].
LOONIS, Éric, *Théorie générale de l'addiction*, Paris, Publibook, 2002.
MAINE DE BIRAN, Pierre, *Mémoire sur la décomposition de la pensée*, Paris, Vrin, 2000.
MARC AURÈLE, *Pensées pour moi-même*, Paris, Arléa, 1995.〔マルクス・アウレリウス『自省録』鈴木照雄訳，講談社，2006 年.〕
MAUSS, Marcel, « Les techniques du corps [1934] », in *Sociologie et anthropologie*,

triathletes-earned-prize-money-2017_311286].
HURLIN, Fred, « Passez à la distance supérieure », *Trimag*, n° 68, juin 2016.
JEU, Bernard, *Analyse du sport*, Paris, PUF, 1992.
JOHNSTONE, Jack, « Triathlon - The Early History of the Sport », *Story of the First Triathlon*, [En ligne : http://www.triathlonhistory.com/].
KANT, Emmanuel, *Critique de la faculté de juger [1790]*, Paris, GF Flammarion, 1995.〔エマニュエル・カント『判断力批判』上・下，篠田英雄訳，岩波書店，1964 年.〕
KANT, Emmanuel, *Critique de la raison pure [1781]*, Paris, GF Flammarion, 2001.〔エマニュエル・カント『純粋理性批判』上・下，石川文康訳，筑摩書房，2014 年.〕
KANT, Emmanuel, *Réflexions sur l'éducation [1803]*, Paris, Vrin, 2004.〔エマニュエル・カント「教育学」『カント全集 17』加藤泰史訳，岩波書店，2001 年.〕
KARILA, Laurent, *Dépression et addictions*, Paris, Phase 5, 2006.
KRAFFT-EBING, Richard von, *Psychopathia sexualis*, Paris, Georges Carré, 1895, [En ligne : https://gallica.bnf.fr/ark:/12148/bpt6k76843b].
« La journée sportive aujourd'hui », *Le Petit Journal*, 19 juin 1921, [En ligne : http://gallica.bnf.fr/ark:/12148/bpt6k623021k].
« La vie sportive », *La Presse*, 15 mai 1905, [En ligne : http://gallica.bnf.fr/ark:/12148/bpt6k551335b].
« La vie sportive », *Le Matin*, 5 septembre 1910, [En ligne : http://gallica.bnf.fr/ark:/12148/bpt6k569542m].
LAËRCE, Diogène, *Vies et doctrines des philosophes illustres*, Paris, Le Livre de Poche, 1999.〔ディオゲネス・ラエルティオス『ギリシア哲学者列伝』上・中・下，加来彰俊訳，岩波書店，1984 年，1989 年，1994 年.〕
LAGRANGE, Fernand, *Physiologie des exercices du corps*, Paris, Félix Alcan, 1889, [En ligne : http://gallica.bnf.fr/ark:/12148/bpt6k29341z].
LAURE, Patrick, *Éthique du dopage*, Paris, Ellipses, 2002.
LE BLANC, Guillaume, *Courir. Méditations physiques*, Paris, Flammarion, 2015.
LE ROC'H, Gilles, « Cyclisme : option pour Porte dans le Critérium international », *Le Nouvel Observateur*, 23 mars 2013, [En ligne : http://tempsreel.nouvelobs.com/sport/20130323.REU0342/cyclisme-option-pour-porte-dans-le-criterium-international.html].
LÉGER, Luc et MERCIER, Daniel, « Prédiction de la performance en course à

FOUCAULT, Michel, *Surveiller et punir [1975]*, Paris, Gallimard Tel, 2007.〔ミシェル・フーコー『監獄の誕生――監視と処罰』田村俶訳，新潮社，1977年．〕
FREUD, Sigmund, *Du masochisme*, Paris, Payot, 2011.
FREUD, Sigmund, *Trois essais sur la théorie sexuelle [1905]*, Paris, Gallimard Folio, 2007.〔ジークムント・フロイト「性理論三篇」『エロス論集』中山元訳，筑摩書房，1997年．〕
GARCIA, Manon, *On ne naît pas soumise, on le devient*, Paris, Climats, 2018.
GINDRE, Cyrille, HIPPOLYTE, Ralph et THÉRAULAZ, Bertrand, « Êtes-vous terrien ou aérien ? », *Sport et Vie*, n° 156, mai 2016.
GOETGHEBUER, Gilles, « Avocat de la défonce », *Sport et Vie*, n° 10, septembre 2008.
GOETGHEBUER, Gilles, « Elle court, elle court la génétique ! », *Sport et Vie*, n° 110, janvier 2008.
GOETGHEBUER, Gilles, « Quel bonheur ! », *Sport et Vie*, n° 155, mars 2016, pp. 24-31.
GRAPPE, Frédéric, *Cyclisme et optimisation de la performance*, Bruxelles, De Boeck, 2005.
GUTTMANN, Allen, *From Ritual to Record : The Nature of Modern Sports*, New York, Columbia University Press, 1979.
HAECKEL, Ernst, *Generelle morphologie der organismen*, Berlin, G. Reimer, 1866, [En ligne : https://archive.org/details/generellemorphol01haec].
HÉBERT, Georges, *Guide pratique d'éducation physique*, Paris, Vuibert, 1916, [En ligne : https://archive.org/details/guidepractiqued00hbgoog].
HÉBERT, Georges, *Le Sport contre l'Éducation physique [1925]*, Paris, Revue EPS, 1993.
HÉBERT, Georges, « L'Éducation physique des Masses », *L'Éducation physique*, n° 43, juillet 1926.
HÉBERT, Georges, *L'éducation physique, ou l'entraînement complet par la méthode naturelle*, Paris, Vuibert, 1913, [En ligne : https://archive.org/details/lducationphysiq00hbgoog].
« Héraclite », in Jean-Paul Dumont, (éd.). *Les écoles présocratiques*, Paris, Gallimard Folio, 1991.
HICHENS, Liz, « Which Triathletes Earned the Most Prize Money in 2017 ? », *Triathlete*, 2018, [En ligne : https://www.triathlete.com/2018/03/news/

janvier 2016, [En ligne : http://triathlonmagazine.ca/news/4-indoor-triathlons-in-2016/].

EHRENBERG, Alain, *Le culte de la performance*, Paris, Hachette, 1991.

« Empédocle », in Jean-Paul Dumont, (éd.). *Les écoles présocratiques*, Paris, Gallimard Folio, 1991.

EPSTEIN, David, *The Sports Gene : Talent, Practice and the Truth About Success*, Yellow Jersey, London, 2014.〔デイヴィッド・エプスタイン『スポーツ遺伝子は勝者を決めるか？——アスリートの科学』川又政治訳, 早川書房, 2014年.〕

ERICSSON, K. Anders, RORING, Roy W. et NANDAGOPAL, Kiruthiga, « Giftedness and evidence for reproducibly superior performance : an account based on the expert performance framework », *High Ability Studies*, vol. 18 / 1, juin 2007, [En ligne : http://www.psychologytoday.com/files/u81/Ericsson__Roring__and_Nandagopal__2007_.pdf].

« F. Schleck sous surveillance », *L'Équipe*, 27 septembre 2008, [En ligne : http://www2.lequipe.fr/redirect-v6/homes/Cyclisme/breves2008/20080927_134539_f-schleck-sous-surveillance_Dev.html].

FAURE, Jean-Michel, « L'éthique puritaine du marathonien », *Esprit*, n° 4, avril 1987.

FÉDÉRATION FRANÇAISE DE TRIATHLON, *Dossier de presse*, Fédération Française de Triathlon, 2013, [En ligne : http://www.fftri.com/files/pdf/DOSSIER%20DE%20PRESSE%20FFTRI2013.pdf].

FLEURIEL, Sébastien, *Le sport de haut niveau en France : Sociologie d'une catégorie de pensée*, Grenoble, PUG, 2004.

FOUCAULT, Michel, « Le sujet et le pouvoir [1982] », in *Dits et Écrits II*, Paris, Gallimard Quarto, 2001.〔ミシェル・フーコー「主体と権力」『ミシェル・フーコー思考集成 9　自己 / 統治性 / 快楽 1982-83』渥海和久訳, 筑摩書房, 2001 年.〕

FOUCAULT, Michel, « Naissance de la biopolitique [1979] », in *Dits et Écrits II*, Paris, Gallimard Quarto, 2001.〔ミシェル・フーコー「生体政治の誕生」『ミシェル・フーコー思考集成 8　政治 / 友愛 1979-81』石田英敬訳, 筑摩書房, 2001 年.〕

FOUCAULT, Michel, *Naissance de la biopolitique [1979]*, Paris, Gallimard Seuil, 2004.

Paris, Les Éditions de Minuit, 2002.〔ジル・ドゥルーズ『無人島』宇野邦一他訳，河出書房新社，2003 年.〕
DELEUZE, Gilles, *Présentation de Sacher-Masoch : le froid et le cruel*, Paris, Les Éditions de Minuit, 2007.〔ジル・ドゥルーズ『マゾッホとサド』蓮實重彦訳，晶文社，1973 年.〕
DELEUZE, Gilles et GUATTARI, Félix, *L'anti-Œdipe : capitalisme et schizophrénie*, Paris, Les Éditions de Minuit, 1972.〔ジル・ドゥルーズ，フェリックス・ガタリ『アンチ・オイディプス——資本主義と分裂症』市倉宏祐訳，河出書房新社，1986 年.〕
DELEUZE, Gilles et GUATTARI, Félix, *Mille plateaux : capitalisme et schizophrénie*, Paris, Les Éditions de Minuit, 1980.〔ジル・ドゥルーズ，フェリックス・ガタリ『千のプラトー——資本主義と分裂症』宇野邦一他訳，河出書房新社，1994 年.〕
DESCARTES, René, *Correspondance avec Élisabeth et autres lettres [1637-1649]*, Paris, GF Flammarion, 1989.
DESCARTES, René, *Discours de la méthode [1637]*, Paris, GF Flammarion, 2000.〔ルネ・デカルト「方法序説」『世界の名著 27　デカルト』野田又夫訳，中央公論社，1978 年.〕
DESCARTES, René, *Les passions de l'âme [1649]*, Paris, GF Flammarion, 1996.〔ルネ・デカルト『情念論』谷川多佳子訳，岩波書店，2008 年.〕
DESCARTES, René, *Méditations Métaphysiques [1641-1647]*, Paris, GF Flammarion, 1979.〔ルネ・デカルト「省察」『世界の名著 27　デカルト』井上庄七・森啓訳，中央公論社，1978 年.〕
DES PLACES, Louise, « Des triathlètes condamnent l'interdiction du drapeau LGBT + dans les compétitions », *TÊTU*, 22 janvier 2019, [En ligne : https://tetu.com/2019/01/22/des-triathletes-condamnent-linterdiction-du-drapeau-lgbt-dans-les-competitions/].
DITROLIO, Megan, « 50 Ironmans in 50 Days in 50 States », *Runner's World*, 31 juillet 2015, [En ligne : https://www.runnersworld.com/news/a20847747/50-ironmans-in-50-days-in-50-states/]
DUMONT, Louis, *Homo æqualis. Tome I : Genèse et épanouissement de l'idéologie économique [1977]*, Paris, Gallimard Tel, 2008.
DUMONT, Pascal, « Le cyclisme : le mécanisme refoulé », *Cités*, vol. 7/3, 2001.
DUNCAN, Claire, « 4 Indoor triathlons in 2016 », *Triathlon Magazine Canada*, 6

COUBERTIN, Pierre de, « Le Pentathlon moderne », *Revue Olympique*, n° 71 février 1911, [En ligne : http://library.la84.org/OlympicInformationCenter/RevueOlympique/1911/ROLF71/ROLF71d.pdf].

COUBERTIN, Pierre de, « Les assises philosophiques de l'Olympisme moderne (message radiodiffusé à Berlin le 4 août 1935) », *Bulletin du Comité International Olympique*, n° 13, janvier 1949, [En ligne : http://www.la84foundation.org/OlympicInformationCenter/RevueOlympique/1949/BDCF13/BDCF13k.pdf].

COUBERTIN, Pierre de, « Les femmes aux Jeux Olympiques », *Revue Olympique*, n° 79, juillet 1912, [En ligne : https://digital.la84.org/digital/api/collection/p17103coll1/id/13229/download].

COUBERTIN, Pierre de, « Les premières épreuves de gymnastique utilitaire », *Revue Olympique*, n° 3, mars 1906, [En ligne : http://www.la84foundation.org/OlympicInformationCenter/RevueOlympique/1906/ROLF3/ROLF3e.pdf].

COUBERTIN, Pierre de, *Pédagogie sportive [1919]*, Paris, Vrin, 1972, [En ligne : http://books.google.fr/books?id=Pm7swGr_EPMC].

COUBERTIN, Pierre de, *Une Campagne de vingt-et-un ans*, Paris, Librairie de l'Éducation Physique, 1909, [En ligne : https://fr.wikisource.org/wiki/Une_Campagne_de_vingt-et-un_ans].

COUBERTIN, Pierre de, « Une Expérience sportive », *Revue du Touring Club de France*, avril 1901, [En ligne : https://gallica.bnf.fr/ark:/12148/bpt6k64928535.item].

DAVIES, Catherine, « Le triathlon à l'aube d'une ère nouvelle », *Revue Olympique*, n° 12, décembre 1996, [En ligne : http://library.la84.org/OlympicInformationCenter/RevueOlympique/1996/orfXXV12/orfXXV12u.pdf].

DELALANDRE, Matthieu et QUIDU, Matthieu, « Art Martiaux Mixtes », in Bernard Andrieu. *Vocabulaire international de philosophie du sport*, Paris, L'Harmattan, 2015.

DELEUZE, Gilles, « Cours 12 du 17/03/1981 sur Spinoza », *La voix de Gilles Deleuze*, [En ligne : http://www2.univ-paris8.fr/deleuze/article.php3?id_article=151].

DELEUZE, Gilles, « Les intercesseurs [1985] », in *Pourparlers*, Paris, Les Éditions de Minuit, 2003.〔ジル・ドゥルーズ「仲介者」『記号と事件 1972-1990 年の対話』宮林寛訳，河出書房新社，2007 年.〕

DELEUZE, Gilles, *L'île déserte et autres textes : textes et entretiens 1953-1974*,

CASCUA, Stéphane, *Triathlon. S'initier et progresser*, Paris, Amphora, 2015.
CAVELIER, Bruno, *Running Attitude. Le guide complet de l'entraînement*, Paris, Éditions Riva, 2007.
CHANVALLON, Stéphanie, *Anthropologie des relations de l'Homme à la Nature. La Nature vécue entre peur destructrice et communion intime*, Université Rennes-2, 2009, [En ligne : https://tel.archives-ouvertes.fr/tel-00458244v2].
CHAPMAN, Carol Lee et DE CASTRO, John Manuel, « Running addiction : measurement and associated psycological characteristics », *The Journal of Sports Medicines and Physical Fitness*, vol. 30/3, 1990, [En ligne : http://tobaccodocuments.org/pm/2046399293-9300.html].
CHARTIER, Roger et VIGARELLO, Georges, « Les trajectoires du sport », *Le Débat*, n° 19, février 1982.
CHOLLET, Didier, *Nager un crawl performant*, Paris, Amphora, 2015.
CHORGNON, Ludovic, « J'ai couru 41 Ironman en 41 jours : malgré la canicule, j'étais sûr d'y arriver. C'est fait », *L'Obs. Le Plus*, 16 août 2015 [En ligne : http://leplus.nouvelobs.com/contribution/1407417-j-ai-couru-41-ironman-en-41-jours-malgre-la-canicule-j-etais-sur-d-y-arriver-c-est-fait.html].
CIORAN, Emil, « Glossaire », in *Œuvres*, Paris, Quarto Gallimard, 1995.
CLERON, Éric, « Femmes et sport », *STAT-INFO*, n° 15, septembre 2015, [En ligne : http://sports.gouv.fr/autres/25-02SEPTEMBR2015.pdf].
COLLARD, Luc, *La cinquième nage, natation et théorie de l'évolution*, Paris, Atlantica, 2009.
COLLARD, Luc, AUVRAY, Emmanuel et BELLAUNAY, Ivan, « Why have swimmers neglected the "fish kick" technique ? », *International Journal of Performance Analysis in Sport*, vol. 8/3, novembre 2008.
COLLINS, John, « Tri Sports History Timeline (1902 - 2008) », *This Was Triathlon !*, [En ligne : http://thiswastriathlon.org/twt4c_023.htm].
COMPAYRÉ, Gabriel, *Études sur l'enseignement et sur l'éducation*, Paris, Hachette, 1891, [En ligne : http://gallica.bnf.fr/ark:/12148/bpt6k5502839f].
CORDIER, Yves et MALAURENT, Max, *Triathlon, la technique, la tactique, l'entraînement*, Paris, Robert Laffont, 1986.
COUBERTIN, Pierre de, « À propos du pentathlon », *Revue Olympique*, n° 26, février 1902, [En ligne : http://library.la84.org/OlympicInformationCenter/RevueOlympique/1908/ROLF26/ROLF26d.pdf].

BESSY, Olivier, « Sociologie des pratiquants de l'extrême. Le cas de figure des participants au Grand Raid de La Réunion », *STAPS*, n° 69, 2005, [En ligne : https:www.cairn.info/revue-staps-2005-3-page-57.htm].

BIERRE, René, « Pédalerons-nous dans la position couchée ? », *Match. l'Intran*, n° 399, mai 1934, [En ligne : http://gallica.bnf.fr/ark:/12148/bpt6k5505207b].

BOIGEY, Maurice, *L'entraînement. Bases physiologiques, technique, résultats*, Paris, Masson et Cie, 1942.

BOUET, Michel, *Signification du sport [1968]*, Paris, L'Harmattan, 2000.

BOURDIEU, Pierre, *La domination masculine*, Paris, Seuil, 2002.〔ピエール・ブルデュー『男性支配』坂本さやか・坂本浩也訳，藤原書店，2017 年.〕

BRIDEL, William Francis, *« Finish... Whatever it Takes » Considering Pain and Pleasure in the Ironman Triathlon : A Socio-Cultural Analysis*, Queen's University, 2010, [En ligne : https://qspace.library.queensu.ca/bitstream/1974/6250/3/Bridel_William_F_201012_PhD.pdf].

BRIDEL, William Francis, « From bar bet to fitness craze for weekend warriors : a genealogical analysis of the Ironman® triathlon », *Leisure/Loislr*, vol. 39/1, 2015.

BRIDEL, William Francis, « Not fat, not skinny, functional enough to finish : interrogating constructions of health in the Ironman Triathlon », *Leisure/Loisir*, vol. 37/1, 2013.

BRISSON, Jean-François, « L'Olympisme peut-il sauver le sport de ses excès ? », *Revue Olympique*, n° 78-79, juin 1974, [En ligne : http://library.la84.org/OlympicInformationCenter/RevueOlympique/1974/orf78/orf78r.pdf].

BROHM, Jean-Marie, *Pierre de Coubertin, le seigneur des anneaux*, Paris, Homnisphères, 2008.

BRUNEL, Philippe, *Vie et mort de Marco Pantani*, Paris, Grasset, 2007.

Bulletin officiel de l'Union Cycliste Internationale, 1934, [En ligne : http://jeanpba.free.fr/Divers/uci_1934.pdf].

CAILLOIS, Roger, *Les jeux et les hommes [1958]*, Paris, Gallimard Folio, 2006.〔ロジェ・カイヨワ『遊びと人間』多田道太郎・塚崎幹夫訳，講談社，1990 年.〕

CAMUS, Albert, *Le mythe de Sisyphe*, Paris, Gallimard, 1942.

CANGUILHEM, Georges, *Le normal et le pathologique [1943, 1966]*, Paris, PUF, 2007.〔ジョルジュ・カンギレム『正常と病理』滝沢武久訳，法政大学出版局，1987 年.〕

BACHELARD, Gaston, *L'air et les songes. Essai sur l'imagination en mouvement*, Paris, Librairie José Corti, 1943.〔ガストン・バシュラール『空と夢――運動の想像力にかんする試論』宇佐見英治訳，法政大学出版局，1968 年.〕

BACHELARD, Gaston, *L'eau et les rêves. Essai sur l'imagination de la matière*, Paris, Librairie José Corti, 1942.〔ガストン・バシュラール『水と夢――物質的想像力試論』及川馥訳，法政大学出版局，2008 年.〕

BAILLETTE, Frédéric et LIOTARD, Philippe, *Sport et virilisme*, Montpellier, Association Osiris, 1999.

BARRÈRE, Anne, « Le bosseur, le fumiste, les touristes et le forçat. Formes de travail lycéen et pratiques d'évaluation », *Correspondances - SAIO Créteil*, n° 11, juin 2001.

BAUCHE, Patrick, *Les héros sont fatigués. Sport, narcissisme et dépression*, Paris, Payot, 2004.

BAUDRILLARD, Jean, *La guerre du Golfe n'a pas eu lieu*, Paris, Galilée, 1991.〔ジャン・ボードリヤール『湾岸戦争は起こらなかった』塚原史訳，紀伊國屋書店，1991 年.〕

BAUDRILLARD, Jean, *Simulacres et simulation*, Paris, Galilée, 1981.〔ジャン・ボードリヤール『シミュラークルとシミュレーション』竹原あき子訳，法政大学出版局，1984 年.〕

BEAUMARCHAIS, Pierre-Augustin Caron de, *La folle journée, ou le mariage de Figaro [1778]*, 1785, [En ligne : http://gallica.bnf.fr/ark:/12148/bpt6k5567683c].

BEAUVOIR, Simone de, *Le deuxième sexe I [1949, 1967]*, Paris, Gallimard Folio, 2005.〔シモーヌ・ド・ボーヴォワール「第二の性」『ボーヴォワール著作集第 7 巻』生島遼一訳，人文書院，1966 年.〕

BEAUVOIR, Simone de, *Le deuxième sexe II[1949, 1967]*, Paris, Gallimard Folio, 2003.〔シモーヌ・ド・ボーヴォワール「第二の性」『ボーヴォワール著作集第6巻』，『ボーヴォワール著作集　第7巻』生島遼一訳，人文書院, 1966年.〕

BERGSON, Henri, *Introduction à la métaphysique [1903]*, Paris, PUF, 2011.〔アンリ・ベルクソン「形而上学入門」『世界の名著 64　ベルクソン』坂田徳男訳，中央公論社，1979 年.〕

BERGSON, Henri, « La conscience et la vie [1911] », in *L'énergie spirituelle*, Paris, PUF, 2005.〔アンリ・ベルクソン「意識と生命」『ベルグソン全集 5　精神のエネルギー』渡辺秀訳，白水社，1965 年.〕

参考文献

以下は原著に掲載されている参考文献一覧である。訳者が訳出に際して参照した，対応する日本語訳の文献は括弧内に表記する。

ALAIN, *Propos sur le bonheur*, Paris, Gallimard Folio, 1928.〔アラン『幸福論』神谷幹夫訳，岩波書店，1998年.〕

ANDRIEU, Bernard, *Bien dans l'eau. Vers l'immersion*, Biarritz, Atlantica, 2010.

ANDRIEU, Bernard, *En plein soleil. Vers l'énergie*, Biarritz, Atlantica, 2011.

ANDRIEU, Bernard, *Prendre l'air. Vers l'écologie corporelle*, Biarritz, Atlantica, 2009.

ANDRIEU, Bernard, *Un goût de terre. Vers la cosmosensation*, Biarritz, Atlantica, 2011.

ANDRIEU, Bernard et BUREL, Nicolas, « La communication directe du corps vivant. Une émersiologie en première personne », *Hermès*, n° 68, 2014.

ARISTOTE, *Éthique à Nicomaque*, Paris, GF Flammarion, 2004.〔アリストテレス『ニコマコス倫理学』上・下，高田三郎訳，岩波書店，1971年，1973年.〕

ARISTOTE, *Métaphysique*, Paris, GF Flammarion, 2008.〔アリストテレス『形而上学』岩崎勉訳，講談社，1994年.〕

ARISTOTE, *Problème XXX*, Paris, Allia, 2004.〔アリストテレス「問題集」『アリストテレス全集13』丸橋裕・土屋睦廣・坂下浩二訳，岩波書店，2017年.〕

ASTRAND, Per-Olof, « Influences of Biological Age and Selection », in *Endurance in Sport*, John Wiley & Sons, Ltd, 2008, p. 397-401, [En ligne : https://onlinelibrary.wiley.com/doi/abs/10.1002/9780470694930.ch27].

ATKINSON, Michael, « Triathlon, suffering and exciting significance », *Leisure Studies*, vol. 27/2, 2008, [En ligne : dx.doi.org/10.1080/02614360801902216].

BACHELARD, Gaston, *La psychanalyse du feu*, Paris, Gallimard, 1949.〔ガストン・バシュラール『火の精神分析』前田耕作訳，せりか書房，1999年.〕

BACHELARD, Gaston, *La terre et les rêveries de la volonté*, Paris, Librairie José Corti, 1948.〔ガストン・バシュラール『大地と意志の夢想』及川馥訳，思潮社，1972年.〕

タ　行

ナ・ハ　行

マ・ヤ・ラ　行

事項索引

タ　行

ナ　行

ハ　行

マ　行

人名索引

（＊ギリシア哲学者の原綴りはフランス語で表記している）

ア　行

カ　行

サ　行

■著者紹介
ラファエル・ヴェルシェール（Raphaël Verchère）
1982年生まれ。2012年にジャン・ムーラン・リヨン第3大学にて博士号（哲学）を取得。教授資格保有者（アグレジェ）。現在リヨン近郊のリセ（高校）の哲学教師として勤務しつつ，哲学の視点からスポーツにアプローチする研究を続けている。

■訳者紹介
加藤洋介（かとう・ようすけ）
1971年生まれ。一橋大学言語社会研究科博士後期課程中退。訳書：ミシェル・ワルシャウスキー『イスラエル＝パレスチナ　民族共生国家への挑戦』（柘植書房新社，2003年），ダニエル・ベンサイド『新しいインターナショナリズムの胎動——帝国の戦争と地球の私有化に対抗して』〔共訳〕（柘植書房新社，2009年）。

トライアスロンの哲学
——鉄人たちの考えごと——

2022年 5月 14日　　初版第1刷発行

訳　者　　加藤洋介
発行者　　中西　良

発行所　株式会社　ナカニシヤ出版
〒606-8161　京都府左京区一乗寺木ノ本町15
TEL (075) 723-0111
FAX (075) 723-0095
http://www.nakanishiya.co.jp/

印刷／製本・モリモト印刷
＊乱丁本・落丁本はお取り替え致します。
ISBN978-4-7795-1641-2　Printed in japan